MANUEL

DU

PHYSIONOMISTE

ET DU

PHRÉNOLOGISTE.

PARIS.

LIBRAIRIE ENCYCLOPÉDIQUE DE RORET,
RUE HAUTEFEUILLE, N° 10 BIS.

tendait à ce que les anciens ministres de *trahison*;

... de leur pouvoir, afin de fausser
le priver les citoyens du libre exercice
civiques;

changé arbitrairement et violemment les
royaume;

endus coupables d'un complot attenta-
intérieure de l'Etat;

excité la guerre civile, en armant ou
tens à s'armer les uns contre les autres,
station et le massacre dans la capitale
s autres communes. »

crime de *trahison*, le seul qui pût fonder
se trouve ni déterminé ni puni par au-
mission indiquait à la Chambre, comme
ales qui *pouvaient* être appliquées aux
cles du Code qui prévoient les crimes
rappeler, et qui devaient constituer la

n proposait enfin de traduire les accu-
ambre des Pairs, et de nommer trois
ur suivre devant cette haute cour l'ac-

cussion qui fut sévère et grave comme
mandait, mais qui ne fut ni violente ni
ambre des Députés adopta la résolution

essayaient de trouver, loin de Paris, un asile contre des
ressentimens, dont ils ne se dissimulaient pas la violence.
Aucun acte de l'autorité légale n'avait ordonné ou autorisé leur arrestation; toutefois, quatre d'entre eux furent
arrêtés au milieu des dangers de l'effervescence popu-
laire, et jetés dans les prisons.

Reconnu, dénoncé et saisi au moment où il allait
quitter la France, M. de Polignac vit plus d'une fois ses
jours menacés, et fut enfin ramené captif dans ce donjon
de Vincennes, où il avait déjà passé les plus belles années de son orageuse vie.

Pendant que ces événemens se passaient, une accusation, proposée par un honorable membre de la
Chambre des Députés, s'instruisait contre les anciens
ministres.

Une Commission avait été nommée; elle commença
par une instruction, mais l'absence complète de toute
loi ne tarda pas à l'arrêter dans sa marche. Convaincue de
l'insuffisance d'une autorité non réglée, qui devait rester
impuissante devant la première résistance, elle revint
devant la Chambre qui lui avait délégué un mandat in-
complet, et lui demanda les pouvoirs que le Code d'Instruction criminelle accorde aux juges d'instruction et
aux chambres du conseil.

C'était, Messieurs, une grave et importante question
que celle de savoir si de pareils pouvoirs devaient appartenir à la Chambre des Députés; et en présence de lui-

ENCYCLOPÉDIE-RORET.

NOUVEAU MANUEL

DU

PHYSIONOMISTE

ET DU

PHRÉNOLOGISTE.

AVIS.

Le mérite des ouvrages de l'*Encyclopédie-Roret* leur a fait avoir les honneurs de la traduction, de l'imitation et de la contrefaçon. Pour distinguer ce volume il portera, à l'avenir, la *véritable* signature de l'éditeur.

MANUELS-RORET.

NOUVEAU MANUEL

DU

PHYSIONOMISTE

ET DU

PHRÉNOLOGISTE,

OU

LES CARACTÈRES DÉVOILÉS PAR LES SIGNES
EXTÉRIEURS.

Ouvrage Posthume

DE LAVATER ET DU PROFESSEUR CHAUSSIER,

PUBLIÉ ET MIS AU NIVEAU DE LA SCIENCE

Par MM. CHAUSSIER FILS ET MORIN.

Ouvrage orné de figures originales et de plusieurs
specimen de l'écriture de LAVATER.

PARIS,

A LA LIBRAIRIE ENCYCLOPÉDIQUE DE RORET,

RUE HAUTEFEUILLE, N° 10 BIS.

1838.

PRÉFACE.

———

Dans tous les temps on a cherché à connaître le caractère des hommes par leur apparence extérieure. Quiconque se trouve pour la première fois avec un individu, examine attentivement sa figure, sa manière de parler, de répondre, de questionner; ses gestes, ses tics, sa pose, sa tenue, son costume même; et d'après ces rapides observations se persuade que cet inconnu est doué de tel ou tel caractère : parfois, et même fort souvent, la première opinion qu'il s'est faite est assez juste; si elle n'est pas entièrement conforme à la vérité, elle en approche beaucoup, car la physionomie de l'homme, en santé comme dans les maladies, est toujours très-expressive et conforme à son état présent; c'est une cire molle sur laquelle le caractère, le fors intérieur imprime son cachet, et c'est en vain qu'on cherche à vouloir en déguiser l'empreinte. Si par hasard quelqu'un sent le besoin de dénaturer le type habituel de la physionomie, elle prend alors une nouvelle expression,

on y aperçoit la gêne, la contrainte qui, frappant
l'observateur, l'avertit aussitôt qu'on dissimule,
qu'il y a fausseté ou hypocrisie, et très-souvent
perfidie ; la juste méfiance que lui inspire cet
état de dissimulation, en stimulant sa sagacité,
l'excite encore à tout examiner plus attentivement, et alors il est bien rare qu'un observateur
un peu exercé se trompe dans le jugement du
caractère véritable de l'individu qui a cru se
déguiser par un sourire plus ou moins gracieux
ou aimable, par son air de franchise, par un
ton simulé de fausse bonhomie, ou de toute autre manière : telle fut l'opinion de Lavater, et
telle devra toujours être celle de tous ceux qui
voudront devenir physionomistes, puisque dans
les regards, les yeux seuls ne sont pas, comme
on le dit vulgairement, le miroir de l'âme, car
elle se peint non-seulement sur le visage entier, mais encore dans toute la surface extérieure qui constitue l'habitude du corps, quoique,
d'après les phrénologistes, elle se dévoile aussi
par des protubérances au crâne ; en conséquence,
comme nous voulons offrir aux physionomistes
tout ce qui peut les aider à connaître l'homme,
à juger son caractère par tout ce qui se manifeste dans son extérieur, nous avons dû, en donnant les systèmes de Gall et de Spurzheim, y
joindre celui de Lavater, auxquels nous avons

ajouté, non-seulement tout ce que nous avons trouvé dans les manuscrits originaux du professeur Chaussier, mais encore plusieurs autres pièces inédites, et des dessins originaux de Lavater, qui n'ont jamais été publiés dans les éditions de ses œuvres : enfin nous ne craindrons pas de donner, pour intéresser davantage, tout qui a pu et pourrait nous être obligeamment communiqué, soit par les partisans, soit par les antagonistes de ces différens systèmes.

Comme science d'observations, de recherches, de faits et de comparaisons, si la phrénologie est encore dans son enfance, le meilleur moyen de faciliter et de hâter ses progrès, c'est de signaler les obstacles qui s'opposent à sa marche; ainsi attaquer la phrénologie, c'est la fortifier, c'est la contraindre à chercher ses moyens de défense; or elle ne peut les trouver que dans la confirmation de sa doctrine.... C'est donc avec le désir bien prononcé de contribuer, non-seulement à la physiognomonie, mais encore à l'heureux développement des études phrénologiques et aux progrès de cette science nouvelle, que nous nous permettrons de la combattre lorsque l'occasion s'en présentera. Amis de la vérité et la recherchant avec ardeur, nous essaierons de la faire naître du choc des opinions; si nous avions le bonheur d'y parvenir et de bien

démontrér les signes auxquels on peut et l'on
doit reconnaître le caractère de ·chacun, nous
nous féliciterions d'avoir atteint le double but
que nous nous proposons dans ce Manuel.

MANUEL

DU

PHYSIONOMISTE

et

DU PHRÉNOLOGISTE.

INTRODUCTION.

Comme d'après l'intérêt qu'inspire aujourd'hui la crânioscopie, nous ne pouvons guère nous dispenser d'en donner un précis historique, et dire en même temps pourquoi elle est désignée sous la dénomination de phrénologie, c'est que pendant bien long-temps, comme l'observe lui-même le docteur Gall, il ne s'est occupé que de la recherche des protubérances du crâne, et des facultés particulières des individus chez lesquels il avait aperçu ces mêmes dépressions ou élévations; il avait alors très-convenablement nommé crânioscopie son mode d'observation; mais quand plus tard il conçut l'idée d'attacher un organe à chacune de ces protubérances, son nouveau système de physiologie du cerveau fut appelé phrénologie.

Mais avant lui, combien il existe de travaux faits dans la même intention par tous ceux qui s'occupèrent spécialement de bien connaître l'homme tout entier, non-seulement sous le rapport des arts pittoresques, mais encore sous celui de son expression faciale en santé comme dans l'état de maladie. La liste en serait nombreuse. Nous en ferons même une men-

1

tion particulière, à mesure que nous avancerons ; mais dans ce moment nous nous contenterons d'en connaître les principaux, et parmi eux surtout Lavater avec son commentateur Moreau de la Sarthe, le professeur Chaussier, enfin Gall et Spurzheim, car ils sont maintenant inséparables.

LAVATER.

Lavater est né à Zurich le 15 novembre 1741, il est mort le 2 janvier 1800. A l'âge de cinquante-neuf ans, ce n'est qu'après avoir recherché pendant long-temps pourquoi, à la simple vue de certains personnages, il éprouvait toujours de l'aversion ou de la sympathie, qu'il essaya de juger leur caractère et leurs passions d'après ses idées ; c'est avec ses dessins qu'il publia sa physiognomonie en 1783.

Avant lui on avait certainement remarqué ce que pouvait présenter aux yeux telle ou telle physionomie, l'action des passions sur le visage, les traces qu'elles y laissent, et tout ce qu'elles pouvaient révéler ; l'empreinte des affections fortement prononcées ; on les trouve même bien décrites dans Hyppocrate, partout où il fait mention de quelque signe à remarquer dans une maladie. Mais ce qui distingue Lavater de tous les autres, c'est la séparation qu'il a établie entre les passions et les habitudes, en les appliquant aux beaux arts par la combinaison des lignes et des contours pris soit dans des portraits en tout genre, soit dans de simples silhouettes. C'est par ce moyen, qu'un dessinateur seul peut bien sentir, qu'il est parvenu à faire de la physiognomonie une science dont il fut et sera toujours l'homme spécial, puisqu'on voit d'après ses œuvres qu'il s'y livra pendant toute sa vie avec une ardeur et une prédilection particulière, car il dessinait partout.

Comme il était philosophe religieux et philosophe aimable, il avait la persuasion que la nature nous conduit toujours par l'agréable à l'utile, par le beau au vrai, et par les passions bienveillantes au sublime. Il parcourut l'Europe en prêchant la morale évangélique dont il était le ministre, mais en même temps aussi l'amour du beau, les jouissances raisonnables et les plaisirs décens.

En joignant à son zèle universel pour le beau moral, la

bienfaisance la plus active, il distribuait aux pauvres tout ce qu'il avait de reste; il ne cherchait à acquérir que pour avoir les moyens de faire des heureux, en protégeant les arts et les entreprises utiles; la plus grande simplicité, mais en même temps la propreté la plus soigneuse et l'ordre le plus constant régnaient dans son intérieur personnel et dans tout ce qui concernait sa maison. Son extérieur était extrêmement avantageux, le son de sa voix séduisant, son noble enthousiasme entraînait tout ce qui l'approchait, il avait surtout un ascendant singulier sur les femmes; il ne s'en servait même que pour leur inspirer plus de goût pour les vertus domestiques et pour les douces jouissances de la maternité et de l'éducation.

Puisqu'il est permis aux penseurs d'aujourd'hui de revêtir les vérités morales de toutes les expressions qui peuvent leur donner accès dans les cœurs, l'homme de bien doit être reconnu par le philosophe dans le chrétien, comme il doit l'être par le chrétien dans le philosophe. Ainsi, c'est à la bienveillance qu'il appartient d'accepter et de protéger toutes les qualités sociales dont Lavater fut toujours le plus sincère admirateur dans la physionomie.

En reconnaissant ici que les recherches aussi savantes que studieuses, faites par le ministre allemand pendant toute sa vie, afin de parvenir à reconnaître les hommes par les signes extérieurs, le recommandent à la postérité, nous serons forcés de reconnaître aussi que la plus grande partie de ceux qui s'en occupent après lui sont encore loin de lui succéder.

En effet, le docteur Gall a borné ses investigations et toutes leurs conséquences au crâne seulement : cette boîte osseuse cependant n'entre que pour bien peu de chose dans la physionomie générale d'un homme, et si, d'après Lavater, tous les signes physiognomoniques qui peuvent se manifester dans un individu doivent y concourir, s'ils doivent avoir une correspondance intime avec le caractère, avec l'état du cœur, avec la situation instantanée de l'âme qui se manifeste au dehors..., Gall, dans son système, fait tout le contraire. Comme il n'a besoin que d'avoir recours aux signes extérieurs du crâne seulement pour indiquer et développer la moralité, l'intelligence, les penchans, la physionomie n'est pour lui qu'un simple accessoire, sur lequel il est pour ainsi dire presque indifférent.

Ajoutons encore que toutes les inégalités ou dépressions qui apparaissent extérieurement sur le crâne, doivent, d'après lui, correspondre avec le cerveau, alors toutes fois que le docteur se livre à expliquer leur cause, elles ne lui fournissent plus que des détails anatomiques sur un organe dont les variétés, quoique très-utiles à décrire, ne laissent pas que de l'éloigner encore des autres signes nécessaires à la physionomie, puisqu'il les écarte par la crânioscopie.

Quoi qu'il en soit, Lavater est le premier qui ait essayé à vaincre une grande partie de toutes les difficultés dont l'art de connaître les hommes par la physionomie est parsemé, soit comme dessinateur doué d'un esprit d'observation peu commune, soit comme philosophe aimant les hommes. Son goût éclairé pour toutes les choses utiles soutint continuellement et ranima son courage au milieu de tous les dégoûts dont ses antagonistes l'abreuvèrent sur la fin de son entreprise, car il lui restait encore beaucoup de choses à publier. Nous en possédons plusieurs qui sont originales et que nous donnons dans ce Manuel. Nous y joindrons plusieurs *fac-simile* de son écriture, et surtout un billet en allemand dont la traduction a été faite par M. Aimé Martin.

GALL.

Gall est né en 1758 d'un père peu fortuné qui habitait le duché de Baden avec ses nombreux enfans. C'est dans le sein de sa famille, au milieu de ses frères et sœurs, que Gall vécut dans sa jeunesse, entouré de plusieurs condisciples ou camarades, comme cela se voit tous les jours; chacun d'eux avait un goût différent, un penchant, une faculté qui le distinguait des autres. « Nous jugeâmes bientôt, » dit Gall, qui parmi nous était vertueux, ou enclin au » vice, modeste ou fier, franc ou dissimulé, véridique ou » menteur, paisible ou querelleur, bon ou méchant, etc.; » chacun de nous se signalait *par son caractère propre* (!!!), » et je n'observai jamais que celui qui avait été un cama- » rade fourbe et déloyal, devînt, l'année d'après, un ami sûr » et fidèle. » (Tiré de l'introduction de l'origine des qualités morales et des facultés intellectuelles, p. 2 et 3.)

S'il faut en croire ce passage, le développement de l'esprit

observateur de Gall fut très-précoce, et bientôt il s'aperçut
que, parmi ses condisciples, ceux qui avaient la mémoire la
plus facile, obtenaient très-fréquemment la place qu'il
croyait mériter par ses compositions, et que tous ces heureux concurrens avaient de gros yeux saillans. Plusieurs fois
Gall se réjouit de changer d'école et même de séjour, mais
partout la fatalité le poursuivit, partout il rencontra de gros
yeux saillans qui lui enlevèrent ses places ; enfin il quitte
l'Allemagne pour terminer ses études à l'université de Strasbourg, et il y trouve encore des étudians doués d'une grande
mémoire, accompagnés de gros yeux saillans, et à leur tour
ces étudians usurpent les places qu'il espère obtenir. Alors
il soupçonne que cette conformation des yeux est constamment l'indice d'une mémoire très-heureuse ; c'est ainsi que
de *gros yeux* devinrent l'origine de la phrénologie en inspi-
rant à Gall l'idée de continuer ce genre de recherches.

En 1781 Gall se rend à Vienne en Autriche pour s'y livrer
à l'étude de la médecine, et peu de temps après, toujours
préoccupé de ses idées crânioscopiques, il commence à recueillir des bustes en plâtre, à faire mouler les crânes de
personnages connus par leurs talens ou leur facultés morales,
qu'il choisit parmi les hommes et même parmi les animaux;
puis il recherche la société des personnes remarquables par
un penchant bien déterminé ; enfin il visite les hôpitaux, les
établissemens d'aliénés, les maisons d'éducation, les prisons,
les couvens ; il y recueille un grand nombre d'observations
et de faits qu'il classe, qu'il compare, et riche d'une foule de
résultats, il ouvre à Vienne un cours public, où il expose
ses découvertes et sa théorie nouvelle sur le cerveau.

Alors, comme dans toutes les leçons qu'il a faites depuis,
Gall prétendait reconnaître, par la configuration extérieure
d'une tête, toutes les traces de penchans et des caractères.
Parmi ses auditeurs se trouve le docteur Spurzheim, qui,
plein d'enthousiasme pour ce nouveau système, devient l'ami
du professeur, et bientôt son collaborateur; l'un et l'autre
n'ont même établi leurs observations que sur les diversités
des crânes ; peut-être voulaient-ils pénétrer beaucoup plus
avant dans la connaissance de l'homme que tous ceux qui
les avaient précédés, c'est pourquoi ils ne se sont pour ainsi
dire occupés qu'à disséquer des cerveaux, persuadés que les
os qui les recouvraient devaient en conserver non-seulement

les empreintes, mais encore indiquer des traces assez signi-
ficatives des variétés que l'on rencontre dans le caractère des
hommes.

Enfin, après avoir voyagé dans le midi de l'Allemagne et
dans une partie de l'Europe, Gall vient à Paris en 1808; ses
découvertes n'y sont point accueillies comme il pouvait l'espérer après leurs succès dans les autres pays; mais les criti-
ques, les épigrammes, les malins vaudevilles, ne l'empêchent
pas de professer sa nouvelle doctrine; rien ne le décourage,
et chaque jour, d'après ses idées, il multiplie ses recherches.
Il n'est même pas douteux que s'il eût voulu renoncer à quelques-unes des hypothèses que les hommes instruits repous-
saient, et qu'il se fût contenté de recueillir et d'observer les
faits, à ne voir que la nature, mais en la séparant de sa
théorie repoussée par la morale et par la science, rien de
semblable ne lui serait arrivé, puisque, malgré les nombreux antagonistes du docteur allemand, Cuvier adopta son
système. Mais après en avoir acquis une connaissance très-
approfondie, il l'abandonna totalement lorsqu'il y eut réfléchi. Comme beaucoup d'autres, le savant naturaliste en
tira la conséquence qu'il serait nécessaire de pardonner à
tous les vices, à tous les crimes, afin d'être indifférent pour
les actions vertueuses, et d'oublier en quelque sorte les grands
talens; car il n'existerait plus aucune moralité dans les actions humaines, et tous les grands coupables, placés sous
l'empire inexorable de leurs organes, seraient plus que susceptibles de justification. Ainsi, d'après cela seul, la théorie
du cerveau du docteur Gall serait établie sur des bases qui ne
seraient rien moins que certaines, et encore bien moins fondées sur l'anatomie.

En appuyant son système sur la forme extérieure du crâne
seulement, en jugeant des saillies ou des dépressions souvent imaginaires, en reconnaissant des élévations, des empreintes le plus souvent si peu apparentes qu'elles sont pour
ainsi dire imperceptibles; Gall ne donne guère pour résultat
de ses observations que les rapports immédiats de l'enveloppe avec la masse encéphalique seulement comme organe de
la pensée; mais en même temps il expose son système par
des raisons tirées de ses observations, appuyées par des
exemples si nombreux qu'elles paraissent décisives à tous ses
partisans.

C'est pourquoi nous devrons faire connaître dans ce Manuel toutes les opinions sur lesquelles il s'appuie, nous le ferons même d'une manière aussi franche qu'impartiale, et si quelquefois on nous trouve en opposition avec le docteur allemand, ce sera toujours pour appuyer la physiognomonie, et pour la faire servir à nos considérations sur ce qui doit résulter des rapports entre le cerveau et les signes qui se manifestent d'après les impressions qu'il reçoit sur toute la surface extérieure de l'homme, et qui constituent essentiellement la physionomie.

SPURZHEIM.

Spurzheim, d'abord enthousiaste de la doctrine de Gall à Vienne, devenu par la suite son émule et son collaborateur à Paris, contrarié sans doute par tous les obstacles qu'éprouvait la propagation de la crânioscopie, quitte la capitale de la France et se rend en Angleterre. Encouragé par le succès qu'il obtient, il parcourt les principales villes de la Grande-Bretagne, de l'Ecosse, de l'Irlande, dont les savans, les philosophes, et même les gens du monde, qui ne sont ni savans ni philosophes, adoptèrent avec empressement toutes les idées de Gall, propagées par son élève admirateur.

Enchanté de la réception des anglais, Spurzheim revient en France, y reste quelque temps, et part pour l'Amérique, où de nouveaux succès récompensent son zèle à répandre la connaissance du système de son maître en crânioscopie; et comme en Angleterre, des sociétés phrénologiques se forment dans plusieurs villes des Etats-Unis... Mais Gall n'a pas suivi cette dernière victoire de son élève, il est mort en 1828, et Spurzheim a succombé en 1835.

L'un et l'autre ne s'étant occupés que de la recherche des protubérances du crâne et des facultés particulières à chaque individu sur lesquels ils les avaient aperçues, avaient assez convenablement nommé leur système LA CRANIOSCOPIE. Plus tard, Gall conçut l'idée d'attacher un organe à toutes les dépressions comme à toutes les élévations de l'enveloppe osseuse de la pulpe célébrale; c'est cette nouvelle manière, adaptée à la physiologie du cerveau, que l'on désigne maintenant sous la dénomination DE PHRÉNOLOGIE.

CHAUSSIER.

Dans ses leçons d'anatomie faites à l'école de médecine, depuis la réorganisation de l'enseignement médical par le comité de salut public, jusqu'à l'ordonnance universitaire par laquelle il fut mis au rang de ceux qui devaient encore y rester, mais pour l'honneur seulement, le professeur Chaussier, en développant les principales divisions de la Zoonomie, s'attachait à démontrer, pour l'instruction des élèves en médecine, tous les signes plus ou moins remarquables par lesquels on pouvait distinguer extérieurement dans l'homme en santé la variété des impressions de l'âme, d'après les commotions reçues par le cerveau. Comme c'était aux passions qu'il les attribuait, elles lui inspirèrent assez souvent des digressions philosophiques, aussi neuves qu'elles paraissaient hardies, sur les penchans et sur l'instinct (*quod intus stat*), d'où provenaient les facultés morales, et de celles-ci tout ce qui pouvait servir à resserrer les liens de la sociabilité, dont ces derniers devaient être le but et la conséquence inséparable.

En considérant ainsi les facultés intellectuelles, tout homme voulant s'instruire, et ne pas s'égarer dans des hypothèses hasardées, ne devait jamais oublier que la zoonomie, soumise à des observations rigoureuses, devenait susceptible de lui fournir tout ce qui est nécessaire pour bien connaître non-seulement les fonctions, les impressions intérieures de l'encéphale, mais encore leurs résultats à l'extérieur sur la face, où il devenait extrêmement facile de les apercevoir et de les bien juger.

C'est alors que la zoonomie devait, selon le professeur, être considérée comme la philosophie du médecin et du naturaliste, comme la base des véritables doctrines ou des diverses méthodes adoptées pour étudier *l'homme.* Ainsi la science de l'organisme animal (la zoonomie) fut contemporaine de la physiognomonie; elles précédèrent par conséquent l'une et l'autre la cranioscopie; et si le premier objet de la Zoonomie *est de connaître* et *de bien connaître la nature de l'homme tout entier,* le professeur ajoutait encore qu'on ne pouvait jamais y parvenir qu'en examinant bien la *structure* et *l'action de ses organes.*

Enfin, pour appuyer son opinion par la démonstration, il avait recours à l'expression faciale qu'il développait sous le nom de *prosopose*, et il prouvait que suivant les divers modes de la contraction des muscles, par la coloration de la peau qui les recouvre, par les mouvemens des sourcils, des narines, de la bouche sur la face, tout exprimait le naturel de la santé, comme dans la maladie. Persuadé, comme il l'était, que l'instantanéité de toutes ces sensations agréables ou désagréables constituait essentiellement la physionomie, il devenait alors indispensable de la bien connaître, non-seulement pour ceux qui désirent bien étudier l'homme, mais encore pour tous ceux qui veulent apprécier ou cultiver les beaux arts.

H. CHAUSSIER FILS.

Vint après le professeur, H. Chaussier son fils aîné, qui, sans rien changer aux opinions et à la manière dont son père enseignait dans sa zoonomie *la prosopose*, l'expression faciale, y ajouta tout ce que ses remarques pouvaient lui avoir démontré, susceptible d'établir la conviction dans les connaissances nécessaires aux physionomistes. Car en admettant d'abord toutes les idées développées par Lavater, en admirant son mode d'observation d'autant plus rapproché de la vérité, qu'il pouvait encore devenir intéressant sous bien des rapports sur lesquels il s'est très-peu appesanti, et dont on n'avait jamais parlé avant lui, il y ajoute l'exposition du système de Gall et de Spurzheim, ainsi que celles de tous ceux qui s'occupent de la phrénologie aujourd'hui tant en France qu'en Angleterre. C'est en les réunissant qu'il cherche à prouver que l'art du physionomiste consiste spécialement à reconnaître, d'après les âges, le sexe, les constitutions primitives, les climats, l'éducation, les habitudes bonnes ou mauvaises, que l'ensemble de la face, *le visage, la physionomie individuelle*, conserve plus ou moins l'empreinte ineffaçable de toutes les impressions reçues pendant la vie.

C'est pourquoi, dans notre Manuel du physionomiste et du phrénologiste, on trouvera non-seulement la réunion de toutes les observations qui y sont relatives, mais encore la confirmation des connaissances acquises pour bien juger les caractères par les signes extérieurs, dans la physionomie des passions principalement.

Son travail était à peine terminé, qu'une maladie grave et dont il souffrait depuis long-temps l'enleva à sa famille. Alors nous avons confié la révision de son manuscrit au docteur Morin, l'un des aides d'anatomie du professeur Chaussier et son élève à Dijon.

Chargé à l'école de ses préparations anatomiques conjointement avec M. Ribes le père, non-seulement il se trouva admis dans son intimité, mais il fut encore particulièrement chargé d'exécuter, sous sa direction, tous les dessins et les gravures dont il avait besoin pour la notice qu'il a publiée sur l'organe encéphalique et sur les maladies des os et plusieurs autres objets d'anatomie pathologique qui ornent actuellement le musée Dupuytren.

DE LA PHRÉNOLOGIE

EN ANGLETERRE.

Monsieur le docteur Scoutetten a raison de dire que c'est après avoir fait le tour du monde que la phrénologie est revenue en France, mais elle y a encore trouvé de nombreux antagonistes; et malgré le zèle de ses partisans, ce système est bien loin d'inspirer aux Français un intérêt aussi vif qu'aux Anglais.

Dans l'empire britannique, la phrénologie est pour une foule de personnes une véritable phrénésie, du mot phrène, égarement de l'esprit. (l'Acad. écrit frénésie.) Les Anglais, généralement penseurs, ont embrassé ce système avec un empressement qui semble extraordinaire, tandis qu'il est une suite naturelle de leur goût inné pour l'observation et l'analyse. D'ailleurs, les principes *de la société philosophique du sens commun* ont pu contribuer à cet enthousiasme : depuis long-temps cette société avait distingué les penchans ou instincts, les sentimens et les facultés intellectuelles, et les regardait comme résultant de l'action générale du cerveau; mais elle n'avait pas comme Gall imaginé des organes particuliers, qui sans doute ont paru le complément des idées de la société.

Il existe en Angleterre vingt-trois réunions de savans dont les travaux sont consacrés uniquement à la phrénologie. Indépendamment de ces vingt-trois sociétés, la plupart de celles de médecine et de philosophie s'occupent aussi de crânioscopie. En outre, le professeur de médecine enseigne à l'université de Londres le traitement des aliénations mentales d'après le système phrénologique; enfin l'éducation est dirigée d'après ce même système dans les écoles fondées à Aberdeen par sir J. Marensie, à Enfield par M. Rondeau, à Ongar par M. Stoaks.

Londres possède sept à huit collections phrénologiques; la plus considérable est celle de M. Deville, elle contient deux mille deux cents têtes d'hommes, cinq mille d'oiseaux et autres animaux.

Dans l'intérêt de la phrénologie, examinons si cette collection a réellement l'importance qu'elle semble présenter au premier aperçu. *Elle est, dit-on, une des plus riches et des plus nombreuses de l'Europe.* On doit convenir qu'elle est très-nombreuse; mais riche, nous ne le pensons point : la quantité ne constitue pas la richesse, la qualité seule peut donner quelque prix à une semblable collection; or nous allons démontrer que la qualité manque à celle de M. Deville, et que parmi ces 2,200 têtes d'hommes, il ne s'en trouve qu'un petit nombre, mais un nombre très-minime, peut-être une vingtaine seulement, dont les protubérances ont le mérite d'être vraies, mérite essentiel, indispensable pour que des plâtres puissent servir à l'étude de la phrénologie et à établir des observations. L'historique de la manière dont cette collection a été faite suffira pour prouver ce que nous avançons.

A Paris, lorsqu'on désire une lampe, on s'adresse au lampiste, et quand on veut une tête en plâtre, on la demande ou on la commande à un modeleur figuriste. Il paraît qu'à Londres on agit différemment, on la fait mouler après. Voici ce que rapporte M. le docteur Bailly de Blois, qui, plus d'une fois, a enrichi la science de ses lumineuses recherches phrénologiques.

« En 1821 un phrénologien s'adressa par hasard à un » lampiste de Londres et lui demanda s'il pourrait lui faire » le moule en plâtre d'une tête qu'il lui apporta. Deville y » consentit, et s'acquitta si bien de cette besogne, que d'au- » tres personnes vinrent le prier de leur rendre le même ser- » vice. »

Le lampiste prit goût à cette branche d'industrie fort nouvelle pour lui : il étudia les ouvrages de Gall, ceux de Spurzheim, et de simple mouleur il devint sculpteur, « car il se » mit à modeler la tête de toutes les personnes qu'il rencon- » trait dans le monde et qui lui offraient quelques protubé- » rances remarquables. »

Ce commencement de collection de têtes plus ou moins *protubérées* attira chez le lampiste-sculpteur un grand nombre de visiteurs qui payèrent leur curiosité en permettant à ce crânomane d'ajouter leurs têtes à celles qu'il possédait déjà.

Les curieux abondent à Londres comme à Paris, et bientôt leurs crânes en plâtre, s'emparant de toutes les places, chassèrent les lampes du magasin et encombrèrent la maison de Deville, qui fut enfin obligé de faire construire une vaste galerie pour loger tous ces plâtres céphalomanciques. (1)

Le lampo-sculpteur ne s'était décidé à faire cette dépense de construction qu'après s'être bien assuré qu'il était reconnu par tous les habitans de Londres pour un savant phréno-logien.

Lorsque sa galerie fut terminée, il annonça que le nombre considérable des visiteurs l'empêchait de continuer ses travaux ; et en bon spéculateur, comme est généralement chaque anglais, il exigea une rétribution. Avertie par des *hommes-affiches*, la population entière accourut chez lui ; chaque jour sa bourse se remplit, et sa collection s'augmenta des têtes de quelques-uns des visiteurs.

Il est à regretter que ces 2,200 plâtres de têtes humaines ne puissent servir de base à aucun raisonnement, tant soit peu plausible. Tous ces personnages qui ont permis à M. De-ville de modeler leurs têtes, n'ont pas eu la complaisance de faire raser leurs cheveux, afin que le phrénologien pût pren-dre le moule exact de leurs éminences céphaliques. Ainsi, les têtes de plâtre ont été façonnées au hasard par le sculp-teur-lampiste, lequel y a placé à peu près les protubérances que ses doigts peu ostéologistes n'ont pu juger que très-im-parfaitement à travers une épaisse chevelure.

Pour reconnaître sur une tête vivante les protubérances galliques, il ne suffit pas d'avoir attentivement examiné leur place sur une gravure ou sur un plâtre, il faut avoir étudié avec soin la forme normale du crâne de l'homme et de la femme bien constitués ; il faut en outre savoir apprécier les différences, les défectuosités occasionnées par les travaux, les habitudes, les chutes, les coups ; enfin il faut savoir dis-tinguer les gonflemens ou les enfoncemens déterminés par la pression d'un chapeau, d'un bonnet de nuit trop serré, etc.

M. Deville a pu faire et a fait, nous le présumons, des fi-gures ressemblantes aux personnages, et c'est à cette ressem-blance qu'il doit une grande partie de son succès ; mais le bossage des têtes, la position, l'étendue, la forme, la hauteur, la direction des protubérances du crâne, tout cela est établi

(1) Du mot céphalomancie, divination par le moyen de la tête.

sans certitude, sans précision, c'est uniquement le résultat de la préoccupation, du désir et même du besoin de trouver des éminences, afin de pouvoir attacher à chaque buste un intérêt phrénologique. M. Deville y parvint en homme d'esprit, on en jugera par ses propres paroles. Voici ce qu'il dit à ceux qui visitent sa collection :

« ...... Vous supposerez peut-être que j'ai trouvé le plus
» haut degré de développement des organes du vol et du
» meurtre dans les prisons et au gibet de Newgate, et vous
» vous tromperez ; mon plus beau specimen de l'organe du vol,
» celui pour lequel je donnerais toute ma collection, est ce buste
» de lady B...., si connue dans les salons du West-End par
» son esprit et son amabilité. De même, je n'ai jamais vu chez
» aucun des nombreux meurtriers que j'ai visités à la potence,
» un penchant au meurtre aussi prononcé que sur cette tête
» du révérend R.... ; cependant il est probable qu'ils n'ont
» jamais obéi ni l'un ni l'autre aux violens instincts dont la na-
» ture les a gratifiés. Ces deux exemples, si communs dans
» les hautes classes, vous prouvent l'importance de l'aisance
» et de l'éducation pour empêcher les crimes. »

M. Deville sait très-bien faire valoir sa marchandise et terminer son discours par une réflexion morale ; mais cette dernière phrase contient une erreur et une vérité. Une erreur, car l'aisance, ni même la richesse, n'empêchent aucunement les crimes ; on a mille exemples de gens fort opulens qui ont employé les moyens les plus vils pour spolier des héritiers et s'emparer des biens qui leur appartenaient ; d'autres qui, pour augmenter leur fortune, sont devenus des assassins. D'ailleurs les crimes de tous genres étaient jadis fort ordinaires dans le hautes classes, parce qu'elles se composaient de gens privilégiés, auxquels leurs grandes richesses et leurs relations avec les dépositaires de l'autorité assuraient d'avance une impunité dont ils n'ont plus maintenant la même certitude, car on raconte que Thomas Salter a été condamné à sept ans de déportation pour avoir volé un canif et un tire-bouchon ; la sévérité des magistrats n'a été motivée que d'après la manie qu'avait cet homme jouissant d'une grande fortune, de se livrer à son penchant naturel pour le vol.

Quant à la vérité qui sert de conclusion à M. Deville, elle est incontestable ; l'éducation est le moyen de prévenir jusqu'à la pensée du crime, c'est le seul sur lequel on puisse compter, et les parens sont bien coupables lorsqu'ils négligent de l'employer. Mais dans cette circonstance la phrénologie ne peut pas être fort utile, on aurait grand tort d'y recourir pour diriger l'éducation : nous allons le démontrer.

DE LA CRANIOSCOPIE

APPLIQUÉE A L'ÉDUCATION.

Spurzheim a reconnu que *la première apparition des protubérances du crâne ne commence qu'à l'époque de la puberté.* Ainsi, jusqu'à l'âge de quatorze à quinze ans, on ne peut faire aucun usage de la crânioscopie, puisque les protubérances n'existent pas; c'est seulement à cet âge qu'elles commencent à paraître, mais elles ne sont pas encore suffisamment formées pour faire connaître les dispositions d'un enfant; d'ailleurs il ne serait pas sage d'attendre aussi tard pour corriger celles qui pourraient être mauvaises; l'éducation morale commence dès l'âge de trois à quatre ans. Ainsi, d'après la seule remarque de Spurzheim, il est incontestable que la phrénologie ne peut pas guider l'instituteur de la jeunesse; mais ce n'est pas tout encore.

En traçant, ci-après, l'exposé de trois périodes de la vie, nous faisons observer que le développement de la force physique et morale n'est entièrement terminé qu'à l'âge de quarante ans et demi, et que ce développement n'est à peu près complet qu'entre vingt-trois et vingt-cinq ans; c'est à cette époque seulement qu'on peut le considérer comme tel qu'il doit rester jusqu'à soixante-trois ans, sauf quelque léger accroissement. Ainsi, avant que l'individu ait atteint sa vingt-cinquième année, la phrénologie ne peut pas trouver dans les protubérances de son crâne, des indices certains et bien positifs de ses goûts, de ses penchans, de ses facultés et de ses passions. Néanmoins, supposons qu'à l'âge de dix-sept à dix-huit ans il soit possible de les découvrir en palpant la tête, mais alors l'éducation morale est terminée; un adolescent de cet âge, maintenant se croit un homme, et n'est plus occupé qu'aux études appropriées à l'état, à la profession qu'il doit exercer : il est donc évident que la crânioscopie ne peut pas servir à

diriger, à modifier l'éducation, du moins quant à présent.
Il est possible que plus tard elle soit d'une grande utilité;
il faut, pour cela, qu'on ait eu le temps de se procurer
une longue série d'observations comparatives, faites sur un
assez grand nombre d'individus des deux sexes, qui, depuis
leur enfance jusqu'à l'âge de vingt-cinq ans, auront été
tous les mois soumis à un scrupuleux examen de l'état
de leurs têtes, et du rapport que cet état pourra présenter
avec le développement de leurs facultés. Ce mode d'observation est le seul qui puisse procurer des lumières suffi-
santes pour qu'un jour on dise avec certitude, la tête de
cet enfant de huit ou neuf ars annonce qu'à vingt-cinq ans
on trouvera sur son crâne telles et telles protubérances.
Alors enrichie d'une aussi grande découverte, la phrénologie deviendra la science la plus utile pour l'éducation :
espérons qu'avec le temps elle pourra lui rendre d'importans
services; mais pour que les phrénologiens atteignent plus
promptement ce but si désirable et si glorieux, il importe beaucoup qu'ils ne soient pas abusés dans leurs recherches par des pièces moulées d'une manière imparfaite,
et dans lesquelles ils ont confiance parce qu'elles font partie
d'une collection qui jouit d'une grande réputation. Ces
pièces irrégulières ne se trouvant plus en rapport avec
celles moulées sur des crânes jettent l'observateur dans l'incertitude; il est obligé à de nouvelles recherches, qui, lui
faisant perdre un temps précieux, retardent les progrès de
la science. C'est par cette raison, c'est donc, comme nous
l'avons dit, dans l'intérêt de la phrénologie, que nous nous
sommes attachés à démontrer la défectuosité et les inconvéniens de la collection de M. Deville. On la dit la plus
riche de l'Europe, et nous la croyons la plus pauvre; de
ses deux mille deux cents têtes humaines, celles dont le
moule a été fait sur des crânes sont les seules qui méritent l'attention des phrénologiens, toutes les autres ne
sont bonnes à rien, sans excepter les bustes de Lady B....
et du révérend R.... Qu'ils soient précieux pour M. Deville, c'est naturel, ils ont fait sa fortune; car sans doute
on a beaucoup parlé dans la société des bizarres protubérances que le lampiste a découvertes sur les têtes de
ces deux personnages, et il ont ainsi contribué, plus que
tous les autres, à mettre en vogue cet amateur phrénologien.

Au surplus, ce que nous avons dit de sa collection s'applique également à toutes celles faites et à faire. Les phrénologiens, nous le répétons, ne doivent attacher aucun intérêt aux pièces qui n'ont pas été moulées sur des crânes; ce sont des contrefaçons très-fautives, dont il faut se méfier; elles ne peuvent que fourvoyer quiconque s'occupe de recherches phrénologiques.

Enfin nous ajouterons que si l'on veut avoir une collection phrénologique aussi parfaite que vraiment utile, il faut n'y admettre que des têtes humaines; mais nous ne disons pas des crânes décharnés, beaucoup de personnes n'aimeraient point une réunion de têtes noirâtres, qui leur offriraient continuellement un triste tableau des catacombes. Loin de là, les têtes dont nous parlons, n'ont rien de rebutant, elle offrent l'apparence de la vie; les muscles conservent leurs formes; la peau, les cheveux, ont leur couleur habituelle. Les yeux seuls éprouvent une légère altération, la cornée transparante devient opaque, mais on la cache sous des yeux d'émail.

Ces têtes humaines sont durcies par un procédé très-simple, qui les rend inattaquables par les insectes. Des têtes ainsi préparées, et oubliées dans le bas d'une armoire pendant une douzaine d'années, n'avaient éprouvé aucune altération, parce qu'elles sont coloriées par des injections faites avec de la colle de Flandre, dans laquelle on étend une certaine quantité d'oxide rouge de mercure (précipité), avant que de les mettre dans l'eau chargée de muriate de mercure suroxidé (sublimé corrosif), dans laquelle on le laisse séjourner plus ou moins long-temps.

Par le même procédé on peut également durcir des cerveaux, ils diminuent un peu de volume, mais ils n'éprouvent aucun autre dérangement. On pourrait en préparer une certaine quantité, pour servir à l'étude des organes.

Il est superflu de détailler les avantages d'une semblable collection, chacun juge aisément combien elle est préférable aux meilleurs plâtres; néanmoins, si on veut en avoir quelques-uns, on doit n'admettre que ceux qui ont été moulés sur le crâne, ou sur le vivant, en ayant soin de se borner aux douze premières épreuves, les seules qui soient les plus exactes; celles qui suivent sont déjà moins bonnes. En outre il faut avoir soin de ne'pas faire enlever les bavures du moule, car l'ouvrier le plus adroit, en réparant un plâtre, l'altère plus ou moins; c'est un mal qu'il est impossible d'éviter, et c'est par cette raison que dans l'atelier des artistes on voit leurs plâtres antiques avec toutes leurs bavures; ils en font peu de cas lorsqu'ils sont réparés.

PHRÉNOLOGIE

ou

SYSTÈME DE GALL

Si nous suivions l'ordre chronologique, c'est de Lavater dont maintenant nous aurions à retracer les préceptes; mais nous devons d'abord nous occuper des idées de Gall, parce que son système ne nous présente qu'un simple acheminement à la science physiognomonique.

On s'abuserait en pensant que Gall est le continuateur de Lavater. Doués tous deux d'un grand mérite, ces hommes également ingénieux diffèrent l'un de l'autre par leur but, leurs intentions et leurs moyens d'observation. Cependant tous deux cherchent également à reconnaître l'intérieur par l'extérieur, le moral par le physique; tous deux veulent lire les secrets du cœur, les mouvemens de l'âme, que l'un voit écrits par le créateur sur la physionomie, et que l'autre cherche sur les protubérances de la tête; protubérances qu'il suppose déterminées par l'action d'organes sous-crâniens, dont les autres ne font qu'un seul sous le nom d'organe encéphalique.

Tels sont les rapprochemens qu'on peut établir entre ces deux physionomistes, qui, malgré la divergence de leur manière de voir, ont, tous deux, obtenu des succès remarquables; mais les différences entre leurs systèmes sont en plus grand nombre.

Lavater examine, observe, analyse, non-seulement la physionomie du visage, mais en outre celle de toutes les parties du corps; et les attitudes, les gestes, la marche, le son de la voix, l'écriture, les vêtemens, lui fournissent des renseignemens lumineux.

Gall borne ses observations à la diversité des formes du crâne, au développement des protubérances.

Lorsqu'il a découvert une protubérance, il examine la circonvolution du cerveau, placée intérieurement derrière cette protubérance, et il la déclare le siège d'un organe doué de la faculté qu'il a reconnue habituelle aux personnes sur la tête desquelles il a vu cette protubérance. Mais cette circonvolution dont il a fait un organe spécial, n'offre aucune forme, aucune organisation, aucun caractère particulier, qui la fasse distinguer dans la masse de l'encéphale.

Lavater n'a besoin que de voir pour juger, la vue lui suffit pour interroger la physionomie, scruter l'extérieur et découvrir ce qui est caché dans l'intérieur.

Gall a recours au toucher, il palpe la tête, et semblable à l'aveugle qui tient un livre dont les lettres sont imprimées en relief, c'est en promenant ses doigts sur les aspérités du crâne, qu'il parvient à lire dans la pensée.

Lavater rapporte tout à la physionomie, sans mêler à ses recherches aucunes considérations anatomiques ou physiologiques. Il n'essaie pas de trouver la cause matérielle et organique de telle forme de la tête, il dit seulement qu'elle annonce telle disposition morale; il se borne à découvrir les secrets du cœur humain, et ne prétend point pénétrer ceux de la nature.

Gall, au contraire, veut connaître des causes, et sophiste très-ingénieux, il les explique en général d'une manière séduisante. Ayant employé une partie de sa vie à disséquer des cerveaux, il s'efforce d'étayer son système sur ses recherches anatomiques; mais sa nouvelle théorie de l'encéphale n'est pas établie sur des fondemens assez solides; ainsi que l'a dit le professeur Chaussier, « ses bases sont moins que certaines » et moins que fondées sur l'anatomie. »

Enfin Lavater, en exposant son système, rapporte tout au créateur de l'univers.

Gall, au contraire, prétend trouver, dans l'organisation du cerveau, les secrets de l'âme humaine, secrets renfermés, selon lui, dans des portioncules du cerveau qui forment des organes particuliers.

D'après ce système, chacun de ces petits organes est un agent provocateur d'une vertu ou d'un vice, d'un penchant, d'un sentiment, d'une faculté, d'un instinct (*quod intus stat*).

« Si j'ai bien compris le système de Gall, dit M. le doc-
» teur Moreau de la Sarthe, on pourrait, d'après l'hypothèse
» qui en fait la base, comparer l'âme à un habile organiste,
» et les petits organes, dont la réunion forme le cerveau, à
» un assemblage d'instrumens à touche plus ou moins par-
» faits, dont *le musicien spirituel* joue séparément, ou à la
» fois, selon son désir et sa volonté. »

« Ainsi, selon cette supposition qui peut paraître pi-
» quante et ingénieuse, on admettra que l'âme jouera tantôt
» de l'ambition, de la vanité ou de la ruse, et tantôt de l'es-
» prit de comparaison, de différentes perceptions, de la pé-
» nétration métaphysique, et avec plus ou moins d'effet, sui-
» vant que les instrumens sont meilleurs et plus souvent em-
» ployés. »

Il est malheureux que le musicien spirituel s'amuse à jouer
un peu trop souvent du vol, de l'assassinat, ainsi que de
l'adultère et du viol, etc.

En supposant même qu'on soit doué d'une forte dose de
philosophie, on peut entrevoir quelque danger dans les conséquences d'un semblable système, on ne peut se dissimuler
qu'il tend à détruire toute moralité dans les actions humaines. En l'adoptant, il faut supprimer les prix fondés par
Montyon pour récompenser la vertu ; elle ne dépend plus de
la volonté de l'homme, mais du caprice d'un petit organe qui
le fait agir sans qu'il y pense. Il faut aussi déchirer les codes
criminels et correctionnels, il n'y a plus ni délits ni crimes.
Désormais la femme adultère, le voleur, le faussaire, l'assassin, diront à leurs juges : Voyez cette bosse, examinez
cette protubérance, et cessez de m'accuser ; cette maudite
bosse a tout fait, elle seule est coupable. Mais les magistrats
français sont trop éclairés pour ne pas repousser les dangereuses maximes de ce système, ils l'ont déjà fait voir dans
plusieurs occasions et dernièrement encore à l'audience de la
cour d'assises du 17 septembre 1836. M. le docteur Beneck,
phrénologien, volé par son domestique Flamancourt, pour
le justifier, prétendait qu'il avait *cédé à une prédisposition
malheureuse*. M. l'avocat général a prouvé la sagesse de la
cour en lui répondant : « *la justice ne peut admettre comme
» excuse des doctrines phrénologiques, en présence desquelles
» il n'y aurait jamais de coupables.* »

On pourrait signaler encore d'autres inconvéniens fort nombreux de ce système; mais ces considérations, quelle que puisse être leur importance, n'entrent point dans le plan de notre Manuel, il nous suffit d'avoir fait entrevoir les funestes conséquences d'une utopie, malheureusement fort séduisante pour certaines personnes.

En résumé, Gall prétend que les sens internes, comme les sens externes, ont des organes particuliers dont la réunion forme l'encéphale, et que le crâne présente à l'extérieur, dans des protubérances, l'expression des penchans, des sentimens, des facultés qui sont déterminées par l'action du cerveau, ou pour mieux dire, de tous les petits cerveaux, de ces organes qu'il loge dans les circonvolutions, dans les anfractuosités de la masse cérébrale.

Tel est en peu de mots tout le système de Gall, ou du moins tout ce qui a quelque rapport avec le but que nous nous proposons. Ces protubérances du crâne, annoncées comme bas-reliefs allégoriques des secrètes pensées de l'homme, sont la partie physionomique du gallisme, et par conséquent celle qui doit nous occuper, puisqu'elle seule peut aider à connaître les caractères par des signes extérieurs.

Quoi qu'il en soit, tous ceux qui désirent acquérir des connaissances exactes en phrénologie, devront d'abord s'attacher plutôt à ses principes qu'à ses détails, ensuite faire une étude spéciale de tout ce qui peut avoir des rapports avec la situation et la forme du cerveau, afin d'en faire une application exacte dans les différentes fonctions de l'intelligence, auxquelles il est principalement destiné.

Mais lorsque, pour aller plus loin, on voudra considérer la phrénologie sous le rapport de la philosophie, il devient absolument utile et même nécessaire de ne s'attacher qu'à ses principes, car sans cela on risquerait non-seulement de tomber dans le charlatanisme, mais encore de la rendre nulle ou superflue, car dans cette science tous les faits sont pour ainsi dire les matériaux isolés, tandis qu'en ne perdant pas de vue les principes sur lesquels on cherche à l'établir, on pourra parvenir à des connaissances d'autant plus solides qu'elles se trouvent fondées sur une base considérée déjà comme assez bien affermie. Enfin, dans le cas où l'on serait persuadé que la phrénologie doive exercer une influence marquée sur la société en général, il est alors très-important de la propager en la faisant connaître; c'est même dans cette intention que nous allons entrer en matière. Cependant nous voulons encore ajouter, en terminant cet article, l'opinion de l'homme de notre siècle sur la phrénologie.

« Coroisart, a dit Napoléon, était grand sectateur de Gall;
» lui et ses semblables ont un grand penchant pour le ma-
» térialisme; il accroîtrait leur science et leur domaine;
» mais la nature n'est pas si pauvre; si elle était si gros-
» sière que de s'annoncer par des formes extérieures, nous
» irions plus vite en besogne, et nous serions plus savans;
» ses secrets sont plus fins et plus délicats, plus fugitifs;
» jusqu'ici ils échappent à tout : un petit bossu se trouve
» un grand génie; un grand bel homme n'est qu'un sot.
» Une large tête, à grosse cervelle, n'a parfois pas une idée,
» tandis qu'un petit cerveau se trouve d'une vaste intelli-
» gence, et voyez l'imbécillité de Gall : il attribue à cer-
» taines bosses des penchans et des crimes qui ne sont pas
» dans la nature, qui ne viennent que de la société et de la
« convention des hommes. Que devient la bosse du vol, s'il
» n'y avait point de propriété? la bosse de l'ivrognerie, s'il
» n'y avait point de liqueurs fermentées? celle de l'ambi-
» tion, s'il n'y avait point de société. »

Nous allons maintenant passer à l'examen des trente-sept protubérances que Gall et Spurzheim ont découvertes sur la surface du crâne, et qui servent de base au système phré- nologique.

Dans la planche première, les figures 1, 2, 3 et 4 indi- quent la partie où chaque protubérance est placée sous le numéro qui la concerne, et quoique l'alimentation et l'amour de la vie ne soient pas encore constatés par tous les dis- ciples de la phrénologie, nous les mentionnerons cependant en y ajoutant, pour mieux les constater, l'une par un A l'autre par un B,

Nº 5. ALIMENTATION. A.

Alimentivité ou organe de l'appétit.

(Spurzheim.)

Il est très-naturel, souvent indispensable, de créer un mot nouveau pour rendre une idée nouvelle; mais la néologie, ou l'art de faire ou d'employer des mots nouveaux, exige beaucoup de jugement et de goût. Lorsqu'il existe un mot propre pour rendre une idée, il n'est pas nécessaire d'en inventer un autre, de torturer la langue, de défigurer ses expressions; c'est alors du néologisme, abus très-blâmable, dont Spurzheim a la manie. Pourquoi fabrique-t-il ce mot *alimentivité*, quand sa pensée est présentée d'une manière si claire, si intelligible par le mot *alimentation*.

George Combe, ex-président de la société phrénologique d'Edimbourg, voyant les nerfs olfactifs, c'est-à-dire de l'odorat, très-développés chez les moutons, pensa qu'ils sont guidés par ce sens dans le choix de leur nourriture, et qu'il leur fait distinguer les végétaux d'une espèce dangereuse.

M. Crook communiqua la même idée à Spurzheim, et le docteur Hoppe, de Copenhague, publia sur ce sujet deux mémoires fort intéressans.

Dans son *manuel de phrénologie*, Spurzheim a admis l'alimentation, et l'a placée à la tête des penchans; mais cette admission n'a pas reçu jusqu'à présent la sanction générale de tous les phrénologiens; en conséquence, tout en lui accordant les honneurs d'un numéro, sur sa gravure elle est encore indiquée par un A.

Cet organe ne se manifeste extérieurement que par l'élargissement latéral de la tête, en avant de la partie supérieure du pavillon de l'oreille, à la hauteur de l'angle externe de l'œil. Il est placé dans la fosse zygomatique et caché sous le muscle temporal. Il détermine par son influence le choix des alimens. Chez l'homme, dit monsieur le professeur Broussais, on l'applique particulièrement à la délicatesse du goût, à ce qu'on appelait autrefois la gourmandise, et que l'on décore maintenant du nom de gastronomie.

Brillat-Savarin, dans sa spirituelle *physiologie du goût*, confirme les observations des phrénologiens; il a remarqué, comme eux, que les gourmets et les modernes Apicius ont toujours la tête large au-dessus des apophyses et des arcades zygomatiques.

M. le docteur Broussais a recueilli chez une femme un exemple très-frappant du développement de l'organe dont nous nous occupons. « Elle mangeait, dit ce savant professeur, la ration de quinze à dix-huit personnes, lors-
» qu'elle était à la salpétrière. Rejetée de la salpétrière,
» elle prenait tous les moyens possibles de voler du pain
» et des alimens. Elle avait conjointement avec cela une
» inflammation de l'estomac, une gastrite. Elle a fini par
» se retirer du côté de la glacière, n'ayant plus aucune
» ressource pour vivre. Là, dévorant toute espèce d'ali-
» mens végétaux, toutes les plantes, toutes les racines qui
» s'offraient à elle, mais privée de la faculté que possèdent
» les animaux herbivores, de distinguer les facultés nuisibles
» ou favorables de ces substances, elle s'est gorgée de vé-
» gétaux malsains, particulièrement de plantes de la famille
» des renoncules, excessivement âcres et irritantes, et a
» succombé aux progrès d'une gastrite affreuse. » L'organe de l'alimentation chez cette femme *est presque du double de l'état naturel.*

Il y a environ trente ans, nous vîmes un Tyrolien âgé de vingt-cinq ans au plus, taille de cinq pieds huit à neuf pouces, mais d'une corpulence peu proportionnée à sa grandeur; ce jeune homme était soldat dans nos armées, et on lui avait accordé une triple ration qui ne suffisait point à son appétit. Dans l'espace d'une heure, et en notre présence, il a bu, selon son habitude de chaque matin, un seau plein de sang de bœuf; il avait toujours en main de la viande crue qu'il froissait sans cesse, et à chaque instant il en mangeait un morceau, ce qui ne l'empêchait point de partager les repas de ses camarades. Ce jeune homme qui jouissait alors d'une bonne santé, mourut quelque temps après, et fut porté à l'amphithéâtre de mon père, auquel j'en avais parlé.

L'autopsie ne fit faire aucune remarque particulière; il est à présumer que sa tête devait offrir un grand dévelop-

pement de l'organe de l'alimentation, mais j'ignore si le
crâne a été conservé, car à cette époque on ne s'occupait point
encore de la phrénologie. Il est cependant possible qu'à cause
de la grande taille de cet individu, on ait gardé le squelette :
alors les phrénologiens pourraient le retrouver à l'école de
médecine.

Parmi les hommes chez lesquels l'organe de l'alimentation
est bien développé, on doit citer M. Brillat-Savarin, conseiller à la cour de cassation. Son ouvrage dont nous venons
de parler, est devenu le livre indispensable de tout véritable gastronome, et l'on peut juger par le portrait seul
de l'auteur, que sa physiologie du goût est fondée sur l'expérience. (Voyez planche première, figure 5.)

Nº 6. BIOPHILIE. B.

Amour de la vie, organe de la conservation.

Organe de la conservation, la biophilie porte l'homme
subitement, et sans réflexion, à fuir le danger qui se présente à l'improviste ; son impulsion l'avertit de prendre
garde, elle l'écarte et le dirige d'un autre côté.

La biophilie n'est point encore constatée, et admise par
tous les phrénologiens, c'est par cette raison que sur la gravure elle est indiquée par un B, sous le nº 6.

Ni Gall, ni Spurzheim, n'avaient entrevu cet organe,
M. Vimont paraît être le premier qui en ait eu l'idée,
et après de nombreuses recherches, il l'a placé à côté
du précédent, dans la fosse zygomatique, sous le muscle
temporal, près de l'alimentation ‹ comme elle, il produit
l'élargissement de la tête et rend la pommette plus sail—
lante.

Des recherches faites sur les suicides par M. Dumoustier,
ont démontré que cet organe est peu développé chez les personnes qui ont l'irréflexion de se donner la mort, seul mal
qui soit sans remède. Il est au contraire très-développé chez
les gens sans cesse occupés de leur conservation, chez tous
ceux qui, ne pensant qu'à eux seuls, vivent pour manger,
pour s'enrichir, et se procurer toutes les jouissances possibles, sans songer à se rendre utiles aux autres.

Tous les animaux possèdent cet organe conservateur; et plusieurs fois voyageant la nuit dans les Apennins, j'ai dû la vie à la biophilie de mon cheval, qui s'arrêtait sur le bord d'un précipice que l'obscurité ne me permettait point d'apercevoir. La première fois qu'il me donna cette preuve d'intelligence, je lui fais sentir l'éperon, il reste immobile, je réitère, il recule; étonné de son refus d'avancer dans un chemin qui m'est bien connu, je mets pied--à--terre et je m'aperçois que l'étroit sentier où je me trouve cent pieds au-dessus du torrent de la Magra, a été emporté par la chute d'un rocher, et cet accident me force à attendre le jour pour découvrir un passage. Instruit par cet évènement, j'ai toujours eu soin de descendre dès que mon cheval s'arrêtait; voilà comment j'ai eu la preuve que plusieurs fois il m'a sauvé la vie en agissant pour sa propre conservation. On a bien raison de le dire.... « les bêtes ne sont » pas si bêtes que l'on pense. »

Le sentiment de la conservation est commun et très-naturel à tout ce qui jouit de la vie, un peu plus ou moins développé chez les uns que chez les autres; son indice est à peine remarqué, mais si par hasard cet indice manque totalement, son absence frappe davantage que sa présence : c'est donc pour mieux faire sentir son effet sur la physionomie que nous offrons pour exemple un homme privé de la biophilie.

Nous avons dit que cet organe élargit la face et rend la pommette plus saillante; eh bien! voyez dans la planche première, figure 6, Léopold Robert, ce jeune peintre dont on admirait le talent, et qui dans un moment d'aberration s'est suicidé à Rome, sans aucun motif connu; remarquez comme sa tête est aplatie sur les côtés, malgré son grand développement des facultés intellectuelles.

ORDRE PREMIER.

—

FACULTÉS AFFECTIVES.

PENCHANS.

Toutes les facultés comprises dans ce genre sont communes à l'homme et aux animaux : selon les phrénologiens
elles ne forment point les idées, leur seule fonction est de
produire un penchant.

N° 7. L'ÉROTISME.

Amour physique, amour des sexes. (Gall.)

Amativité.   (Spurzheim.)

Nous pensons que l'on doit préférer la dénomination employée par M. le docteur Broussais dans ses leçons phrénologiques ; elle rend avec exactitude l'idée de Gall, en outre,
quoiqu'elle soit d'origine grecque, elle possède l'avantage
d'être naturalisée française et d'être comprise par tout le
monde.

L'homme adulte et les animaux parvenus à leur dernier
degré d'accroissement, éprouvent non—seulement le désir
mais encore le besoin de la reproduction ; ce penchant agit
sur les hommes avec une puissance extraordinaire, il les
porte aux grandes choses, aux belles actions, comme il les
excite aux plus grands crimes, et sous ce rapport on n'a
que trop souvent des exemples de sa funeste influence ;
d'autres fois, lorsque ce besoin n'est pas satisfait confor-
mément aux lois de la nature, il altère les fonctions intellectuelles, la santé, et devient la cause de plusieurs maladies
plus ou moins graves.

Après la mort de son mari, une jeune femme tombe dans
la mélancolie ; elle est tourmentée par de violentes convul-

sions annoncées chaque fois par une tension très-forte à la nuque et un sentiment de chaleur très-désagréable.

Appelé par cette veuve, Gall l'examine plusieurs fois dans le moment de ses crises, il palpe, et sent la chaleur extrême à la nuque, il remarque surtout la proéminence très-bombée; plus tard cette femme lui avoue que, depuis son enfance, il lui a été impossible de résister au désir de satisfaire à un besoin impérieux; après cet aveu la chaleur de la nuque et la proéminence fixèrent l'attention de Gall en lui rappelant plusieurs faits analogues; ses recherches subséquentes lui démontrèrent que le cervelet placé dans cette partie renferme l'organe de l'érotisme, et qu'il se manifeste au dehors et sur la nuque par une forte saillie à la base du crâne.

François Ier, Buffon, Mirabeau, Denon, Gall lui-même, disent les phrénologiens, avaient cet organe très-fort; Charles XII, Newton, Kant, l'avaient très-faible; ces deux derniers, dit-on, seraient morts vierges : l'histoire n'en dit pas autant du pape Alexandre VI, car elle le signale, au contraire, pour ses vices et ses infâmes débauches. Etant cardinal, il avait eu d'une concubine quatre fils et une fille nommée Lucrèce Borgia. La traduction de l'épitaphe latine que lui fit Pontanus suffit pour faire connaître l'effroyable immoralité de ce pontife :

> Ci gît cette Lays, qui soit disant Lucrèce,
> Fut d'un pape la bru, la fille et la maîtresse.

Voir la planche 1re, figure 7. Indépendamment du développement de l'érotisme, la masse du cerveau la plus considérable portée en arrière, annoncerait seule que toutes les facultés animales prédominent celles qui dépendent de l'intelligence.

C'est sans doute sur la réputation amoureuse de François Ier qu'on lui attribue cet organe très-fort, car il est à présumer qu'on ne possède pas son crâne, et son buste n'est qu'une ressemblance trop incertaine pour qu'elle puisse mériter aucune confiance. Quant à Buffon, il est vraisemblable, on pourrait même dire certain, qu'il n'était pas mieux partagé que Newton, car une grande contention de l'esprit et le travail de cabinet sont de très-puissans antidotes contre l'érotisme.

De nombreuses observations ont prouvé l'influence du cervelet, et le rapport de son développement avec celui des organes génitaux. A ce sujet nous ferons observer que le grand développement de ces derniers n'est point, comme on le croit généralement, un signe, une preuve de force. Les Grecs avaient sans doute fait cette remarque, car dans toutes leurs statues, même dans celles qui représentent des athlètes, les organes génitaux sont proportionnellement fort petits.

Mimique de l'Erotisme.

Nous entendons par *mimique* d'un penchant, l'influence qu'il exerce sur les mouvemens du corps, sur sa pose, ses attitudes, et sur les gestes.

Comme la connaissance de ces diverses particularités est utile aux physionomistes, nous aurons soin de les indiquer autant qu'il nous sera possible.

L'individu chez lequel l'organe de l'érotisme est bien développé, porte la tête en arrière, son regard est animé et devient plus vif en présence des femmes; ses lèvres sont fermées, tous les muscles autour de la bouche sont agités, la respiration est courte, fréquente, et la poitrine s'élève beaucoup au moment de l'aspiration.

Un libertin parle-t-il d'amour, il enfonce la tête dans les épaules, porte le menton en avant, serre les dents et contracte ses lèvres, que sa langue humecte fréquemment.

N° 8. PHILOGÉNÉSIE.

Amour de la progéniture. (Gall).

Amour de la géniture, philogéniture.

(Spurzheim.)

Si les règles grammaticales ne le défendent pas expressément, il est au moins contre le bon goût de composer des mots hybrides, par exemple de réunir dans un seul mot une expression grecque et une expression française (1). C'est pourtant ce qu'a fait Spurzheim, qui a la prétention d'exprimer mieux que Gall la pensée de Gall, et croyant corriger son maître, il fabrique un mot hybride. Il convient de rectifier cette erreur, pour ne pas dire ce barbarisme. En conséquence on doit rejeter sa philogéniture et la remplacer par la philogénésie qui rend avec exactitude l'idée du fondateur de la phrénologie, et celle de Spurzheim.

Un jour, dans une de ses leçons de crânioscopie, en faisant remarquer à ses auditeurs le développement de la partie postérieure de la tête des singes, Gall est inopinément frappé de l'amour extrême que ces animaux montrent pour leurs petits : cette réflexion subite devient un trait de lumière qui lui fait entrevoir le siége de la philogénésie, et après de longues recherches, le conduit à la découverte de cet organe.

Un instinct irrésistible chez les animaux, très-puissant sur la femme, mais beaucoup moins actif sur l'homme, incite les uns et les autres à veiller sur leur progéniture et à lui prodiguer des soins de tous les genres; car que deviendraient-ils sans cela?

Beaucoup d'observateurs admirent, avec juste raison, l'art, l'intelligence et le zèle des animaux, notamment des oiseaux, à préparer le gîte où ils déposent leur progéniture. Ces admirateurs de l'instinct des animaux, que bien des gens appellent des bêtes, s'extasient en voyant leur vigilance constante et leurs soins assidus pour protéger leurs nouveaux-nés, les nourrir et les instruire jusqu'au moment où ils ont assez de force, assez d'instinct, ou d'intelligence, pour se passer de leurs secours.

Eh bien ces enthousiastes qui ne trouvent pas d'expressions à leur gré pour vanter la philogénésie des animaux, ne pensent point à celle des femmes!.......... Les phrénologiens eux-mêmes écrivent dix pages sur l'amour des bêtes pour leur progéniture, et six lignes leur suffisent lorsqu'ils parlent de la tendresse maternelle de leurs épouses,

---

(*) *Géniture*, ce qu'un homme a engendré. Un père, en montrant son fils, dit : Voilà ma géniture, ma chère géniture. Ce mot est vieux et ne se dit plus que par plaisanterie.

(*Dictionn. de l'Acad.*)

ou de la femme qui leur donna le jour!.. Pourquoi donc cet ingrat laconisme?... Pourquoi, parce que chaque jour, à tous les momens, ils en ont sous les yeux les exemples les plus touchans et qu'ils y sont trop accoutumés. Leur esprit observateur se porte de préférence sur des objets qui leur sont moins familiers; il semble qu'ils dédaignent de fixer un regard attentif sur cette charmante Amélie, cette jeune épouse, hier encore si folàtre, si amie des plaisirs, des exercices un peu violens, tels que la danse, l'équitation, la course à pied. Aujourd'hui elle refuse une partie de bal; elle ne veut plus prolonger la soirée, elle craint de se fatiguer, de veiller; les premiers symptômes de sa grossesse viennent de se manifester, et déjà toutes ses pensées se dirigent vers l'avenir de l'ètre qui va lui devoir l'éxistence; déjà elle l'aime, lui sourit dans sa pensée; elle se plaît à lui sacrifier toutes ses jouissances pour ne s'occuper que de lui, de lui qui cependant est la cause des petites indispositions qu'elle éprouve, et qui le lui font chérir encore davantage parce qu'elles sont une preuve de son existence. S'il n'était pas aussi tendrement aimé, la complaisante Amélie s'empresserait, comme elle a fait jusqu'à ce jour, de céder au désir de son époux, elle consentirait à ne point allaiter son enfant; mais c'est en vain qu'on cherche à lui inspirer la crainte de perdre une partie de ses charmes, peu lui importe d'ètre moins jolie, pourvu qu'elle ne soit pas mère à demi. Les ennuis, les fatigues, les privations qu'on lui fait entrevoir, ne sont à ses yeux que des jouissances dont elle ne veut pas être privée.

Ordinairement Amélie passait son temps à voltiger de plaisirs en plaisirs, il était bien rare de la rencontrer chez elle; maintenant on est toujours certain de la trouver occupée à tailler, coudre ou broder la layette qu'elle prépare pour cet enfant que son imagination caresse continuellement, et qui, en se faisant attendre pendant neuf mois, répond bien mal à sa tendresse impatiente de se manifester. Arrive enfin l'instant si désiré, Amélie souffre, elle souffre beaucoup pendant de longues heures, mais enfin elle est au comble du bonheur, elle est mère, et en pressant son enfant sur son cœur, elle a oublié toutes ses souffrances.

A ces instans d'ivresse indicible succède bientôt la délicieuse jouissance d'offrir la mamelle à ce petit être qu'elle idolàtre depuis neuf mois. C'est à regret qu'Amélie, encore trop faible, se voit forcée d'abandonner à une mercenaire le soir de le laver, de l'envelopper dans ses langes; que de fois elle recommande de bien prendre garde de lui faire du mal, de ne pas trop serrer sa poitrine, d'avoir grande attention qu'aucune épingle ne puisse le blesser, et combien elle se trouve heureuse quand son rétablissement lui permet de se charger seule de tous ces soins. Pendant une année entière elle les lui prodigue jour et nuit, le moindre cri de son enfant la réveille, aussitôt elle lui présente le sein, et pour le replacer dans son berceau elle attend qu'il se soit endormi; mais si ses cris persistent, elle tremble qu'il ne soit malade, elle veille près de lui, cherche tous les moyens de l'apaiser, elle oublie qu'elle-même a besoin de repos, tant que son enfant n'en jouit pas.

Nous ne suivrons pas Amélie dans ses soins maternels après l'allaitement, nous en avons dit assez pour prouver la philogénésie des femmes, qualité si remarquable en elles, et que je leur ai entendu contester par Gall; car il émit cette bizarre idée à une soirée chez Mlle Willams : ma femme, mère alors de quatre enfans qu'elle avait nourris, combattit cette opinion qui l'indignait. La nombreuse société qui se trouvait réunie, lui donna gain de cause, notamment Ducis, Boufflers, l'ancien ministre Sarvan, monsieur Maron, l'évêque de Canose, qui tous approuvèrent sa réfutation. Gall jura, mais un peu tard, qu'on ne le prendrait plus à soutenir cette thèse contre des femmes qui auraient nourri leurs enfans.

Tout nouvellement arrivé en france, il prétendait, avec une énergie encore un peu tudesque, nous démontrer que ce sexe, naturellement si tendre, était bien loin d'aimer sa progéniture avec autant d'affection que les animaux en montrent pour leurs petits.

L'organe de la philogénésie se prononce à l'extérieur par la saillie de la région postérieure de la tête. Il est en général moins développé chez l'homme que chez la femme; cette disposition est une suite naturelle des fonctions spéciales attribuées au sexe féminin par son organisation particulière : aussi remarque-t-on la même différence entre le mâle et la femelle des animaux.

Quoique la philogénésie soit ordinairement moins développée chez les hommes, on en voit cependant qui éprouvent pour leurs enfans une tendresse égale à celle de la meilleure des mères. M. Casimir Perrier était idolâtre de ses enfans, et ses enfans l'adoraient. Heureux père !.... que la mort a dû te paraître pénible ! (Voyez planche 1re, no 8.)

On a prétendu, dit M. le docteur Broussais, que l'organe existe chez la poule, et ne se trouve point chez le coq : cependant le coq, *devenu chapon*, soigne les petits après les avoir couvés, il leur enseigne à chercher et à prendre leur nourriture.

Il semble d'après ce passage que le coq doit être *devenu chapon* pour soigner les petits, etc.... Nous n'avons jamais employé de chapon, mais nous avons fait couver, toujours avec succès, un grand nombre de coqs, dont plusieurs avec des œufs de canne ; dès que les cannetons étaient éclos les coqs les conduisaient à l'eau, mais aussitôt qu'ils y étaient entrés, ces coqs, ne pouvant les suivre, battaient des ailes, et gloussaient à peu près comme les poules qui rappellent leurs petits.

Mimique de la Philogénésie.

Le sentiment philogénésique donne à la physionomie de la femme une expression habituelle de bonté, de bienveillance. A l'aspect des enfans, son teint se colore légèrement, un tendre sourire anime sa figure, sa voix prend une expression plus douce, elle promène sur ces jeunes êtres des regards caressans, et l'on voit qu'elle éprouve un véritable plaisir en les couvrant de baisers.

La femme qui a nourri et tenu sur ses bras des enfans, a contracté, en les portant, l'habitude de rejeter la poitrine en arrière, aussi sa taille est plus cambrée, ses coudes sont moins rapprochés du corps, et les mouvemens de ses bras plus arrondis.

N° 9.   TOPOPHILIE.

Amour de l'habitation, concentrativité, habitativité.
(Spurzheim.)

« En examinant les mœurs des animaux, dit Spurzheim,
» on trouve que les différentes espèces sont attachées à
» des régions déterminées. . . . .

» . . . . La nature paraît avoir voulu que toute la terre fût
» habitée, et, à cet effet, elle a assigné aux animaux leurs
» différens séjours par un instinct particulier. »

« Quelques peuples sont extrêmement attachés à leur pays;
» d'autres sont disposés aux émigrations. »

D'autres aussi sont nomades, tels que les tartares qui
n'ont point d'habitations fixes.'

Quant à la disposition à émigrer, ne vient-elle pas du désir
d'être mieux ? n'est-ce pas là l'espoir de ces bandes d'allemands qui abandonnent leurs foyers pour aller s'établir en
Amérique.

« Quelques personnes sont très-attachées à une habita-
» tion; d'autres changent leurs habitations aussi facilement
» que leurs habits. »

Tous les hommes n'ont pas ce goût du changement, il
en est qui sont au contraire très-attachés au lieu qui les
a vu naître, et qui préfèrent à tout l'antique demeure de
leurs parens. Ce sentiment de préférence est quelquefois si
prononcé que des gens forcés de quitter l'endroit qu'ils habitent depuis leur enfance, et de vivre dans un autre pays,
deviennent tristes, s'ennuient de tout et sont bientôt atteints
de nostalgie, vulgairement appelée maladie du pays, amour
du pays.

Les animaux ressentent aussi cette prédilection des lieux :
l'aigle établit sa demeure sur les rochers les plus élevés;
la grive se plaît dans l'herbe à la surface de la terre; le chamois habite le sommet des montagnes; le lapin creuse son
terrier et s'enfonce dans la terre, etc., etc.

C'est ce sentiment de préférence, cet amour de l'habitation que Spurzheim a voulu désigner par *concentrativité*, ou *habitativité*.

« *Ce que l'on conçoit bien s'énonce clairement,*
« *Et les mots, pour le dire, arrivent aisément.* »

Mais il nous semble que ni l'une ni l'autre des expressions de Spurzheim n'énonce clairement l'objet dont il est question. *Concentrativité !*.... Malgré la rudesse de ce mot, on soupçonne qu'il s'agit de concentration, mais de quoi ?... Cette baroque expression ne le dit pas, et si elle le disait, elle serait inexacte dans certains cas : par exemple, on ne pourrait point l'appliquer aux oiseaux et aux autres animaux voyageurs, qui, selon la saison, quittent un pays pour aller en habiter un autre ; leur penchant n'est pas exclusif, il n'est pas concentré sur un lieu, puisqu'ils en changent ; or il n'est pas permis de dire qu'on a concentré ses affections sur deux objets, il y a partage entre deux, et non pas concentration.

Le mot *habitativité*, quoique d'étrange fabrique, laisse entrevoir qu'il a quelque rapport avec l'habitation, mais voilà tout, il ne dit rien plus, il n'énonce pas ce sentiment de préférence, d'amour, dont on veut parler, il est donc vague et insignifiant. Que dans les romans on emploie des expressions à peu près convenables, le lecteur n'y attache pas grande importance, mais dans les sciences des *à peu près* ne sont pas des *admissibles ;* il est essentiel que les termes, les dénominations surtout, soient claires, précises et présentent une idée positive de l'objet que l'on traite. En conséquence, au lieu de *concentrativité* ou *d'habitativité* dont nous venons de démontrer le ridicule et l'impropriété, nous proposons *topophilie.* Ce mot, dont la signification (*amour des lieux*) remplit complètement le but que Spurzheim s'est proposé, sera compris d'autant plus facilement que nous avons déjà le mot topographie, (*description des lieux.*)

L'organe de la topophilie est placé à la partie postérieure de la tête, où il produit une saillie immédiatement au-dessus de la philogénésie.

M. le docteur Fossati, président de la société phrénolo-

gique de Paris, a trouvé cet organe bien développé chez
l'astronome de Zach, le docteur Esperon, Walter Scott,
et très-petit sur les têtes du matelot Henin, et du Charruas mort à Paris.

Il est étonnant que la topophilie n'ait pas présenté un
grand développement chez le Charruas, car, ainsi que les
osages, il regrettait beaucoup son pays, et nous pensons
même que la nostalgie a contribué à sa mort.

Walter Scott est le meilleur exemple de topophilie que
nous puissions offrir : aux plus riches campagnes, aux plus
beaux sites, il préférait les stériles montagnes de l'Ecosse,
sans un taillis, sans un bouquet d'arbres.

Un jour il disait à M. Washington Ivring, « j'aime jus-
» qu'à la nudité de cette terre, j'aime jusqu'a sa physionomie
» sévère, agreste, rustique. Si je ne voyais pas les bruyères
» au moins une fois l'an, je crois que j'en mourrais. »
(Voyez planche 1re, figure 9.)

N° 10.   ATTACHEMENT.

Attachement, amitié.	(Gall.)
Affectionivité.	(Spurzheim.)
Adhésivité.	(George Combe.)

George Combe a donné à l'organe dont nous allons parler, le nom d'*adhesiveness*, que l'on a cru traduire en français par *adhésivité*, qui semble présenter l'idée de quelqu'un qui adhère à une chose ; mais consultez le dictionnaire
de Boyer et vous verrez qu'*adhesiveness* signifie *ténacité*, or
Gall avait trop de jugement pour confondre l'amitié avec
la ténacité, ainsi l'on doit rejeter l'adhésivité pour cause
d'incompatibilité avec la pensée de Gall. Quant à l'affectio-
nivité de Spurzheim, c'est du néologisme, c'est un mot barbare, inutile, et dont la dure prononciation suffit pour le faire
repousser : nous pensons qu'il convient de donner la préférence à la dénomination *attachement*, qui d'ailleurs est
consacrée par l'emploi qu'en a fait le père de la phrénologie.

» L'amitié, a dit M. Alibert, telle qu'on la voit se dé-

» velopper spontanément dans le fond des cœurs, est une
» impression forte, entraînante, irrésistible ; elle est le ré-
» sultat d'une morale intérieure qui a son code, ses maximes,
» ses devoirs; c'est une faculté magnétique, inséparable d'une
» volonté ferme, instituée par la nature pour établir le
» commerce des âmes et pour embellir les destinées du genre
» humain. »

Dans la vue d'aider Gall à augmenter sa collection phrénologique, on lui propose de mouler la tête d'une personne
citée par tout le monde comme un véritable prototype de l'a-
mitié : Gall consent à ce qu'on lui propose, mais uniquement par complaisance, car il ne pense pas que cette tête
puisse lui être très-utile : cependant, après un examen attentif, il remarque deux grandes proéminences près de l'organe de la philogénésie.

Faire voir à Gall une bosse crânienne qu'il n'avait pas
encore aperçue, c'était mettre sur la piste d'un lièvre un
chasseur infatigable, accoutumé à poursuivre le gibier jusqu'à ce qu'il le tienne ; aussi voilà Gall qui soudain est en
quête de crâne en crâne; à force de soins, de recherches, d'observations, il parvient enfin à prendre au gîte l'organe de l'a-
mitié. Il le trouve situé à la partie postérieure et latérale de
la tête, un peu au-dessus de la philogénésie ; il se fait remarquer extérieurement sous la forme saillante d'un segment de sphère, et par son développement il élargit cette
partie du crâne.

L'action de cet organe, qu'aucun phrénologien ne révoque
en doute, incite à l'attachement, à l'amitié; elle inspire le
goût de rapprochement avec ses semblables, et par suite celui de l'association.

L'organe de l'attachement est plus développé chez les femmes que chez les hommes ; ne soyons donc point étonnés si,
pendant les orages de notre révolution , les dames françaises
ont mérité et obtenu l'admiration de toutes les nations par
leurs actes étonnans d'attachement , d'amitié, de dévouement.
Le nom de ces femmes illustres vivra dans l'histoire, jamais
on n'oubliera Mlle de Sombreuil, Mme Grimoard, fille de
madame la Chabaussière; Mlle Cazotte, Mme Lavalette,
Mlle Larochefoucauld, Mme Legay, libraire à Paris;

Mlle Ruvilly de Brest, Mlle Delleglace de Lyon, etc. (*).

L'exaltation de l'attachement, du dévouement, peut entraîner parfois à des actions qu'il est impossible d'excuser; Charlotte Corday nous en offre un exemple : jeune, sensible, sans expérience, elle s'imagina qu'en se sacrifiant pour son pays, elle pourrait lui être utile, et, par excès de dévouement, elle devint criminelle.

(Voyez planche 1re, figure 10.)

Nous avons dit que l'organe dont nous nous occupons inspire à l'homme le goût du rapprochement avec ses semblables; mais on aurait tort de penser que ce rapprochement, comme certains philosophes le prétendent, a lieu par esprit de calcul, par l'idée que ceux avec lesquels on se met en contact pourront être utiles un jour. L'enfant éprouve ce penchant, il recherche ses petits camarades, il se lie plus intimement avec quelques-uns, et certes ce n'est point par calcul, à cet âge on ne pense guère à l'avenir; cependant il arrive quelquefois, et même assez souvent, que la liaison d'enfance devient une amitié aussi vive que durable, qui résiste à l'absence, au temps, et même aux revers.

Les animaux aiment aussi ce rapprochement; les chamois, les gazelles se rassemblent par troupes; les grues, les hirondelles, les canards sauvages voyagent réunis; ils n'agissent point ainsi par *esprit de calcul*, mais par impulsion de l'organe de l'attachement, qui, chez quelques-uns, est très-développé.

Personne n'ignore que les chevaux sont susceptibles d'un très-grand attachement, ils en ont fourni des exemples remarquables; on a vu à l'armée maints chevaux rester près du corps de leurs maîtres qui avaient été tués, tandis que d'autres, beaucoup moins attachés à leurs cavaliers, les abandonnaient, et suivaient par habitude leur régiment dans toutes les manœuvres qu'il était obligé de faire encore long-temps après leur séparation.

De tous les animaux, le chien est celui qui s'attache le plus fortement à l'homme, et qui en a donné parfois des témoignages extraordinaires; pour le prouver, il suffit de rappeler l'histoire du chien d'Aubry de Montdidier, sur-

(*) Voyez les femmes, leur condition, etc., par le vicomte J.-A. de Ségur.

nommé le chien de Montargis, parce que son combat contre l'assassin Macaire est peint sur la cheminée d'une auberge de cette ville.

L'antiquité nous fournit aussi des faits remarquables de l'attachement des chiens. Voici ce que rapporte Plutarque : « Entre tous les animaux, on remarque le chien de Xan- » tippe, père de Périclès, lequel ne pouvant supporter de se » voir abandonné par son maître, se jeta à la mer, et na- » gea toujours près de son vaisseau, jusqu'à ce qu'il abordât, » presque sans force, à Salamine, et mourut incontinent sur » le rivage. » En l'honneur de cet acte d'attachement, les Athéniens élevèrent un monument à ce chien, et du temps de Plutarque on montrait encore aux voyageurs la sépulture de cet animal.

Au mois de juillet 1830, tous les habitans de Paris ont été témoins du chagrin, de la douleur d'un caniche, qui, triste et la tête baissée, veillait près de la tombe de son maître enterré devant le Louvre. Le corbillard du pauvre n'était suivi que de son chien.

L'organe de l'attachement, ou de l'amitié, est très-saillant sur le buste de l'abbé Charpentier, curé de Saint-Etienne-du-Mont, du nègre Eustache, et sur le crâne d'Héloïse, nièce du jaloux chanoine Fulbert, son oncle. Pour reconnaître cet organe chez l'amante d'Abeilard, on a sans doute le portrait de cette femme peinte par derrière, autrement on ne pourrait pas l'apercevoir, à moins que, par des circonstances insolites, on ait retrouvé son buste qui depuis ce temps aurait pu encore le transmettre à la phrénologie.

Nº 11. COURAGE.

Instinct de la défense de soi-même, et de sa propriété, penchant aux rixes, courage.   (Gall.)

Courage, combativité.   (Spurzheim.)

Jésus a dit : *Rendez à César ce qui est à César.* Or, Gall est César pour nous, *courage* est à lui, nous le lui restituons. Spurzheim a commencé par adopter ce mot, pourquoi donc s'est-il donné la peine d'inventer la combativité? Quelque jolie que pût lui paraître cette expression, elle n'était pas nécessaire, elle a d'ailleurs l'inconvénient de faire du courage une qualité exclusivement attribuée à ceux qui combattent : certes il faut beaucoup de courage à celui qui s'expose à la mort pour la donner aux autres, mais n'en faut-il pas également à ceux qui risquent leur vie pour sauver celle de leurs semblables : il y a le courage guerrier et le courage civil.

Il est donc évident que l'expression combativité serait inconvenante, quand même on aurait la complaisance de la supposer du bon français.

Gall savait très-bien que dans ce bas monde il y a des gens braves et des poltrons ; mais il ignorait à quels signes extérieurs il pouvait distinguer les uns des autres. Chez les Romains, tous ceux qui avaient le pouce coupé étaient voués à l'infamie ; de là l'origine du mot poltron (*pollice troncato*). C'est pour le découvrir qu'il imagina de rassembler chez lui, non, comme le dit M. Théodore Poupin (*), *les gamins qui jouaient dans les rues*, mais des hommes, des cochers de fiacre, des commissionnaires, des portefaix, des savetiers, en un mot des individus pris dans les plus basses classes de la société, et il eut soin que dans cette réunion il se trouvât des gens connus pour être querelleurs. Il leur donna de l'argent, leur fit distribuer à boire et à manger. Lorsqu'il vit que la boisson commençait à les faire bavarder, il sut adroitement les exciter à se reprocher mutuellement leurs défauts et à louer leurs bonnes qualités. Sans le soupçonner, cette véridique assemblée remplit parfaitement les vues de Gall, car elle manifesta très-franchement autant d'estime pour ceux dont le courage était bien prouvé, que de mépris pour ceux réputés poltrons. Gall tint note des uns et des autres, puis il examina soigneusement leurs têtes, et trouva que les gens courageux avaient la tête beaucoup plus large que les poltrons, immédiatement derrière et au-dessus des oreilles.

Un garçon employé à Vienne aux combats d'animaux de-

(*) M. Poupin est auteur des esquisses phrénologiques et physionomiques.

vint l'objet d'une nouvelle observation : cet homme, assez intrépide pour soutenir, seul dans l'arène, le combat contre le sanglier ou le taureau furieux, avait la tête très-large et très-bombée à la région que nous venons d'indiquer. Gall moula cette tête qui offrait un développement très-remarquable, un véritable type-modèle.

Après un nombre immense de recherches faites sur les enfans, les soldats, les spadassins, Gall fut convaincu de la certitude de sa découverte.

Le courage ne doit pas être confondu avec la témérité; elle n'est qu'une disposition fugitive qui porte à braver aujourd'hui le danger que l'on fuit le lendemain. Le courage, au contraire, est la disposition habituelle à entreprendre physiquement et moralement quelque chose de grand, de hardi, à supporter stoïquement soit la douleur, soit de grands revers, ou à repousser avec sang-froid et fermeté quelque chose de très-molestant. Ce n'est pas un mouvement de colère, un emportement passager, mais un calme énergique, toujours constant, qui ne cherche point le danger, mais l'affronte sans en être effrayé, et ne se laisse jamais influencer par la crainte.

Lorsque cet organe est développé comme chez la plupart des militaires français, le crâne est très-large d'une oreille à l'autre : la tête des généraux Lamarque, Foy, etc., en présentent des exemples très-remarquables.

Les guerriers ne sont pas les seuls dont les protubérances du crâne annoncent le courage. Le développement de cet organe est très-marqué chez Benjamin Constant, Casimir Perrier, l'évêque Grégoire, le voyageur Makensie; il est très-faible chez Legouvé et les Indous.

Général, consul, empereur et prisonnier, Napoléon a prouvé qu'il possédait à un haut degré tous les genres de courage. Le système de Gall nous présentera de fréquentes occasions de parler de cet homme extraordinaire, dont la tête réunit avec le courage quelques sentimens et presque toutes les facultés perceptives et réflectives.

Voyez planche 1re, figure no 11.

N° 12. DESTRUCTION.

Instinct carnassier, penchant au meurtre.   (Gall.)

Penchant à détruire, destructivité. (Spurzheim.)

Malgré les grands talens phrénologiques de Spurzheim, malgré ses droits incontestables à créer des mots toujours entachés *d'étrangetivité*, persistons à parler français, et puisqu'il s'agit de gens qui détruisent, disons qu'ils ont l'organe de la destruction, et laissons la *destructivité* tomber dans l'oubli.

Gall avait commencé par confondre, ou pour parler plus exactement, avait d'abord réuni dans le même organe le courage et la destruction; plus tard il les a séparés, et peut-être a-t-il eu tort de ne pas suivre sa première idée, car il existe une grande compatibilité du courage et de la destruction; dans certains cas ils sont même inséparables; par exemple, le guerrier a besoin de l'un et de l'autre, après un combat où des milliers d'hommes ont péri, le général de chaque parti, quelle que soit son antipathie pour la destruction, est forcé de détruire tout ce qui peut offrir à son ennemi des moyens de défense, des ressources quelconques.

Malgré cette connexité, Gall a placé la destruction dans un organe à part, situé au-dessus de l'oreille : sa forme est un peu allongée; lorsqu'il est fortement développé, l'os temporal est bombé et semble déjeté en dehors. Cette disposition est très-remarquable sur les crânes d'assassins.

« On ne saurait nier, dit M. Broussais (*), qu'il n'y ait » chez les animaux nécessité de destruction : depuis le zoo-» phite jusqu'à l'homme, c'est toujours par la destruction » que l'être organisé se maintient. »

C'est-à-dire que tout animal détruit pour se nourrir, alors la destruction est déterminée par l'organe de l'alimentation; mais cette réflexion nous entraînerait à des développemens qui dépasseraient les bornes de notre ouvrage; si parfois nous nous permettons de légères observations sur

(*) *Cours de phrénologie*, p. 217.

quelques idées des phrénologiens, nous n'avons pas le moindre projet de réfuter leur système ; nous reconnaissons comme eux que l'homme omnivore et les animaux carnivores ou herbivores détruisent continuellement : nous faisons plus encore, nous disons que les végétaux détruisent aussi pour se nourrir, et la preuve c'est qu'un excellent terrain deviendrait improductif si l'on y semait toujours de la même graine ; il ne suffit pas de fumer la terre, il faut la laisser reposer, la laisser en jachère pour lui donner le temps de réparer ses pertes.

Enfin nous avouons, avec M. Vimont, que *l'univers n'est qu'une scène de destruction*, mais nous ajoutons qu'il est en même temps une scène non interrompue de recomposition ; la feuille qui tombe de l'arbre se décompose et fournit à la terre de nouveaux sucs nourriciers ; en un mot tout ce qui se détruit dans la nature lui sert à de nouvelles compositions, et l'on ne peut pas douter que la destruction est entrée comme partie essentielle dans le plan de la création, excepté pourtant la destruction de l'homme par l'homme.

« Je trouve aussi chez M. Vimont, dit M. le docteur » Broussais, p. 21, que les actes de plusieurs animaux qui n'at- » taquent pas d'autres animaux, ne peuvent se rapporter » qu'à cet organe (*de la destruction*). Ainsi le castor, » l'écureuil, coupent des branches, des écorces pour se con- » struire des habitations. »

D'après ce passage que nous citons tout entier, et qui peut-être n'a pas toute la clarté désirable, voilà le castor et l'écureuil réputés destructeurs ; ne partageant pas cette manière de voir, nous continuerons à les qualifier animaux constructeurs, de même que l'homme qui retire des pierres d'une carrière pour faire sa maison ; autrement, il faut supprimer l'organe de la destruction ou celui de la construction, car si d'un côté l'on construit, de l'autre on détruit; alors les fonctions étant inséparables, les deux organes ne doivent en former qu'un seul, et la tête de l'architecte, du constructeur, de l'entrepreneur de bâtimens, etc., offrira un grand développement de la construction et de la destruction, ce qui semble incompatible ; mais en phrénologie il y a des choses inexplicables; page 204 de son cours, M. Broussais le déclare avec sa franchise habituelle, relativement à l'amitié et au choix des lieux.

Le penchant à la destruction n'est pas toujours déterminé par les besoins de l'alimentation. La table de Louis XI était sans doute bien suffisamment fournie de mets, néanmoins il avait un grand goût pour la destruction, et les chroniqueurs d'alors comptent quatre mille individus exécutés par ses ordres.

Il y a aussi des gens qui ne détruisent pas, mais qui se plaisent à voir détruire, combien trouvent de plaisir à être témoins du supplice des criminels ! Gall raconte qu'un élève en pharmacie éprouvait un penchant si violent à tuer, qu'il se fit bourreau.

M. Bruggmanns, professeur à Leyde, connaissait un ecclésiastique en relation avec tous les bourreaux du pays et des environs pour être prévenu des exécutions et y-assister. Cet ecclésiastique élevait chez lui des femelles de divers animaux domestiques, et quand elles mettaient bas, il se plaisait à égorger les petits.

Gall a examiné la tête de plusieurs incendiaires détenus dans les prisons, et tous présentaient un développement très-fort de l'organe de la destruction.

Marie, reine d'Angleterre, ne régna que six ans et fit périr, par la main du bourreau, plus de huit cents personnes dont deux cent soixante-dix-sept furent brulées. Elle fit encore exécuter le célèbre Crommer, le duc de Northumberland, l'infortunée Jane Gray sa parente, ainsi que le père et le mari de cette jeune victime.

La tête de Marie, très-large sur les côtés et aplatie au front, indique le développement de la destruction et l'absence de la bienveillance chez ce Caligula féminin.

Voyez planche 1re, fig. no 12.

No 13. RÉTICENCE.

Ruse, finesse, savoir-faire. (Gall.)

Penchant à cacher, secrétivité. (Spurzheim.)

L'organe que nous allons examiner reçut de Gall les noms de ruse, de finesse, de savoir-faire, dénominations toutes très-significatives et qui n'avaient nul besoin d'explication; mais Spurzheim, craignant sans doute que la phrénologie fût trop intelligible, le surnomma *secrétivité*, expression qui n'est ni grecque, ni latine, ni française, mais iroquoise; aussi nous avons vu des personnes qui, au premier aperçu de ce mot, ont imaginé qu'il s'agissait de secrétions, mais ce n'est pas ce qu'il veut dire. La secrétivité a été inventée pour désigner le penchant à cacher ses sentimens, à feindre, à sembler dire ce qu'on ne dit pas, à être moralement clandestin, à user de dissimulation, à induire en erreur par de fausses apparences et à l'aide d'une adroite réserve dans la conversation. Il nous semble bien difficile de trouver dans le mot secrétivité l'idée de toutes ces choses-là, même en le prenant pour une énigme ou un logogriphe.

Puisque Spurzheim s'est obstiné à ne pas appeler un chat un chat et n'a pas voulu déclarer franchement que la ruse est la ruse, ne pourrait-on pas dire que c'est l'organe de la *réticence*; ce nom nous paraît bien approprié à la circonstance, car il présente à la fois des idées de ruse, de finesse, de savoir-faire, de fourberie, de mensonge, de détour, de fraude, de dissimulation, d'adresse dans le langage. **Pour nous en convaincre, ouvrons le dictionnaire de l'Académie et lisons :**

« *Réticence*, suppression ou omission volontaire d'une » chose qu'on devrait dire; il se dit aussi de la chose même » qu'on n'a pas dite. Dans le récit qu'il m'a fait il a mis » beaucoup de réticence. Il a usé avec moi de réticence. Dans » son discours il n'y a point de mensonge formel, mais il » y a bien de la réticence. Dans cet acte il y a une réticence » frauduleuse. »

D'après ce que nous venons d'exposer, il nous paraît évident qu'attendu ces diverses applications consacrées par l'usage, la dénomination de réticence convient parfaitement pour désigner l'organe de la ruse, de la finesse, du savoir-faire, selon Gall, et selon Spurzheim, du penchant à se cacher, à se mettre de côté pour observer, à dissimuler, à suspendre la manifestation de ses pensées et des sentimens qu'on éprouve à l'occasion d'une impression quelconque, pour mieux réussir dans ses projets.

Ces considérations nous engagent, dans l'intérêt de la phrénologie, à proposer de substituer *réticence* à *secrétivité*, et nous sommes persuadés qu'on finira par adopter cette dénomination dont les avantages sont incontestables.

Parmi les camarades d'étude de Gall, il s'en trouvait un
doué de bonnes qualités, de beaucoup d'esprit, de finesse,
de ruse, et qui se faisait un malin plaisir de mystifier tous
les étudians. Il en était un autre dont la physionomie semblait annoncer la douceur, mais il était faux, perfide et par-
jure. L'œil observateur de Gall fut frappé de la largeur du
crâne de ces deux individus au-dessus des tempes et de leur
habitude de porter la tête un peu de côté.

Enfin Gall connut à Vienne un médecin qui, malgré sa
grande instruction, se faisait un jeu du vol, de la fourberie,
et qui, « dans ses momens d'épanchement, disait, du ton le
» plus pénétré, qu'il ne connaissait pas de plus grand plaisir,
» pas de jouissances plus piquantes, que de faire des dupes,
» et surtout de tromper les personnes qui témoignaient le
» plus de défiance. »

Gall s'aperçut que ce docteur en fourberie avait aussi
la tête très-développée dans la région temporale; cette remarque le détermina dès-lors à multiplier ses recherches,
elles le conduisirent à la découverte de l'organe de la réticence : il est placé horizontalement six à huit lignes au-
dessus de l'oreille et de la destruction : par son développement il élargit la tête sur sa région latérale.

Cet organe est très-utile aux diplomates, aux généraux;
ces personnages ont besoin de ne pas se laisser deviner, d'être
impénétrables, ils doivent avoir le talent de faire croire ce
qu'ils ne pensent pas, et de persuader qu'il vont lentement
à droite, lorsqu'ils courent à gauche.

La réticence, disent les phrénologiens français et étrangers,
se manifeste fortement sur la tête de Napoléon (dont on
n'a pas le crâne) et sur celle de ses grands généraux (examinés en peinture dans la salle des maréchaux au château
des Tuileries). Nous, sans l'avoir vu, nous affirmons, *avec
la même certitude*, que cet organe est très-prononcé sur la
tête des courtisans et surtout des traîtres qui ont entouré
l'Empereur.

L'organe dont il s'agit a eu le temps de se bien développer
et d'élargir latéralement la tête du doyen des diplomates
français et étrangers, qui est en même temps le plus habile,
le plus fin, le plus adroit de tous les négociateurs, et
l'homme le plus spirituel des dix-huitième et dix-neuvième
siècles.

A cette légère esquisse, peut-être plus ressemblante que la fig. 15 de la planche 1re, qui n'a pas reconnu le prince de Talleyrand ?

Le phrénologien Combe prétend que cet organe est nécessaire aux acteurs, et que combiné avec l'imitation il produit *l'expression*. En songeant à Mlle Duchesnois, à mademoiselle Mars, à Talma, nous ne pouvons partager cette opinion, et chacun sera de notre avis. Des acteurs doués d'un aussi grand talent s'identifient avec le personnage qu'ils représentent ; ce n'est plus ni Mlle Duchesnois, ni Mlle Mars, ni Talma, c'est Phèdre, c'est Valérie, c'est Néron : ce sont ces personnages eux-mêmes qu'on entend, qu'on voit agir ; leur physionomie, leurs regards, leurs attitudes, leur marche, leurs mouvemens, expriment ce qu'ils disent, ce qu'ils pensent ; en eux tout est éloquent jusqu'à leur silence. Ah ! si ces acteurs inimitables étaient influencés par leur propre réticence, leur jeu éprouverait de la gêne, il deviendrait guindé et perdrait une partie de son admirable vérité.

Un jour on jouait, au théâtre Feydeau, *Alexis*, ou *le bon Père*, pièce dans laquelle le public se plaisait à applaudir le talent, ou pour mieux dire, le naturel de Juliette. L'acteur Dugazon, professeur de déclamation au conservatoire, était placé dans la coulisse, et pleurant sans s'en apercevoir il partageait la vive émotion des spectateurs ; lorsque Juliette sort de scène, Dugazon l'embrasse avec transport, en le félicitant de son jeu si vrai, si touchant, puis il ajoute : « ce » pendant, mon. ami, je t'engage à étudier encore la pre- » mière scène. » Juliette lui répond brusquement : « Je n'é- » tudie pas mes rôles, je les sens. »

Cette réponse, quoique orgueilleuse, doit être un précepte pour les tragédiens et les comédiens, elle leur indique la route qu'ils doivent suivre pour arriver à l'âme des spectateurs. En outre, cette réponse prouve l'erreur de Georges Combe à l'égard des acteurs ; elle démontre que si parfois ils paraissent influencés par la réticence, *c'est qu'ils ont senti* qu'elle est dans leur rôle, dans le caractère du personnage qu'ils représentent.

Nº 8. CONVOITISE.

*Sentiment de la propriété, instinct de faire des provisions,
penchant au vol.*   (Gall.)

Désir d'avoir, convoitivité. (Spurzheim.)

Acquisivité.   (Mackensie.)

« CONVOITER. Désirer avec avidité, avec une passion
» déréglée. Convoiter les richesses. Convoiter le bien d'au-
» trui. Convoiter la femme de son prochain. »
          (*Dictionnaire de l'Académie française.*)

Entraîné par le mauvais exemple, le phrénologien Mackensie a inventé l'acquisivité, mot parfaitement énigmatique et
que Spurzheim aurait pu revendiquer comme étant de sa
bizarre fabrique. Nous ne devons pas nous occuper de cette
dénomination hétéroclite, par la raison que Gall et Spurzheim
ont senti tous deux que la *convoitise*, qui se prend toujours
en mauvaise part, indiquait mieux que tout autre mot la faculté qu'ils voulaient désigner. En conséquence, nous donnons la préférence à l'expression adoptée par Gall, et que
Spurzheim s'est plu sans doute à défigurer en la travestissant
en convoitivité.

Nous avons annoncé précédemment que pour faire ses recherches phrénologiques, Gall rassemblait souvent chez lui
des hommes du peuple. Dans le nombre se trouvaient des
gens qui aimaient à faire des larcins, des *chiperies*, disaient-
ils entre eux en se vantant de leur adresse. Gall s'aperçut
que d'autres ayant le vol en horreur refusaient le pain, les
fruits volés par leurs camarades qui se moquaient de leur
délicatesse. Alors, pour mettre de la clarté dans ses observations, il fit trois classes de ces divers individus, savoir : 1º
les chipeurs ; 2º les antagonistes du vol ; 3º ceux qui paraissaient voir la chiperie avec indifférence. En examinant les
têtes, il trouva chez les *chipeurs* une proéminence qui
n'existait ni chez les ennemis du vol, ni chez les indifférens.

Dans le même temps, Gall vit un garçon de quinze ans
condamné à une réclusion perpétuelle parce qu'aucun châti-

ment ne l'avait empêché de voler constamment depuis sa plus tendre enfance, et qu'il avait été reconnu absolument incorrigible. Gall moula sa tête, ainsi que celle de beaucoup d'autres signalés par leur penchant pour le vol; sur chacune il fit les mêmes observations, et ses recherches encéphaliques le conduisirent à la découverte du siège de l'organe de la convoitise.

Cet organe se manifeste extérieurement sur la partie latérale de la tête, à l'angle inférieur et antérieur de l'os pariétal, par une proéminence bombée et allongée. Selon les phrénologiens, il inspire le désir de posséder, la tendance à être propriétaire, à s'emparer de ce qui plaît, par suite le penchant au vol, l'instinct de faire des provisions, des collections, le goût d'amasser, de thésauriser, le plaisir de dire : c'est à moi.

De tous les organes que Gall et son disciple Spurzheim ont logés dans les circonvolutions du cerveau, celui-ci doit être le plus occupé, si l'on en juge par la liste de ses attributions, qui vraisemblablement n'est pas encore complète, car la convoitise est une cupidité infatigable; nous en citerons un exemple frappant.

Cambacérès, archi-chancelier de l'empire, projetant sans doute quelque construction, en avait conféré avec son architecte. Le lendemain on lui annonce un appareilleur envoyé par cet architecte, monseigneur lui accorde audience; l'appareilleur, le mètre en main, est introduit, il parle à l'archichancelier en homme bien instruit du projet de construction, et finit par prier son altesse de lui remettre le plan que l'architecte a oublié d'emporter et qui lui est nécessaire pour ordonner les travaux. Cambacérès passe dans un cabinet voisin et revient aussitôt avec le plan réclamé qu'il remet à l'appareilleur; celui-ci salue respectueusement son altesse, et sort emportant avec le plan une somme très-considérable renfermée dans un porte-feuille que Cambacérès ne lui a pas remis, mais dont il s'est adroitement emparé pendant la courte absence de monseigneur.

Si cet appareilleur supposé s'était contenté du riche portefeuille, il aurait pu être bien loin avant qu'on se fût aperçu du vol, mais sa convoitise insatiable lui a fait perdre le fruit de sa ruse et de son adresse. En traversant les anti-chambres où personne ne se trouve en ce moment, deux beaux flambeaux frappent sa vue; il s'imagine qu'un prince ne peut avoir que des flambeaux d'argent, et quoique ceux-là n'en eussent que l'apparence, il s'en empare, les cache lestement sous sa redingote, et s'en va. Malheureusement pour lui, il est aperçu par un valet, qui court par un escalier dérobé, et M. l'appareilleur est arrêté au moment où il allait sortir de l'hôtel. Il s'empresse d'avouer son vol de flambeaux et réclame l'indulgence du prince, mais on le fouille, on trouve le porte-feuille et ce voleur est traduit devant les tribunaux. Attendu ses fréquentes récidives, il est condamné à vingt ans de travaux forcés. Cet homme était septuagénaire, et avait déjà passé quarante-deux années en prison.

La destruction est parfois réunie à la réticence et à la convoitise, alors on remarque de chaque côté de la tête, à la partie moyenne et inférieure, ces renflemens difformes qu'on a aperçus chez l'assassin *Lacenaire*.

N° 14. CONSTRUCTION.

Sens de mécanique, talent de l'architecture, sens de construction. (Gall.)

Penchant à construire, Constructivité. (Spurzheim.)

Il est bien étonnant qu'un homme de mérite, que Spurzheim prenne plaisir à défigurer, à *défranciser* les dénominations choisies par Gall. Le maître dit : *sens de construction;* vite l'élève fabrique *constructivité*. Heureusement il est bien permis de s'en rapporter au maître sans prendre l'avis du disciple. Il est donc très-vraisemblable que la constructivité sera rejetée par les véritables amis de la phrénologie et de la langue française, qui se feront un devoir de répéter, d'après Gall, sens de construction.

Les phrénologiens disent que la construction est le quatorzième et dernier penchant de l'homme, ils se trompent. En attendant que l'on découvre quelques nouveaux penchans, ce qui est très-possible, la construction est le onzième, car dans son *Manuel de Phrénologie*, Spurzheim a placé en tête l'alimentation et la biophilie qui sont en instance pour obtenir les premiers numéros; en effet, pour avoir des penchans il faut vivre, et pour vivre il faut manger ; ainsi l'alimentation doit avoir le pas sur tous les penchans, et il faut que la biophilie la suive puisqu'elle est une de ses conséquences.

Quoi qu'il en soit, l'organe de la construction est situé à la partie latérale et inférieure de l'os frontal, en avant de la convoitise. Il est recouvert par le muscle temporal ; néanmoins la protubérance par laquelle il se manifeste extérieurement et qui élargit beaucoup la tête à la partie antérieure de la région temporale, devient sensible au toucher quand les mâchoires sont écartées et la bouche très-ouverte.

Gall éprouva beaucoup de difficultés pour parvenir à la découverte de cet organe; il avait bien été frappé de la largeur de la tête des mécaniciens, des architectes, mais cette donnée était trop vague, elle ne lui offrait rien de positif; enfin il rencontra deux mécaniciens d'un grand talent dont les tempes étaient renflées en forme d'un gros bourrelet arrondi ; cette proéminence dirigea ses recherches vers un point plus précis, et, à force d'observations, il parvint à constater l'existence de l'organe de la construction.

En effet, les phrénologiens ont reconnu que « les per- » sonnes habiles à dessiner, à copier les formes, à symé- » triser dans la sculpture, dans l'architecture, ont cette par- » tie du cerveau très-prononcée, et on a conclu qu'elle con- » tribue à ces sortes d'opérations. »

D'après le masque de M. Brunel, ingénieur français, qui a conçu et qui achève en ce moment le Tunnel, ou passage sous la Tamise, on annonce qu'il a l'organe de la construction, ainsi que l'astronome Herschell, le fameux cuisinier Carême, et la modiste de Vienne, dont Gail a moulé la tête. On ne dit pas si on a trouvé cet organe également prononcé chez les enfans, qui parfois montrent une très-grande adresse à construire des châteaux avec des cartes.

La construction ne se borne pas strictement à l'architecture. Ce penchant particulier n'agit pas toujours seul, des facultés intellectuelles s'y adjoignent, et leur action combinée s'applique à des objets plus importans qui exigent des connaissances beaucoup plus étendues. On ne doit donc pas s'étonner que chez Monge la construction soit fortement prononcée, puisqu'on aperçoit aussitôt le calcul également développé, ainsi que les qualités supérieures intellectuelles.

Alors on conçoit sans peine comment Monge a pu acquérir sa juste célébrité. (Voyez planche 1re, fig. 15.)

GENRE 2e — SENTIMENS.

« Les sentimens, dit M. Broussais, sont comme les ins-
» tincts, des impulsions qui naissent en nous à l'occasion
» des impressions extérieures, et qui nous déterminent à
» réagir d'une manière particulière sur les corps que les
» sens nous ont fait connaître. »
» Selon Georges Combe, ces facultés, de même que les
» penchans, ne forment point d'idées spécifiques, elles pro-
» duisent seulement un sentiment; c'est un penchant joint
» à une émotion, ou un sentiment d'une certaine espèce. »
Plusieurs de ces facultés sont communes à l'homme et aux
animaux, d'autres sont particulières à l'homme.

SENTIMENS
COMMUNS A L'HOMME ET AUX ANIMAUX.

No 15. ESTIME DE SOI.

Orgueil, hauteur, fierté, amour de l'autorité, élévation.
(Gall.)

Amour-propre. (Spurzheim.)

Gall regardait l'orgueil comme le résultat d'une éducation vicieuse, et la preuve de la faiblesse des parens ou du mauvais exemple qu'ils avaient donné à leurs enfans; mais il ne soupçonnait point que le principe de l'orgueil tenait à l'organisme. Un jour il aperçoit un mendiant jeune et de bonne mine, il le questionne, et apprend que l'orgueil l'a réduit à mendier. Fils d'un riche négociant, ce jeune homme a hérité d'une grande fortune; *mais fier à l'excès, il a négligé les moyens de la conserver*, et il trouve au-dessous de lui de chercher une occupation, *le travail lui paraît chose digne de mépris.*

Ce mendiant a sans doute fait le même récit à cent autres personnes, qui vraisemblablement ont pensé que ce jeune homme était un libertin, un mauvais sujet, qui avait dissipé sa fortune à l'aide des femmes, de la table et du jeu, et que l'excès de sa paresse lui faisait braver la honte de solliciter la pitié des passans. Voilà très-probablement l'opinion de la majorité sur ce jeune mendiant; mais Gall toujours occupé de son système, et n'apercevant les objets qu'à travers un prisme phrénologique, a jugé tout différemment, il a soigneusement moulé la tête de ce fainéant qu'il a considéré comme un orgueilleux. Plein de cette idée, il recherche les gens cités pour leur orgueil; il voit à Vienne un prince dont le caractère hautain est bien connu : par un hasard très-heureux pour un crânioscope, le prince est chauve, et Gall peut facilement apercevoir la conformité qui existe entre sa tête et celle du mendiant.

Si la similitude de ces deux têtes était parfaite, il y a lieu de croire que le prince était un grand paresseux ; mais n'importe. De nouvelles observations confirment l'idée première de Gall, et il acquiert la conviction que l'orgueil est déterminé par un organe particulier. Il est situé au sommet de la tête, un peu au-dessus de l'angle postérieur et supérieur des pariétaux, un pouce au-dessus de la suture sagittale, au point où la courbe de la voûte crânienne devient un peu déclive. Là, il produit une protubérance allongée et unique, quoique l'organe soit double.

Nous saisissons cette occasion pour faire observer qu'à partir du n° 2 à l'occiput jusqu'au n° 22 à la racine du nez (voyez pl. 1re dans les 4 premières figures), les neuf protubérances placées sur cette ligne médiane sont impaires, quoique intérieurement les organes soient doubles. Il faut convenir que cette disposition particulière est très-heureuse, elle laisse sur la surface du crâne un peu plus de place pour la manifestation des autres organes, qui, malgré cela, se trouvent encore très à l'étroit.

Mais revenons à cet organe que Gall a découvert sur la tête de fainéans orgueilleux et qui inspire l'estime de soi, l'amour de soi. Son action, comme on le voit, produit ce sentiment que les philosophes ont aussi nommé amour de soi, sentiment d'amour et de préférence que chacun a pour soi et qui est naturel à tous les hommes, mais qu'on doit distin-

guer de l'amour-propre, en ce qu'il n'exprime que l'attachement de chacun à son existence et à son bien-être ;
sentiment légitime et nécessaire à tous les hommes pour
veiller à leur conservation. Ce sentiment ne devient vicieux
que par l'excès, alors c'est l'amour-propre ou l'égoïsme.

L'amour de soi a quelques rapports avec le désir du pouvoir des métaphysiciens. Le docteur Thomas Brown l'appelle orgueil, et le définit : *le sentiment du vif plaisir
qu'accompagne la conscience de notre excellence.* (Vol. III,
page 300.)

« Il y a, dit Gall, un certain nombre d'hommes qui ont
» l'esprit assez ferme et le cœur assez grand, qui sont assez
» profondément pénétrés de leur prix, et ont à tel point la
» passion de l'indépendance, qu'ils savent repousser toutes
» les influences extérieures tendant à les assujettir. Autant
» que possible, ils cherchent les états les plus libres pour y
» fixer leur séjour; ils se vouent à une occupation qui les
» rend indépendans, qui les exempte de la faveur et des ca-
» prices des grands. »

» La domination sur leurs inférieurs, qui entraînerait
» l'esclavage sous un maître absolu, leur deviendrait insup-
» portable. Les honneurs, les distinctions, destinés au mé-
» rite, lorsqu'ils sont prodigués à des hommes de rien, ne
» sont à leurs yeux que des humiliations. S'ils prospèrent, ce
» n'est que par eux-mêmes : comme le chêne, ils se soutien-
» nent seuls, et tout ce qu'ils sont, ce n'est qu'à eux qu'ils
» veulent le devoir. C'est là une fierté qui n'est point encore
» dégénérée en orgueil, un mérite plutôt qu'un défaut, com-
» pagne souvent de grandes vertus, ennemie de toute bas-
» sesse, soutien du courage dans les adversités. »

Nous avons cru devoir mettre ce long passage de Gall
sous les yeux de nos lecteurs, parce que, sous tous les rapports, il présente une définition aussi vraie que satisfaisante
de la véritable estime de soi.

Le développement de cet organe présente des différences
selon les peuples; il est très-prononcé chez les indous, très-
peu chez les indiens d'Amérique.

» Les anglais, dit Georges Combe, l'ont plus fort que les
» français, aussi l caractère d'un véritable anglais paraît-
» il à un français, froid, hautain et dédaigneux. » Il est très-
marqué sur les têtes de Manuel, Benjamin Constant, Casi-

mirPerrier, Lamarque, Gall, Spurzheim; il était même assez développé chez l'assassin Lacenaire.

Les phrénologiens assurent que « les animaux tels que les » dindons, les paons, les chevaux, etc., montrent des senti- » mens qui ressemblent à l'orgueil ou à l'estime de soi. »

Ah! combien de gens ont l'estime de soi comme les paons, à cause de leur parure, et en véritables dindons se pavanent ainsi qu'eux!

Des phrénologiens pensent que dans le passage sur l'estime de soi que nous venons de citer, *Gall a voulu parler de lui-même*. En conséquence nous plaçons ici son portrait, car l'organe dont il s'agit est très-développé chez lui, ainsi que plusieurs facultés intellectuelles. (Voy. pl. 1re, fig. 16.)

Mimique de l'Estime de soi.

L'individu (des deux sexes) qui s'estime plus que les autres, est facile à reconnaître : il se tient très-droit, porte la tête relevée et tournée du côté de l'épaule; son regard est ferme, fixe et imposant, son air est grave et froid; il consi-dère les autres du haut de sa grandeur, marche lentement, salue sans s'incliner le corps et par un simple mouvement de la tête, ou de la main. Enfin, dans son maintien et ses atti-tudes tout décèle une noble fierté.

N° 16. APPROBATION D'AUTRUI.

Vanité, ambition, amour de la gloire. (Gall.)

Approbativité. (Spurzheim.)

Situé au-dessous de la partie postérieure et supérieure de l'os pariétal, cet organe est près de l'estime de soi, qui le sépare de la suture sagittale. Il forme de chaque côté une protubérance arrondie, et d'environ un pouce de diamètre.

Pour expliquer l'influence primitive de cet organe, M. le professeur Broussais s'exprime ainsi : « C'est le désir de » l'approbation des autres, l'amour de l'approbation, la » jouissance à être approuvé par les autres. »

On conçoit bien qu'afin d'obtenir cette approbation qu'on désire tant, on s'efforce de plaire à chacun, et qu'on tâche de concilier l'estime de soi avec l'estime des autres.

« La faculté, dit Georges Combe, produit l'amour de l'es-
» time des autres, exprimée par les louanges et l'appro-
» bation. »

Faire connaître l'impulsion que donne cet organe, c'est démontrer bien clairement qu'on ne doit pas, comme Spurzheim, l'appeler *approbativité;* car ce n'est point l'organe de l'approbation, mais celui du désir d'obtenir l'approbation d'autrui, ce qui est bien différent : or, puisqu'un organe est nommé *estime de soi*, son voisin peut bien s'appeler *approbation d'autrui*. Cette désignation aura le triple avantage d'être facilement comprise par tout le monde, de présenter une idée exacte, et de faire disparaître un mot bizarre, une expression fallacieuse, puisqu'elle semble annoncer uniquement le penchant à approuver, tandis qu'il s'agit du désir, du besoin d'être approuvé.

Occupé à constater l'existence de l'organe de l'amour du soi, Gall rencontre une folle qui se prétend reine de France; il est persuadé qu'il va trouver sur sa tête la protubérance de l'orgueil, et il s'étonne de rencontrer une disposition opposée. En cherchant la cause de cette différence, il s'aperçoit que cette femme est folle par vanité, non par l'orgueil, et que la différence de ces deux sentimens explique celle de la tête de cette reine imaginaire.

C'est par suite de cette remarque importante que Gall est parvenu à découvrir l'organe de l'approbation d'autrui. En général, il est plus saillant chez les femmes que chez les hommes. Les français l'ont à un degré fort prononcé, et plusieurs phrénologiens, notamment ceux anglais, lui attribuent l'extrême politesse qui caractérise la nation française. L'estime de soi prédomine chez les anglais, aussi sont-ils moins affables, moins polis : mais par compensation le désir de plaire développe cet organe chez les dames anglaises, et si, dans leur toilette, elles n'ont ni le goût, ni les grâces des françaises, elles ont au moins leur coquetterie.

De la plus modeste à la plus coquette, toutes les femmes, sans exception, éprouvent le désir, le besoin de plaire, et l'approbation d'autrui est l'objet constant de leurs vœux secrets. Aucune n'a su l'obtenir aussi générale que Ninon de

Lenclos. Amante volage, mais amie fidèle, cette célèbre épicurienne, captiva tour-à-tour et la cour et la ville. Sa mort, à l'âge de quatre-vingt-dix ans, put seule mettre un terme à l'empire étonnant qu'elle exerça sur autrui ; elle était octogénaire lorsque le jeune Sévigné en devint passionnément amoureux. (Voyez pl. 1re, fig. 17.)

L'approbation d'autrui est, dit-on, très-puissante sur plusieurs animaux domestiques, tels que les chiens, les chevaux, etc.

No 17. CIRCONSPECTION.

Circonspection, prévoyance. (Gall.)

Circonspection. (Spurzheim.)

Voici la première occasion où Spurzheim a adopté la dénomination choisie par son maître, sans se permettre le moindre *alibiforain* : son génie inventif serait-il donc épuisé?.... Ce serait un événement heureux pour la phrénologie, son vocabulaire deviendrait plus intelligible.

Pendant son séjour à Vienne, Gall eut de fréquentes relations avec un prélat, homme de sens et de beaucoup d'esprit ; mais il est fort ordinaire aux gens d'esprit d'avoir quelques petits travers plus ou moins bizarres, et ce prélat était d'un caractère excessivement méticuleux. Craignant toujours de se compromettre, il hésitait en tout et pour tout ; parlant toujours très-lentement, il n'achevait jamais une phrase sans avoir répété le commencement deux ou trois fois, afin de se procurer le temps de réfléchir à ce qu'il disait, et de peser la valeur des mots qu'il employait.

Cet homme, qui agissait comme il parlait, était en rapports journaliers avec un conseiller de la régence, doué d'un caractère absolument semblable, et que ses continuelles hésitations avait fait surnommer *Cacadubio.*

Dans une assemblée publique, Gall se trouva placé derrière ces deux personnages toujours disposés à hésiter. On pense bien que le savant cránioscope profita de cette occasion favorable pour examiner et comparer les têtes de ces messieurs ; il fut frappé de la largeur qu'elles avaient toutes

deux à la partie latérale. Cette remarque lui fit présumer que
l'irrésolution, l'indécision et la circonspection tenaient au développement des parties latérales du cerveau : bientôt de nouvelles et nombreuses observations changent ses doutes en certitude.

Il résulte des recherches anatomiques de Gall, que l'organe
de la circonspection correspond à la partie la plus saillante
des pariétaux, à peu près au milieu de la face latérale de
la tête.

La circonspection produit ordinairement l'émotion de la
crainte, et porte à se tenir en garde ; inspire la prudence,
mais il ne faut pas que cette action soit trop énergique, car
alors elle détermine l'appréhension, l'indécision, l'irrésolution comme dans les deux personnages qui ont procuré à Gall
la découverte de cet organe.

Si l'on s'en rapporte à ce que disent les phrénologiens,
« cet organe est en général très-développé dans les enfans. »
Nous pensons qu'on leur accorde une prévoyance qu'ils ne
possèdent point à un si haut degré. Il est bien vrai que dans
l'enfance la tête est fort large sur les côtés, mais cet élargissement provient de la saillie du point central où commence
l'ossification des pariétaux. Cette saillie se fait remarquer
peu de temps après la naissance, elle devient très-sensible
avant même que l'enfant puisse marcher, et par conséquent
avant qu'il ait besoin de circonspection ; enfin, elle devient
moins forte à fur et à mesure du développement de la tête.
Comme l'organe de la circonspection correspond à ce point
saillant des pariétaux, les phrénologiens lui ont attribué cette
élévation qui n'est, comme nous venons de le dire, que le
résultat naturel de l'ossification. En outre, si les enfans paraissent *d'autant plus circonspects qu'ils sont plus jeunes*,
c'est que le défaut d'expérience les rend plus craintifs et plus
timides. Les adultes, eux-mêmes, chez lesquels la circonspection est peu prononcée, éprouvent aussi, comme les enfans,
de la crainte et de la timidité.

La circonspection chez l'homme sage et réfléchi est souvent un acte de retenue, de réserve, de prudence, de discrétion, et sous ce rapport *Lavater* est un physionomiste très-
recommandable, qui mérite toute confiance. Lorsqu'il indique
comme certain quelque signe physiognomonique, c'est que de
nombreuses observations lui ont donné la conviction de cette

certitude. On peut donc le regarder comme un écrivain doué de la plus grande circonspection. (planche 2e, fig. 3 et 4.)

Plusieurs animaux, le lièvre, la grue, le loup, le mulet, le chien, ont cet organe très-développé; chez les herbivores il est moins allongé.

N° 18. BIENVEILLANCE.

Bonté, bienveillance, douceur, sensibilité, sens moral, con-
science. (Gall.)

Amour du prochain. (Spurzheim.)

Ainsi qu'on peut le voir ci-dessus, Spurzheim, cette fois, s'est exprimé en bon français, mais Gall a dit *bienveillance*, et cette dénomination a été généralement adoptée.

Un ami de Gall l'ayant invité à examiner la tête de son domestique Joseph, qu'il disait doué d'une bienveillance extraordinaire, il refusa pendant long-temps, ne pensant point qu'on pût placer dans le cerveau ce qu'on appelle *le bon cœur;* cependant il se rendit aux instances réitérées de son ami et moula, par complaisance, la tête de Joseph; elle ne lui offrit d'abord rien de remarquable, mais son ami lui avait suscité une idée nouvelle qui le détermina bientôt à revoir un de ses camarades d'enfance qui s'était toujours distingué de ses frères et sœurs par la bonté de son cœur; il moula également la tête de celui-ci et la déposa près de la première; enfin il se procura celle d'un autre jeune homme dont les qualités du cœur étaient éminentes et bien reconnues.

Gall compara souvent ces trois têtes, et finit par s'assurer qu'elles présentaient exactement la même conformation à la partie antérieure et supérieure du front. Dès cet instant il parcourut les établissemens de tous genres qui réunissaient un grand nombre d'individus, il y multiplia ses recherches, et l'existence de l'organe de la bonté lui fut si évidemment démontrée, qu'il n'hésita plus à l'admettre; dans le principe il lui attribua la conscience; mais depuis il a reconnu qu'elle devait appartenir à un autre organe dont nous parlerons plus tard.

La bienveillance se manifeste extérieurement par une protubérance allongée à la partie supérieure du frontal, immédiatement devant la fontanelle.

L'impulsion de cet organe est le désir du bonheur des autres; le plaisir à le faire ou à y contribuer; la disposition à considérer le caractère et les actions des autres sous un aspect favorable, sous un point de vue bienveillant.

L'homme chez lequel ia bienveillance est accompagnée d'un grand développement des organes supérieurs qui occupent le sommet de la tète, ne se borne point à soulager des malheureux : il songe à améliorer le sort de l'espèce humaine tout entière, il s'occupe d'institutions philantropiques comme ont fait Montyon, Larochefoucault et autres amis de l'humanité, tels que le petit manteau que l'on rencontre partout où se trouvent des malheureux à soulager.

On sait que les nègres sont ou très-bons ou très-méchans, et l'on ne peut pas se dissimuler que le beau sexe présente la même disparate; mais on doit avouer, qu'excepté dans la classe inférieure, le nombre des femmes essentiellement bonnes surpasse celui des hommes. L'organisation des femmes les rend plus sensibles, plus bienveillantes et plus disposées à obliger que la plupart des hommes. Nous choisissons pour exemple mademoiselle de La Vallière, parce que sur son beau front réside la bienveillance environnée des organes d'une haute intelligence, et qu'en outre l'aplatissement de la tête sur les côtés indique l'absence de la destruction et d'autres mauvais penchans.

(Voyez planche 1re, figure 19.)

Les animaux montrent de la bienveillance les uns pour les autres; on en a vu s'entr'aider au risque de leur vie, d'autres s'avertissent du danger par des cris d'alarme : « Ils exercent, dit M. le docteur Fossati, des actes de bien- » veillance non-seulement envers leurs semblables, mais » aussi envers les hommes : ne voit-on pas tous les jours » des chiens se précipiter dans l'eau pour sauver des per- » sonnes qui sont en danger de se noyer, et assaillir avec » fureur des assassins pour conserver les jours de leurs » maîtres. »

M. le docteur Scoutetten fait observer qu'on doit être certain qu'un cheval est doux et docile lorsqu'il a le front élevé et bombé, tandis qu'il est vicieux, disposé à mordre ou à ruer, si son front est fuyant et enfoncé.

SENTIMENS

PROPRES A L'HOMME.

Indépendamment des organes communs à l'homme et aux animaux, il en est qui lui sont propres; il est doué d'une variété de sentimens qui constituent le caractère de l'homme, et dont les animaux sont entièrement privés.

Les facultés dont maintenant nous allons nous occuper, produisent des émotions ou des sentimens, mais ne forment point d'idées.

N° 19. VÉNÉRATION.

Théosophie, sentiment religieux. (Gall.)

Organe de la vénération. (Spurzheim.)

L'organe de la vénération est placé au sommet de la tête, à la partie centrale de l'os frontal au point de réunion du milieu de cet os avec l'angle supérieur des pariétaux; il se manifeste par deux saillies ovales, d'avant en arrière, qui donnent à cette région de la tête une élévation uniforme.

Le père de Gall avait dix enfans qui tous avaient reçu la même éducation, et qui néanmoins annonçaient des goûts, des facultés, des penchans très-différens. L'un d'eux avait montré dès son enfance un grand penchant pour la dévotion : il sculptait des vases d'église, faisait avec du papier des chasubles, des surplis, des étoles, priait Dieu et disait la messe toute la journée. Son père voulait en faire un commerçant; mais cette profession inspirait à ce jeune homme une si forte antipathie, qu'à l'âge de vingt-trois ans il s'enfuit de la maison paternelle pour se faire ermite. Alors le père, fortement contrarié, céda pourtant à la vocation de son fils, et lui permit de suivre la carrière qu'il préférait. Cinq ans après il reçut les ordres, et jusqu'à sa mort il vécut dans les exercices de la dévotion.

Lorsque Gall eut fait quelques découvertes phrénologiques,

il se souvint de l'excessive dévotion de son frère, il se rappela les remarques de sa jeunesse à ce sujet, et fit de nouvelles recherches sur la forme du crâne des personnes dévotieuses : en conséquence il visita les églises, les temples de toutes les sectes, parcourut les couvens, et ses observations lui démontrèrent que la tête des personnes qui s'adonnent aux exercices de dévotion est très-élevée vers le sommet.

L'action ou influence de cet organe est d'inspirer la tendance à honorer, à vénérer : aussi Gall l'avait appelé théosophie, parce qu'il le considérait comme le moteur de l'idée d'un Dieu. En effet tous les peuples ont conçu l'idée d'une puissance, d'un être supérieur qu'ils respectent, honorent et vénèrent. Spurzheim a généralisé la faculté de cet organe en le nommant vénération, et on doit l'approuver, car la vénération a des degrés différens, selon les objets auxquels elle s'adresse. L'enfant vénère Dieu, son père et sa mère; plus tard il respecte ses maîtres, ses instituteurs; devenu homme, il honore les rois, les princes, et parfois les gens riches quand il en a besoin surtout.

Ainsi que Gall, M. le docteur Scoutetten considère cet organe sous l'aspect religieux; il pense qu'il acquiert toute son activité vers l'âge de 50 ans, et qu'à cette époque on voit fréquemment des hommes dont la jeunesse a été très-orageuse, paraître se repentir et se livrer avec ferveur aux pratiques religieuses. Quand le diable fut vieux, dit-on, il se fit ermite.

Georges Combe partage cette manière de voir : « Selon » lui, l'existence du sentiment de la vénération montre que » la religion a un fondement dans la nature. »

A l'appui de cette opinion, nous présentons Saint-Vincent-de-Paul. Sa tête est remarquable par le développement des organes moraux et notamment de la vénération. Personne n'ignore que cet homme vertueux, qui consacra sa vie à secourir les malheureux, est cité comme le modèle de la piété chrétienne.

(Voyez planche 1re, fig. 20.)

Les phrénologiens s'accordent pour refuser cet organe aux animaux. « Moi, dit M. Broussais, je ne suis pas de cet avis; une certaine nuance de vénération existe chez plusieurs espèces, parmi les vertébrés qui se choisissent des chefs auxquels ils obéissent et marchent d'après le signal que ces chefs leur donnent. Ainsi, même parmi les moutons, vous voyez un chef. . . . . Dans les marches de nos armées, ajoute M. Broussais, j'ai plusieurs fois constaté la déférence du mulet pour le cheval. »

Cette dernière observation nous semble d'autant plus curieuse que le mulet a beaucoup de fierté, et qu'en outre il est le plus entêté de tous les animaux, à tel point que souvent il refuse d'obéir à son maître. Les premières fois que j'ai parcouru les Apennins, j'avais un excellent mulet aussi sensible au mors qu'à l'éperon et même à la jambe, néanmoins, quelle que fut la largeur du chemin, je n'ai jamais pu parvenir à lui faire quitter le bord des précipices. Après avoir monté cet animal pendant un mois, fatigué de son invincible obstination, je fus obligé de le remplacer par un cheval.

Mimique de la Vénération.

La tête est respectueusement penchée en avant; les sourcils sont avancés sur les yeux et rapprochés de la racine du nez. L'autre extrémité est un peu relevée; les prunelles se portent vers les sourcils; la bouche est entr'ouverte et les coins retirés en arrière et en bas.

Le corps est légèrement courbé, les bras sont serrés au corps, et en parlant les mains se joignent souvent. Enfin on remarque une sorte de propension à la génuflexion.

N° 20. FERMETÉ.

Constance, persévérance, opinidtreté.   (Gall.)

Persévérance.   (Spurzheim.)

A la partie postérieure de la voûte du crâne, sur la ligne médiane, entre la vénération et l'estime de soi, se trouve la protubérance de la fermeté.

M. le professeur Broussais, avec son impartiale franchise, fait observer que « malheureusement pour la partie systé—

» matique de la phrénologie, et pour l'uniformité de la dé-
» monstration du cerveau, ce n'est ni une circonvolution par-
» ticulière, ni un groupe de circonvolutions, qui sont le siége
» de la faculté ; elle correspond à deux ou trois portions
» assez rétrécies de circonvolutions qui vont former d'autres
» organes. »

Quoi qu'il en soit, l'influence de cet organe produit la
constance, la persévérance dans la conduite, les opinions, etc.
Et l'observation a démontré que les personnes chez lesquelles on remarque ces sentimens, ont la partie de la tête
que nous avons indiquée, très-saillante, en forme de sillon
longitudinal assez large.

Cet organe se manifeste dès le bas âge : on voit souvent des enfans entêtés, opiniâtres, récalcitrans, parce que
l'influence organique n'est pas encore modifiée par l'intelligence. Lorsque ces enfans ont grandi il n'ont plus de l'opiniâtreté et de l'entêtement, mais de la fermeté et de la constance.

Le corse Viterbi présente un exemple extraordinaire de
fermeté. Par suite des orages politiques de son pays, il est
arrêté en 1821, jugé et condamné à mort. Cet homme ne
voulant point périr sur un échafaud, se pourvoit en cassation,
afin d'avoir le temps d'exécuter le projet qu'il a conçu de se
laisser mourir de faim. Dès ce moment il ne prend plus aucune nourriture, écrit chaque jour, et heure par heure, les
sensations, les besoins qu'il éprouve. Le seizième jour, trop
faible pour écrire, il dicte quelques mots qui peignent ses
angoisses, et le dix-huitième il meurt en disant : « *je suis*
» *préparé à quitter ce monde.* »

La fermeté est d'une grande utilité pour le succès des
projets, aucun ne peut réussir s'il n'est suivi avec constance
et persévérance. Enfin, la fermeté est une qualité indispensable pour l'homme politique ; s'il veut mériter l'estime publique, il doit persévérer dans ses opinions et ne jamais s'é-
carter de la ligne qu'il a commencé par se tracer.

On aurait tort de croire que les hommes ont seuls la fermeté en partage, le contraire a été bien prouvé par maintes
femmes, qui, pendant la dictature de Robespierre, marchè-
rent à la mort avec un sang-froid admirable. Mais ce noble
dédain de la mort pourrait être attribué à l'esprit de parti;
nous chercherons donc parmi d'autres femmes des exemples

de fermeté qui soient incontestables, et nous n'aurons pas de peine à en trouver.

Née en Livonie, de parens très-pauvres, Catherine (Alexiowna) avait épousé un soldat suédois qui fut tué le jour de son mariage. Au siège de Marienbourg elle fut prisonnière de Menzikoff, qui de garçon boulanger était devenu général. Catherine fut remarquée par le czar qui l'épousa : *elle rendit de grands services à Pierre-le-Grand par la fermeté de son caractère, qui ne se démentit dans aucune circonstance de sa vie.* A la mort de Pierre, elle fut déclarée impératrice souveraine de Russie, et se montra digne du trône par les lois et les institutions qu'elle donna aux russes. (Pl. 1re, fig. 21.)

Sur les têtes de Gall, de Casimir Perrier, du général Lamarque, et de l'évêque Grégoire, la fermeté est très-prononcée. Mais on présume que cet organe de persévérance et de constance est très-minime chez le cardinal abbé Maury.

N° 21. CONSCIENCE.

Sens moral, sentiment du juste et de l'injuste. (Gall.)

Justice. (Spurzheim.)

Conscienciosité. (Combe.)

C'est à la partie postérieure et latérale de la voûte du crâne, que se manifeste l'organe de la conscience par une protubérance allongée transversalement d'arrière en avant. Sur les planches de Gall sa fonction est désignée comme incertaine : *il n'a point admis cet organe,* parce qu'il pensait que le sentiment du juste et de l'injuste devait se rapporter à une modification de l'organe de la bienveillance. En 1815 Spurzheim, dans son ouvrage publié en anglais, l'a *seulement déclaré probable;* mais un grand nombre d'observations a autorisé Georges Combe *à le regarder comme certain*, et tous les phrénologiens ont suivi son exemple.

La différence d'opinion de Gall, de Spurzheim et de Combe, est tellement étonnante qu'on der   le si les recherches anatomiques des phrénologiens leur font voir, dans le cer-

veau, ces organes sur lesquels est fondé tout leur système.
Il est bien permis d'en douter, quand le fondateur de la
science n'admet point un organe qu'un de ses disciples déclare probable, et qu'un autre regarde comme certain. Ce
dernier, en disséquant et examinant l'encéphale, a-t-il aperçu l'organe dont il s'agit?... Non, cent fois non! car il ne
se contenterait pas de le croire certain, il dirait je l'ai vu, et
il le ferait voir aux autres. Sur quoi donc se fonde l'espèce
de certitude qu'annonce Georges Combe?... Sur le grand
nombre de têtes de gens consciencieux, qui toutes lui ont
présenté la même protubérance. Loin de rejeter ce genre de
preuve, on doit l'admettre comme le seul digne de confiance;
mais alors il faut qu'abandonnant cette multiplicité d'organes
dont l'existence dans le cerveau est au moins douteuse, les
phrénologiens constatent seulement avec soin la forme, le développement de la tête, les saillies, les éminences qui se
trouvent sur le crâne, selon les vertus, les penchans, les sentimens, les qualités, les vices ou les défauts des individus.
Ce mode de recherches plus simple, qui offre un résultat
beaucoup plus positif, et surtout très-facile à vérifier, deviendra d'une haute importance pour la physiognomonie.

L'opinion que nous manifestons à cet égard n'est pas
nouvelle : voici ce que M. le docteur Moreau (de la Sarthe)
écrivait, il y a vingt ans, relativement aux recherches nécessaires au perfectionnement de la physiognomonie.

« Nul anatomiste ne serait plus en état de suivre aujour-
» d'hui ce genre de recherches que M. Gall, si, renonçant
» avec courage à un système que la morale et la science re-
» poussent également, il voulait se borner à recueillir des
» faits, des observations, et à voir la nature sans en être sé-
» paré par le prisme toujours trompeur de l'hypothèse et de
» la théorie. »

Si la conscience n'existait pas, il faudrait l'inventer, car
sans elle la terre ne serait peuplée que de brigands. L'impulsion de la conscience porte les hommes vers ce qui est juste,
et chacun d'eux éprouve cette impulsion qui l'élève à une
hauteur incalculable au-dessus de tous les animaux. Oui, du
japonnais au mexicain, de l'australien au lapon, de l'antro-
pophage à l'européen, tous les hommes sont doués de conscience; mais dans chaque pays elle parle avec quelques
nuances particulières, déterminées par les lois, les mœurs, les

habitudes. A Sparte, où l'on encourageait le voleur adroit, la conscience ne pouvait pas blâmer le vol, excepté pourtant celle des hommes qui trouvaient la loi injuste. En Angleterre elle trouve très-bien qu'on pende les voleurs, parce que, grâce à cette juste sévérité, les assassins sont très-rares. Autrefois en France on pendait aussi les voleurs, la conscience s'écriait : la loi doit protéger la propriété de chacun, et quiconque y attente est un être sans conscience, par conséquent capable de tous les crimes et qui mérite la mort. Depuis la révolution, les voleurs ne sont punis que d'un emprisonnement plus ou moins prolongé; la conscience applaudit à cette indulgence qui fait pulluler ces brigands d'une manière effrayante, et les assassinats deviennent plus fréquens par la raison que la conscience des jurés hésite à condamner les assassins à mort. Enfin on parle de supprimer la peine capitale, et la conscience répète encore, c'est très-bien, c'est juste!.... Ainsi le juste et l'injuste dépendent parfois des lois, des mœurs, des circonstances; ce qui est juste dans un pays est injuste dans un autre; ce qui était injuste hier est juste aujourd'hui, et au milieu de toutes ces variantes de juste et d'injuste, la conscience est comme un thermomètre qui, soumis aux impressions de l'atmosphère, indique le degré de froid ou de chaud.

Ce que nous venons de dire est exact, vrai et malheureusement confirmé par tout ce qu'on voit : cependant on rencontre parfois des hommes dont la conscience est toujours ferme au même degré, inébranlable, inamovible. Carnot possédait une conscience de cette trempe, on peut l'indiquer comme conscience modèle. (Voyez pl. 1re, fig. 22.)

Tous les phrénologiens s'accordent à refuser la conscience aux animaux. « Cependant je pense, moi (c'est M. le doc- » teur Broussais qui parle), que l'esquisse de ce sentiment » existe chez l'éléphant, le chien et même le cheval. » Quelle que soit l'aveugle confiance que l'on doit avoir dans l'opinion d'un phrénologien, d'un philosophe aussi savant, aussi éclairé que M. le professeur Broussais, nous, pour l'honneur de l'humanité, nous aimons mieux croire que les animaux ne possèdent pas la plus petite parcelle, la plus légère esquisse de conscience. Ils sont tous susceptibles d'attachement, de reconnaissance, quelques-uns montrent une très-grande intelligence, ils ont de la mémoire, mais de la conscience, ils ne peuvent en avoir, il leur faudrait pour cela beaucoup plus que de l'instinct, car la conscience est fille du raisonnement, c'est par lui qu'elle distingue le juste et l'injuste. Prétendre que les animaux ont de la conscience, c'est prétendre qu'ils raisonnent : où est alors la ligne de démarcation entre eux et l'homme?... Oui, si l'animal, si le cheval avait de la conscience, il serait doué de raisonnement, il sentirait toute l'étendue de sa force, l'homme serait trop faible pour le dompter, et l'audacieux Martin eût été dévoré par chacun des animaux qui tremblaient à ses pieds, et l'on a pu voir tout le contraire.

Nº 22.　ESPÉRANCE.

(Spurzheim.)

Nouveau sujet de scandale! Encore un organe rejeté par le fondateur de la doctrine phrénologique, furtivement adopté par Spurzheim et légitimé par Combe.

Gall n'a point admis l'espérance, il regardait ce sentiment comme un attribut de chaque organe et une modification du désir; mais sur son crâne modèle il avait laissé une place vide, avec l'aide de Spurzheim l'espérance s'y est glissée : Georges Combe, protecteur des inventions Spurzheimiques, s'est empressé de recueillir de nouvelles observations, elles ont été confirmées par les phrénologiens étrangers, et grâce à lui l'espérance a pris rang parmi les organes. Elle est placée à la partie latérale de la tête, où elle se manifeste à l'extérieur du crâne sous la forme d'un ovale posé transversalement.

Melanchton (Philippe), célèbre réformateur allemand, changea son nom de Schwartz-Erde, qui, en allemand, signifie *Terre-Noire*, pour celui sous lequel il est plus connu et qui signifie la même chose en grec. Lié avec Luther, il adopta sa doctrine, et la soutint avec autant de gloire que de succès par ses talens et sa modération. Ami de la vérité et surtout de la paix, il les cherchait l'une et l'autre avec le plus grand zèle, guidé par l'*espérance* que ses collègues réformateurs en parlant de tolérance, se montreraient un peu moins intolérans. (Pl. 1re, fig. 23.)

L'espérance n'est pas le moindre des maux que renfermait la boîte de Pandore, c'est au contraire le plus dangereux. Par son apparence aimable et séductrice elle persuade que tout ce que l'on désire est très-possible, très-facile, et se réalisera tôt ou tard. Combien de gens aveuglés par l'espérance ont perdu leur fortune à la loterie, au jeu, en spéculations de tous les genres ; et le triste exemple de cette foule innombrable, victime de l'espérance, n'empêche pas tous ceux qui en sont témoins, de projeter sans cesse des châteaux en Espagne et d'espérer toujours ; tant il est vrai qu'espérer est une jouissance : enfin elle soutient l'homme jusqu'au tombeau.

D'après les recherches des phrénologiens, les animaux ne possèdent point l'organe de l'espérance ; il semble cependant que l'espérance doit être la compagne inséparable du désir, comme il est hors de doute qu'ils éprouvent des désirs, ne fût-ce que celui de trouver la femelle et les alimens dont ils ont besoin.

N° 23. GOUT DU MERVEILLEUX.

Organe qui dispose aux visions. (Gall.)

Merveillosité, surnaturalité. (Spurzheim.)

Gall a parlé de l'organisation qui dispose aux visions, mais il n'a jamais voulu admettre au nombre des facultés primitives l'organe que Spurzheim a d'abord appelé surnaturalité, puis enfin merveillosité, et qu'en style un peu moins tudesque il aurait pu nommer goût du merveilleux ; goût qui de tout temps assura le succès des imposteurs, des oracles, des sybilles, des pythonisses, des sorciers, des devins, et qui de nos jours a fait la fortune de Mlle Lenormand, car pour s'enrichir il suffit de spéculer sur la sottise et la crédulité d'autrui.

Les enfans écoutent avec un plaisir étonnant les histoires de fantômes, de revenans, et parfois ces contes fantastiques produisent sur leur esprit des impressions aussi profondes que dangereuses, dont ils se ressentent dans l'âge mûr. On a vu des hommes de mérite se troubler, changer de couleur, et s'évanouir lorsqu'on leur parlait d'apparition d'êtres surnaturels, c'est-à-dire imaginaires.

Le goût du merveilleux se manifeste extérieurement à la partie supérieure, antérieure et latérale du crâne, il se prolonge de chaque côté sur le sommet de la tête jusqu'à l'espérance, il forme une espèce d'angle saillant qui rend le front carré.

Chez quelques personnes le développement de cet organe détermine, à l'angle externe des yeux, une disposition particulière qui leur donne l'expression de la surprise. Cette observation, qui a été faite par Georges Combe, doit fixer l'attention du physionomiste, principalement d'après toutes les affections morbides des organes contenus dans l'abdomen.

Guillaume Hoffmann, que beaucoup de gens regardent comme un des plus grands génies de l'Allemagne, pourrait, sans injustice, passer pour un extravagant, un véritable fou. Ce grand génie, en même temps poète, musicien et peintre, avait pour le merveilleux un goût si effréné, qu'il croyait aux fantômes, aux revenans et autres chimères de ce genre. Ses nuits étaient troublées par de prétendues apparitions de spectres horribles, et son esprit en était si fortement épouvanté, que souvent il faisait relever sa femme et la priait de venir, par sa présence, le protéger contre ces esprits infernaux, monstrueux enfans de son imagination en délire. Cet état continuel d'agitation altéra sa santé, il tomba dans le marasme, et après de longues souffrances il mourut le 25 juin 1852, victime de son inconcevable manie pour le merveilleux. (Voy. pl. 1re, fig. 24.)

N° 24.   IMAGINATION.

Talent poétique.   (Gall.)

Idéalité.   (Spurzheim.)

L'organe de la poésie, selon Gall, et que Spurzheim, son élève (qui s'est institué son correcteur), a surnommé idéalité, a été récemment partagé en deux facultés par M. Vimont qui appelle l'une *sens du goût dans les arts*, et l'autre *esprit poétique.*

Les phrénologiens étrangers ont admis l'idéalité, cependant partout et de tout temps on s'est accordé à reconnaître que la poésie est fille de l'imagination. Le peintre, le sculpteur, le graveur, le musicien, l'architecte, en un mot tous les artistes qui sont doués d'imagination mettent de la poésie dans leurs œuvres.

Les philosophes anciens et modernes ont toujours attribué la faculté poétique à l'imagination, c'est peut-être le motif qui a déterminé les phrénologiens à rejeter cette dénomination; elle est pourtant claire, vraie et comprise par tout le monde; mais nouvelle science, nouveau langage, dirait Victor Hugo : d'ailleurs il paraît que Spurzheim avait un fort développement de l'estime de soi, protubérance, ou organe si l'on veut, dont l'influence « *produit le sentiment de* » *supériorité qui nous porte à nous préférer aux autres,* » et à croire que nous faisons mieux qu'eux; car c'est par lui que, contradictoirement à Gall, la phrénologie est dotée d'un amas de dénominations toujours baroques, souvent fausses et parfois inintelligibles.

Lorsque Fourcroy, conjointement avec les autres chimistes, sans outrager la langue, inventait des mots nouveaux et nécessaires, il lui était permis de dire comme Horace : « nous » autres savans, nous avons le privilége de créer des expres- » sions, et de forcer l'académie à les admettre dans son » dictionnaire comme françaises. » Mais tout le monde ne peut pas jouir du même privilége.

La position de l'organe de l'imagination présente une particularité qui nous force à rapporter ici l'exposé que monsieur le docteur Broussais en a fait, page 418 de son cours :

« *Situation.* — Sur les parties latérales de la tête, entre » le merveilleux et la construction, près de la ligne du bord » inférieur de l'os frontal, où s'insèrent les derniers filets » du muscle crotaphite ou temporal; c'est précisément là » qu'il devient saillant, à l'extérieur du merveilleux, au- » dessus de la construction et de la propriété, en avant de la » circonspection. Tels sont les rapports de cet organe; il » offre une forme allongée. *On a soustrait une partie de cet* » *espace pour la réunir avec la portion supérieure de la* » *construction, afin d'en faire le sens du goût dans les arts,* » *et la partie supérieure est restée au sens poétique.* »

Dans l'exposé ci-dessus, M. Broussais rapporte ce qui a été fait par d'autres, les réflexions suivantes ne peuvent donc point le concerner sous aucun rapport.

Vouloir prendre une portion de deux organes pour en former un troisième, est une idée aussi nouvelle qu'ingénieuse, mais dont l'exécution paraît difficile à ceux qui ne sont pas suffisamment versés dans l'étude de la phrénologie. Difficile ou non, les phrénologiens ont eu le talent de faire, aux dépens de l'imagination et de la construction, un nouvel organe qu'ils ont chargé d'inspirer *le goût dans les arts*, mais ils ne disent pas s'ils ont eu soin de placer sur le crâne une petite saillie pour indiquer l'existence de cet organe de leur façon; car point d'organe phrénologique sans protubérance. Elle existait depuis long-temps cette protubérance, s'écrie avec aigreur le le fabricant du nouvel organe!.... Ah! nous vous prions de vous rappeler qu'elle n'existait pas, puisque vous avez pris en haut et en bas pour intercaler votre jeune organe. —Mais il est étonnant, Monsieur, que vous prétendiez contester.... — De grâce, ne vous fâchez pas; nous avouons qu'il est indiscret de demander si la nature s'est empressée de se conformer à votre plan : nous avions oublié qu'un savant professeur a dit et même répété qu'*en phrénologie il y a des choses inexplicables;* celle-ci doit l'être plus que toute autre, ainsi n'en parlons plus.

Un jour Gall aperçut une saillie à la partie latérale de la tête d'un de ses amis qui, très-souvent, improvisait des vers de circonstance. Cette remarque suffit pour diriger les recherches du père de la phrénologie, et de nombreuses observations le convainquirent de l'existence de l'organe de l'imagination, de la poésie, à la place que nous avons indiquée.

L'imagination se manifeste parfois dès la plus tendre jeunesse : à l'âge de sept ans Voltaire faisait des vers; aussi tous ces écoliers qui ont fini leur réthorique, se croyant pour le moins le talent de Voltaire, entreprennent une tragédie en vers bien ampoulés. Heureusement, parmi ces poètes imberbes, il en est très-peu qui aient le talent d'invention, l'inspiration nécessaire; s'ils réussissaient, la France ne serait peuplée que de poètes tragiques.

Lorsque la faculté de l'idéalité est puissante, elle donne une manière de penser et de sentir plus convenable aux régions de l'imagination qu'aux demeures terrestres de l'homme.

Un développement convenable de cet organe, dit Georges Combe, agrandit les autres sentimens et les conceptions, les porte à s'occuper d'objets plus élevés que ceux qui suffiraient pour les satisfaire, et imprime ainsi une tendance au perfectionnement en donnant les moyens d'y arriver.

L'organe est très-développé chez le Tasse, Goëthe, Henri IV, Voltaire; mais il est très-petit, dit-on, chez les habitans de la nouvelle Hollande; il est facile de s'en convaincre au moyen d'un petit voyage en Océanie.

Vraisemblablement on ne contestera point à notre ami Pigault le Brun une assez forte dose d'idéalité et de talent poétique, ainsi l'on ne sera point étonné que nous le présentions comme ayant possédé l'organe de l'imagination : nous pourrions même en ajouter quelques autres, car il a prouvé par ses divers ouvrages qu'il avait passer du grave au doux, du plaisant au sévère.

Voyez planche 1re, fig. 25.

N° 25. GAITÉ.

Esprit caustique, esprit de saillies. (Gall.)

Esprit de saillies. (Spurzheim.)

Esprit, ou gaité. (Georges Combe.)

« Piron (dit Grimm) était une *machine* à saillies, à épi-
» grammes, à traits. »

A la place de grimm, nous nous serions bien gardé de faire une machine d'un homme d'esprit, et rejetant une métaphore inconvenante sous tous les aspects, nous eussions dit simplement : Piron était une mine inépuisable de saillies, d'épigrammes, de bons mots, de traits spirituels, de reparties fines aussi malignes qu'elles étaient libertines.

« En l'examinant de près, on voyait que ses traits s'entre-
» choquaient dans sa tête, partaient *involontairement*, se
» poussaient *pêle-mêle* sur ses lèvres, et qu'il ne lui était

7

» pas plus possible de ne pas dire de bons mots, de ne pas
» faire des épigrammes par douzaine, que de ne pas res-
» pirer. »

En voulant faire de l'esprit, Grimm en a manqué : si
Piron eût parlé involontairement, si ses pensées se fussent
pressées pêle-mêle (*pêle-mêle*, confusément, *diction. de l'Académie*) sur ses lèvres, il n'eût débité que du galimatias. C'est
pourtant ce que Grimm a dit sans le vouloir. Voilà comme

L'esprit qu'on veut avoir, gâte celui qu'on a !

On rencontre assez souvent, dans la société, des petits successeurs de Piron, gais, aimables, toujours disposés à cri-
tiquer, à blâmer ; la satyre, l'épigramme, le sarcasme, dé-
coulent sans cesse de leur bouche sous la forme d'une plaisanterie : ils font rire les uns aux dépens des autres, et parfois à leurs propres dépens. De semblables personnages ne
pouvaient pas échapper à l'œil observateur d'un homme
constamment à la recherche de nouveaux organes.

A côté de gens si gais, si malins, Gall en aperçoit
d'autres doués de bonnes qualités et de beaucoup d'intelligence, mais qui sont toujours sérieux et qu'un trait spirituel fait à peine sourire. Ce contraste frappe le père de
la phrénologie, et devient pour lui la semi—preuve de l'existence d'un organe particulier. Vite il recherche les hommes
d'un esprit caustique ; il rassemble les bustes, les portraits
des hommes célèbres par leurs écrits satiriques et spirituels,
et tous ces personnages lui présentent la même conformation
de la tête, tous ont les parties antérieures, supérieures et
latérales du front, très-fortement bombées en avant et formant comme deux segmens de sphère appliqués sur le
crâne.

Henri IV, Cervantes, Rabelais, Marot, Boileau, Voltaire,
Piron, Sterne, ont servi de base aux observations de Gall,
qui les a reconnus gens d'esprit, doués d'une forte dose
de gaîté.

Pour donner une juste idée de la faculté de l'organe, Gall
prévient, dans son ouvrage, qu'il n'a pas trouvé de meilleure
méthode que de la décrire comme déterminant le caractère

intellectuel prédominant du caustique Rabelais, du satirique Boileau, du spirituel Piron, etc.

Nous n'avons pas la prétention de décrire mieux que Gall la saillie de l'esprit, en conséquence nous nous bornons à rappeler qu'il est situé aux parties antérieures, supérieures et latérales du front. C'est lui qui, « dans le masque de Vol- » taire, forme de chaque côté des espèces de cornes, presque » au haut du front. »

Néanmoins nous devons faire observer qu'elles ne sont pas constamment une preuve d'esprit, car dans la société on voit assez souvent des fronts à cornes, dont les propriétaires n'ont ni gaîté, ni saillies; en général ils sont moroses, toujours disposés à médire des femmes et du mariage. Paul de Kock a publié un ouvrage sur ce genre de front.

Personne n'a possédé mieux que le philosophe de Ferney, l'art de répandre dans ses écrits une maligne gaîté et un vé- ritable esprit de saillie plein de causticité. A défaut des cornes phrénologiques dont nous venons de parler, son vaste front suffirait pour annoncer l'homme de génie.

Voyez planche 1re, fig. 26.

On présume sans doute que les phrénologiens n'ont point doté les animaux de l'esprit de saillies; cependant M. Brous- sais pense « qu'il peut exister chez eux quelque chose d'ap- » prochant. J'ai, moi, dit-il, ma conviction qui me porte à » faire faire cette observation. Tous les jeunes animaux » jouent, plaisantent..... Qui n'a pas vu de petits chiens, » de petits chats jouer ensemble?..... Il faut que l'on con- » vienne que dans leurs gestes, dans leur manière de mani- » fester leur joie intérieure, il y a quelque chose qui nous » fait rire. »

Oh! nous en convenons.

Il est étonnant que Spurzheim n'ait pas donné à l'esprit de saillies une de ces dénominations qui ont aussi quelque chose qui fait rire. Comment a-t-il laissé échapper l'occa- sion d'enrichir le vocabulaire phrénologique de quelque joli mot nouveau, il n'a donc pas songé à *spiritutivité?* quel dommage! *Bonus dormitat Homerus.*

N° 26. IMITATION.

Facullé d'imiter, mimique. (Gall.)

Imitation. (Spurzheim.)

Un ami de Gall, qui possédait un grand talent d'imitation, lui dit un jour que sa tête avait une forme particulière. Le père de la phrénologie s'empresse, comme on le prévoit bien, de palper cette précieuse tête qui lui promet une nouvelle découverte. En effet il trouve la partie supérieure et antérieure du crâne *fortement bombée en segment de sphère.* Voulant s'assurer que cette conformation extérieure annonce la présence sous-crânienne de l'organe de l'imitation, Gall court aussitôt à l'institution des sourds et muets de Vienne pour examiner la tête de l'élève *Casteigner,* qui s'est fait remarquer par son talent très-extraordinaire pour la mimique : à sa grande satisfaction, il trouve le crâne du sourd-muet conforme comme celui de son ami ; nouveau motif d'espérance, qui lui fait multiplier ses recherches ; elles sont couronnées par la réussite la plus complète, et le système phrénologique possède un organe de plus.

Il est placé, commme nous l'avons déjà dit, à la partie antérieure et supérieure de la tête, à côté de la bienveillance. Gall, Spurzheim, Georges Combe, le docteur Scoutetten et autres phrénologiens s'accordent pour dire qu'à la surface du crâne il s'élève sous la forme d'un segment de sphère, qu'il se manifeste sous forme de proéminence ; cependant M. le docteur Broussais annonce que l'imitation est située au-dessus du front et des deux côtés, où elle établit une espèce de plate-forme. Ordinairement une plate-forme n'est pas fortement bombée et ne s'élève point en segment de sphère, en proéminence ; nous faisons remarquer cette différence de signalement afin qu'on ne nous accuse point d'avoir donné une fausse indication.

L'influence de cet organe procure à l'homme le pouvoir de l'imitation en général, faculté bien nécessaire aux peintres,

aux sculpteurs, aux graveurs, aux dessinateurs en tout
genre ; les acteurs en ont également besoin, et nous croyons
faire plaisir en rapportant ici l'exemple suivant d'imitation.

En 1813 nous avons vu en Italie un sourd-muet jouer à
Sarzane et à Florence dans une pantomime en cinq actes,
intitulée *Robert, chef de Brigands*, et calquée sur le mé-
lodrame où Baptiste aîné se fit applaudir au théâtre du
Marais.

Ce sourd-muet, dont nous avons oublié le nom, remplis-
sait le rôle de Robert ; après de nombreux incidens et diverses catastrophes, où cet homme privé de la parole et de
l'ouïe savait intéresser fortement le public, Robert est arrêté et conduit devant un magistrat ; là, seul avec lui et du-
rant une scène très-longue que chaque spectateur trouve
trop courte, il raconte tout ce qu'il a fait depuis sa naissance, ses querelles avec ses frères qui l'accusaient des sot-
tises qu'ils avaient faites, sa fuite de la maison d'un père
aussi sévère qu'injuste, les divers métiers qu'il a exercés
pour vivre, les circonstances qui l'ont conduit au milieu d'une
bande de voleurs, son séjour parmi eux, les motifs qui l'ont
fait choisir pour chef, son refus d'abord, puis son consen-
tement à condition qu'ils renonceront à l'assassinat, les lois
qu'il leur imposa pour les empêcher de voler et les forcer
à devenir seulement les vengeurs des opprimés de toute espèce.

Voilà, sans aucune exagération, ce que ce mime étonnant
avait l'art de dire sans parler ; ses gestes, ses regards, les
mouvemens de son visage, ses attitudes, tout en lui était si
éloquent, si expressif, qu'on croyait l'entendre ; l'orchestre
complétait l'illusion en exécutant des airs parfaitement choi-
sis et dont les paroles bien connues se rapportaient aux diverses situations.

Tous les spectateurs admiraient le talent de cet acteur ;
mais en voyant ses gestes, toujours d'accord avec l'orchestre,
ils doutaient qu'il fût réellement sourd et muet ; c'était pourtant une vérité, dont nous avons acquis la conviction en
passant de la salle au théâtre pendant la représentation ; nous
avons aperçu dans une coulisse, à droite et à gauche, un
individu tenant un rouleau de papier dont le mouvement
indiquait la mesure à l'œil du sourd et muet qui, par ce

moyen, réglait ses gestes sur les divers mouvemens de l'orchestre.

Garrick étant venu visiter Paris, fut conduit à Versailles par quelques amis qui lui avaient promis de lui faire voir la cour. Le duc d'Aumont, prévenu de son arrivée, le fit placer dans la galerie et en instruisit le roi : Louis XV en se rendant à la messe ralentit sa marche, afin d'examiner ce Roscius anglais : au retour de la messe le même acteur fut conduit dans le passage de sa majesté et de ses courtisans.

Revenu à Paris, Garrick invite ses amis à souper chez lui ; pendant les préparatifs de ce repas, la conversation s'établit sur le faste de la cour, et on demande à Garrick s'il a bien remarqué la suite du roi ; vous allez en juger, répondit-il, ayez la complaisance de vous ranger sur deux files. — Mais pourquoi ? — Vous verrez....

Les conviés se placent comme l'a demandé Garrick qui sort un instant, et lorsqu'il rentre et passe au milieu de ses amis, chacun s'écrie : Voilà le roi ! Oh ! c'est bien Louis XV. Garrick sort plusieurs fois, rentre presque aussitôt, et tour à tour on s'écrie : C'est le duc d'Orléans, c'est le Dauphin, le prince de Soubise, les ducs d'Aumont, de Brissac, de Richelieu. Non-seulement Garrick imitait leur marche, leur maintien, leur embonpoint ou leur maigreur, mais en outre les traits et le caractère de leur visage se retraçaient sur le sien.

Le talent de l'imitation dégénère quelquefois en manie. Dans son traité du physique et du moral de l'homme, tom. 1er, p. 163, 3e édition, Cabanis rapporte l'histoire d'un individu qui éprouvait le besoin d'imiter à l'instant tous les mouvemens, les attitudes, les gestes des personnes avec lesquelles il se trouvait : si l'on saisissait ses membres, si on le contraignait à faire d'autres mouvemens que ceux dont il était témoin, il se plaignait d'angoisses insupportables. Cet homme était un télégraphe vivant qui répétait les signes des autres humains. Boërrhave cite un fait semblable.

Gall annonce que l'organe de la mimique (imitation) présentait un grand développement chez Raphaël, Rubens, le Poussin et le Dominicain ; mais comment, d'après des bustes ou des portraits, a-t-il pu reconnaître l'existence d'une protubérance cachée sous les cheveux. Certainement cette existence est plus que probable d'après le talent de ces peintres, mais le fait n'est pas prouvé par l'assertion de Gall : au contraire, M. le docteur Fossati doit obtenir toute confiance, lorsqu'il dit qu'il a trouvé l'organe de l'imitation très-prononcé chez Pellegrini, Galli, Lablache; chez mesdames Pasta, Malibran, Julia Grisi, et même sur la tête de Debureau, paillasse du théâtre des Funambules : on a pu palper tous ces crânes, mais avec des bustes et surtout des portraits il n'y a rien de certain, rien à palper, rien à reconnaître, même sous les cheveux d'un buste, et quelle que soit la ressemblance du visage, un portrait ne prouve rien en phrénologie, tandis qu'il est au contraire très-significatif en physiognomonie.

Cependant c'est au nom de toute la phrénologie qu'on stimule le zèle et l'ardeur des artistes par le moyen des feuilles périodiques; on les engage même de ne faire autre chose que des études idéales, en s'appliquant à rendre des figures qui deviendraient portraits, soit en les composant, ou mieux encore en les personnifiant d'après leurs caractères, leurs passions, à l'aide de leur buste, des médailles, des gravures et surtout d'après ce qu'en disent les historiens; on prétendrait parvenir ainsi, avec l'individu représenté, à personnifier non-seulement l'époque, mais encore exécuter en même temps l'histoire et le portrait...., ce qui est impossible en peinture; toutes les tentatives faites pour atteindre ce but deviendraient inutiles.

Comme nous écrivons spécialement pour les physionomistes, nous avons soin, en parlant des protubérances, de présenter le portrait d'un individu chez lequel la faculté dont il est question était très-développée; par ce moyen chaque portrait offre un double motif d'étude pour le physionomiste : par exemple, en examinant celui de Talma, on considère d'abord le caractère particulier de ce visage sur lequel les diverses passions se peignaient avec tant de vérité, puis on recherche l'influence que la protubérance de l'imitation a pu avoir sur la forme de la tête.

En suivant cette méthode dans l'examen des différens portraits, on acquiert déjà la connaissance de quelques indices physiognomoniques, indépendamment de tous ceux que nous indiquerons plus tard. (Voyez pl. 1re, fig. 27.)

Quoique les phrénologiens aient classé l'imitation parmi les

sentimens dont quelques animaux sont totalement privés,
cependant les singes, les perroquets, les serins, les pies, le
passereau ou moineau, sont doués de la faculté d'imiter ; on
parvient même, avec de la patience, à leur faire dire et pro-
noncer assez distinctement quelques mots de suite, pourvu
que ce soit toujours les mêmes ; ils peuvent aussi répéter un
air noté, pourvu qu'il ne soit pas trop long et qu'ils ne l'inter-
rompent pas pour reprendre leur chant naturel ; enfin tout
cela n'en est pas moins le résultat de l'imitation.

ORDRE II.

—

FACULTÉS INTELLECTUELLES.

Les sens internes contribuent peu au développement des
phénomènes cérébraux que nous avons examinés et qui se
manifestent sous l'influence de sentimens intérieurs : telle
est l'opinion des phrénologiens. Nous allons maintenant faire
connaître les facultés qui, au contraire, ne peuvent s'éveiller
sans l'intermédiaire des cinq sens.

Les facultés intellectuelles qui se bornent à recevoir et à
juger l'impression produite par les corps extérieurs, sont
nommés *facultés perceptives* ; celles qui comparent ces impressions entr'elles sont désignées par le nom de *facultés
réflectives*.

GENRE PREMIER.

—

N° 27. — INDIVIDUALITÉ.

Facultés perceptives.

« Cet organe, dit M. le docteur Scoutetten, est regardé
» par Spurzheim comme servant à faire connaître à l'homme

» *et aux animaux* la réalité des objets extérieurs, et à
» leur donner la certitude de leur propre existence. »

Il paraît que cet organe est de nouvelle création, et qu'il
n'existait pas du temps des pyrrhoniens, puisqu'ils doutaient de tout, et même de l'existence de leurs corps.

« Selon Georges Combe, l'individualité donne le désir et
» le pouvoir de connaître les objets comme individus, *sans*
» *tendance à rechercher le but, auquel ils peuvent être des-*
» *tinés.* »

« L'influence primitive, suivant M. le docteur Broussais,
» est le pouvoir de connaître les objets comme individus,
» *sans recherche de but, d'usage quelconque;* c'est la cu-
» riosité et la faculté de distinguer un individu d'un autre;
» faculté sans laquelle les deux ensemble resteraient confon-
» dus dans la même perception. »

Enfin, d'après le dictionnaire de l'académie française, l'individualité est *ce qui constitue l'individu; ce qui fait qu'il*
est tel être, et qu'il a une existence distincte des autres êtres.

Nous avons cru devoir citer ces différentes définitions, parce
qu'il nous semble que les phrénologiens ne sont pas d'accord
et n'expliquent pas très-clairement les facultés de cet organe,
dont Gall n'a point admis l'existence.

Si en effet l'individualité donne le pouvoir de connaître les
objets comme individus, *sans recherche de but, d'usage quel-*
conque, il est très-étonnant que l'on ait prétendu trouver cet
organe chez Napoléon, chez Cuvier, deux hommes qui s'at-
tachaient à tout approfondir, à connaître le but, l'usage, la
destination de chaque chose!.... Il faut convenir franchement
que ces deux exemples ne sont nullement propres à inspirer
bien grande confiance en l'organe de l'individualité. En y
réfléchissant un peu l'on pourrait bien être tenté d'imiter
l'exemple de Gall, et refuser d'admettre dans la phrénologie
cet intrus de la façon de Spurzheim, car dans une science
d'observation il est indispensable que tout soit positif; ce qui
ne l'est pas doit être rejeté.

Cependant, que cet organe existe ou n'existe pas, les phrénologiens l'ont placé derrière la racine du nez, au bas de la
ligne médiane du front. M. le professeur Broussais dit *qu'il*
rend cette région saillante en même temps qu'il l'élargit.
M. le docteur Scoutetten « prétend qu'il doit être impossible
» de le reconnaître d'après la saillie qu'il pourrait former,

» car le développement des sinus frontaux ne permettrait
» point son apparition extérieure. »

Cette objection est très-fondée, et nous devons faire observer qu'elle s'applique avec autant de justesse à tous les
organes que les phrénologiens ont placés derrière les sinus
frontaux. D'après cette considération nous aurions tort de
présenter le portrait d'un individu doué de l'individualité,
puisque sa protubérance n'est point apparente; au surplus,
d'après ce que disent tous les phrénologiens, on peut la chercher sur les têtes de Napoléon et de Cuvier. (Pl. 1re, fig. 11
et 34.)

Mimique.

Nous ne pouvons point indiquer la mimique d'un organe
dont l'existence est plus que problématique, puisqu'on dit
l'avoir trouvé chez Napoléon et chez Cuvier, qui, tous deux,
étaient éminemment doués de facultés entièrement opposées à
celles que les phrénologiens attribuent à cet organe. Spurzheim
n'est pas heureux dans ses découvertes, la plupart n'ont point
obtenu l'approbation de son maître.

N° 28. — CONFIGURATION.

Organe de la mémoire des personnes, sens des personnes.
(Gall.)

Organe de la configuration.   (Spurzheim.)

Toujours à la recherche de quelque nouvel organe, Gall
remarque dans la société des individus doués d'une étonnante facilité à reconnaître, long-temps après, les personnes
qu'ils n'ont vues qu'une seule fois et très-passagèrement. Il
en remarque aussi d'autres qui semblent privés de cette faculté, car « *ils ont à peine quitté une personne, qu'ils ne*
» *savent plus la reconnaître.* »

Un défaut de mémoire aussi subit est sans doute très-rare,
mais vraisemblablement il s'en trouve parfois quelque exemple, puisque le savant crânioscope en a rencontré et qu'il

s'empresse d'en rechercher d'autres ; il reconnaît d'abord que la mémoire des mots, ainsi que les facultés intellectuelles, n'ont aucun rapport avec la mémoire des personnes, et il découvre ensuite qu'elle provient d'une conformation du cerveau qu'il n'avait pas encore aperçue.

L'organe de la configuration ne se manifeste point à l'extérieur d'une manière aussi palpable que ces protubérances dont nous avons si souvent parlé ; il est situé à la partie antérieure et interne de l'orbite, il établit un espace entre le globe de l'œil et l'angle interne de l'orbite, et en repoussant l'œil de côté il l'écarte et produit ce qu'on appelle les yeux chinois ; d'où il résulte que chez quelques personnes « l'œil » semble loucher ; *toutefois cette dernière conformation n'est* » *point générale.* »

Il est bienheureux que cette dernière conformation présente de nombreuses exceptions : autrement tout le monde loucherait, car la nature, qui n'est point capricieuse, a doté les descendans d'Adam de tous les organes qu'elle a donnés au premier homme, sans en excepter celui de la configuration. Si par hasard quelque individu naît avec un organe de moins, c'est une monstruosité qu'elle n'a point voulu et dont il ne faut pas l'accuser.

Quoi qu'il en soit, M. le docteur Fossati a reconnu dans les portraits de Vecelli, dit le Titien, de Michel seigneur de Montaigne, et de Sterne, les dispositions que les yeux prennent par suite du développement de l'organe de la configuration.

Bien juger la forme, se la rappeler promptement, après l'avoir perdue de vue pendant long-temps ; reconnaître les physionomies qu'on n'a aperçues qu'une seule fois ; voilà le pouvoir que donne l'organe de la configuration.

Napoléon connaissait presque tous les soldats de ses nombreuses armées, non-seulement par leurs physionomies, mais aussi par leurs noms et leurs faits d'armes dans tel ou tel lieu. Cet homme extraordinaire devait avoir l'organe de la configuration développé d'une manière très-remarquable ; cependant on ne le dit point : ceux-mêmes qui lui attribuent si inconséquemment l'organe de l'individualité ne lui accordent pas celui de la configuration. Nous avons sous les yeux les ouvrages de plusieurs phrénologiens, et tous gardent à cet égard un silence vraiment inconcevable.... *fiat lux!*

En peignant la tête du général Bonaparte au passage du pont d'Arcole, le baron Gros, qui n'avait obtenu que deux courtes séances, a prouvé que chez lui l'organe de la configuration était fortement prononcé. « La figure de Bonaparte, dit un bio-» graphe, est une des plus belles choses de la peinture mo-» derne. » Gros lui-même ne l'a jamais peinte depuis avec autant de bonheur. (Voyez planche 1re, figure 28.)

Les animaux possèdent, d'une manière parfois étonnante, la faculté de reconnaître les individus. Le lion, le tigre, la hyène, le plus féroce de tous les animaux, reconnaissent leur maître Martin. Le chien d'Aubry a reconnu le scélérat Macaire. Le fait le plus marquant peut-être que l'on puisse citer est celui des abeilles : dans une ruche elles sont au nombre de vingt à soixante mille, quelquefois plus, et néanmoins lorsqu'une abeille étrangère veut s'introduire parmi elles, soudain l'étrangère est chassée, et souvent elles la tuent si elle ne se hâte pas de se soustraire à leurs poursuites.

Nous sommes portés à croire que les abeilles reconnaissent également les personnes qui leur donnent des soins ; nous en avions auxquelles nous portions habituellement des paquets de fleurs. Les premières fois nous crûmes qu'elles étaient attirées hors de leurs ruches par l'odeur de ces fleurs ; mais plus tard nous les vîmes accourir de même quand nous venions sans fleurs qu'elles semblaient chercher, puis rentrer promptement ; alors nous pensâmes que les gardiennes, placées à l'entrée de la ruche, les avertissaient de notre présence.

N° 29. ÉTENDUE.

(Spurzheim.)

L'étendue est comme l'individualité, un bâtard que Spurzheim a introduit dans la famille des organes de Gall, et que ce père de la phrénologie n'a pas voulu reconnaître ; il rapportait à l'organe des localités et à celui du calcul les fonctions que Spurzheim attribue à son nouvel organe.

M. Vimont a essayé de légitimer cet intrus en ajoutant à ses fonctions, ou pour être plus exact, en les divisant ; en conséquence il en a fait le sentiment de l'étendue et le sentiment de la distance, alléguant que « *l'étendue ne s'applique qu'à un corps, et que la distance présente l'idée de l'espace qui est entre un corps et un autre corps.* »

On ne doit jamais confondre l'étendue avec la distance; néanmoins la distinction que fait M. Vimont dans cette circonstance est au moins superflue, car l'organe de l'étendue est forcément celui de la distance, et on ne peut pas diviser sa faculté en deux sentimens.

L'étendue est la dimension d'une chose en longueur, largeur et profondeur : telle est la définition donnée par le dictionnaire de l'académie française; or, on ne peut distinguer la longueur de la largeur, ou de la profondeur, qu'en calculant la distance qui existe entre chaque point de l'étendue, et c'est toujours à l'aide de ce calcul qu'un officier reconnaît combien de milliers d'hommes pourront camper sur le terrain qu'il est chargé d'examiner.

Si Spurzheim avait déclaré sa découverte organe de la distance, M. Vimont aurait eu raison d'objecter que la distance n'est pas l'étendue; mais comme la distance est nécessairement comprise dans l'étendue, il n'a rien dit de plus que Spurzheim; il a fait une simple répétition ou pléonasme que l'académie n'approuve point lorsqu'il *n'ajoute rien à la force de l'idée.*

Le phrénologien Georges Combe confirme notre objection en disant : « cet organe donne la faculté de percevoir et de » juger la perpsectiv . » Et certes on ne prétendra pas qu'il soit possible de juger une perspective sans apprécier la distance.

Enfin M. le docteur Broussais offre un nouvel appui à notre réfutation ; d'après cet impartial phrénologien, « l'im-» pulsion primitive est de mesurer l'étendue, bien appré-» cier la perspective et la distance. »

C'est au bord interne de l'arcade sourcillière que Spurzheim a placé son organe de l'étendue qui se trouve ainsi masqué dans le sinus frontal. « Il n'est point assez apparent » pour que sa forme soit appréciable à l'œil du physiono-» miste le plus exercé. » C'est M. le docteur Scoutetten qui le dit. Néanmoins Georges Combe prétend qu'*il est large chez Brunel, Williams, Douglas; petit chez Ferguson.* Puisque selon M. le docteur Scoutetten, cet organe n'est point assez apparent pour l'œil le plus exercé, il est vraisemblable que Georges Combe a eu recours au microscope pour le découvrir chez les personnages qu'il cite.

Joseph-Jérôme le français de Lalande, l'un des plus célèbres astronomes des temps modernes, n'avait que dix-neuf ans lorsque l'académie des sciences l'envoya à Berlin pour déterminer la parallaxe de la lune. On pourrait bien le présenter comme étant doué de l'organe de l'étendue, très-fortement prononcé.

N° 35. PESANTEUR. — RÉSISTANCE.

Pesanteur.   (Spurzheim).

Résistance.   (Vimont.)

Il faut avouer que Spurzheim a la main malheureuse; voici encore un organe de sa façon, et Gall ne l'a point admis, il ne lui a pas même fait l'honneur d'en parler. Ce nouvel organe est aussi invisible que l'étendue près de laquelle Spurzheim l'a placé dans la voûte orbitaire; mais M. le docteur Fossati se montre disposé à le déloger, et il importe de faire connaître ses motifs; ils doivent servir à diriger les recherches des phrénologiens. Nous regrettons de ne pouvoir point rapporter toutes les judicieuses réflexions de M. Fossati sur la résistance et la pesanteur dont l'idée est acquise par le sens du toucher; mais ce sens n'étant pas jugé de ses propres impressions, il doit exister dans le cerveau un organe particulier dont la faculté pourrait être appelée *tactilité* plutôt que pesanteur.

« Quant au siège de l'organe, dit ce savant observateur,
» j'ai quelques faits, encore très-peu nombreux à la vérité,
» mais qui me porteraient à le placer aux tempes, au-des-
« sus et un peu en arrière de la constructivité, au-dessous
« de l'idéalité et au-devant de la convoitise. Plusieurs ins-
» trumentistes habiles qui perçoivent la résistance la plus
» imperceptible des ressorts ou des cordes qu'ils touchent,
» m'ont présenté une organisation conforme à celle que je
» viens d'indiquer. Un crâne de ma collection présente
» également cette conformation; c'est celui du mécanicien
» Lecherut qui a conçu et exécuté un très-ingénieux tour à

» portrait. Il était par état tourneur et *clyocheur*, et il avait,
» comme il est dit ci-dessus, en parlant de l'organe de la
« pesanteur, une grande facilité à juger de la puissance et de
» la résistance en mécanique. Ce qu'il y a de remarquable
» sur son crâne, c'est le manque de l'organe de la pe-
» santeur, à l'endroit où les phrénologistes le supposent.
» Je pourrais citer aussi quelques faits négatifs de cet or-
» gane : une femme qui ne manque pas de circonspection
» casse facilement les objets qui sont dans ses mains, parce
» qu'elle ne sait jamais apprécier la pesanteur ou la résis-
» tance des corps. Elle a la tête aplatie dans la région in-
» diquée par moi, et elle a assez bien développée la partie
» qui correspond à l'organe de la pesanteur. »

Encore quelques observations de ce genre, et nous ver-
rons le protégé de Spurzheim déguerpir de la voûte orbitaire pour aller se réfugier aux tempes, sous les auspices de
M. le docteur fossati.

Lorsque Montgolfier conçut la première idée de l'aérostat
auquel il a donné son nom, il calcula d'abord la pesanteur de
sa machine et la résistance de l'air, et ce n'est qu'après
avoir reconnu l'une et l'autre, qu'il annonça la découverte
du moyen de s'élever dans les airs.

(Voyez planche 1re, figure 30.)

N. 31. COLORIS.

Sens des rapports des couleurs, talent de la peinture.

(Gall.) (Spurzheim.)

Les peintres ne sont pas tous doués du même genre de
talent ; les uns se distinguent par la pureté du dessin, d'autres par la composition, quelques-uns par le coloris. Gall
avait remarqué ces différences, mais sans pouvoir en pénétrer
la cause ; pour y parvenir, il examina très-attentivement les
peintres qui montraient plus de vigueur dans le coloris, et il
s'aperçut que chez eux la partie de l'arc sourcillier, immédiatement au-dessus du milieu de l'œil, s'avançait en forme
de proéminence, de sorte que l'œil semblait enfoncé dans
l'orbite. Cette première donnée le conduisit à de nouvelles
observations, et enfin, dans un de ses voyages, il vit une col-

lection de portraits de tous les peintres fameux de l'un et l'autre sexe qui doivent leur réputation au coloris, et ces portraits, en lui montrant le même développement du milieu du sourcil, achevèrent de confirmer sa découverte. Reste à savoir si ces portraits étaient bien ressemblans, et si Gall n'a pas été trompé par quelques coups de pinceau donnés uniquement pour l'effet, car, on ne saurait trop le répéter, des portraits, surtout de personnages morts depuis des siècles, ne peuvent offrir aux phrénologiens que des notions très-vagues et toujours incertaines, de même que, les plâtres dont le moule n'a pas été coulé sur le crâne lui-même. Les uns comme les autres sont à rejeter lorsqu'on veut obtenir de ses recherches phrénologiques un résultat qui soit positif et certain.

Sur la tête de Joseph Vernet, peintre de marine et paysagiste, les facultés perceptives sont bien développées; on doit en outre remarquer les organes de la configuration et du coloris, dont l'influence, jointe à celle de la construction, détermine le genre de talent qui caractérise Joseph Vernet et l'a rendu célèbre. (Voy : planche 1re, fig. 31.)

Il existe des personnes totalement privées de l'organe du coloris. Nous connaissons une dame qui est totalement privée du sens de l'odorat : les odeurs les plus fortes, les plus piquantes, ne lui produisent aucune espèce de sensation ; le musc, ou l'assa-fœtida, est pour elle la même chose. Gall cite le docteur Unzer, à Altona, qui n'a jamais saisi la différence du vert au bleu. Spurzheim vit à Dublin un amateur des arts mécaniques et du dessin qui ne trouvait pas de différence entre le rouge et le vert. A Edimbourg il rencontra trois frères et un de leurs cousins qui ne distinguaient pas le vert du brun (singulière maladie de famille). M. le docteur Scoutetten dit que la ville de Metz possède un musicien distingué et doué d'une très-bonne vue, qui cent fois a essayé vainement d'apprendre à connaître les couleurs; le vert est bleu pour lui, et le gris lui semble rouge. Il ne reconnaît avec certitude que le noir et le blanc.

En examinant la forme des yeux de ces messieurs et surtout celle de la cornée transparente, on découvrirait peut-être la cause de cette bizarre indisposition, et la possibilité de la faire cesser par l'usage de lunettes dont les verres seraient taillés selon que l'exigerait le vice de conformation, qu'il est permis de soupçonner avec juste raison dans cette circonstance.

N. 32. LOCALITÉ.

Sens des localités, sens du rapport de l'espace.

(Gall.) (Spurzheim.)

Par goût pour l'histoire naturelle, Gall aimait à parcourir les bois, faisant la chasse aux oiseaux et plaçant des piéges pour les prendre ; mais privé du sens des localités, il lui était presque impossible de retrouver l'endroit où il les avait placés ; malgré sa précaution de faire des entailles aux arbres, de planter des branches en terre, il réussissait rarement à reconnaître le chemin qu'il avait parcouru la veille. Fatigué de perdre son temps et ses piéges, il prit l'habitude de se faire accompagner par un jeune homme nommé Scheilder. Gall ne tarda point à remarquer la facilité avec laquelle ce jeune homme, dont les facultés d'ailleurs étaient très-bornées, se rendait au filet que l'on cherchait, quel que fut le nombre de piéges que l'on avait posés. Gall, frappé de lui voir une si grande mémoire locale, lui demanda comment il faisait pour s'orienter si sûrement ; Scheilder lui répondit en lui demandant à son tour comment il faisait lui-même pour toujours s'égarer.

Concevant l'espoir d'éclaircir ce mystère, Gall moula la tête de Scheilder et s'efforça de trouver des personnes qui eussent la même faculté que ce jeune homme. Le grand paysagiste Schoenberger lui ayant raconté que dans ses voyages il ne faisait qu'un croquis très-peu détaillé des sites qui lui plaisaient, et que plus tard, lorsqu'il voulait peindre ce paysage, chaque arbre, chaque broussaille, chaque pierre, se retraçaient à sa mémoire. On prévoit que Gall s'empressa de mouler la tête de ce peintre et de la mettre à côté de celle de Scheilder.

M. Meyer, auteur du roman de Dia-na-Sore, ne trouvait des jouissances que dans la vie errante. Lorsqu'il n'avait pas eu l'occasion de faire avec quelques personnes un voyage de long cours, il s'en dédommageait en allant sans cesse d'une maison de campagne à une autre, du château d'un seigneur à la champêtre demeure d'un fermier, et il avait une facilité étonnante pour se rappeler les différens lieux qu'il avait par-

courns. Gall rechercha la société de ce nomade, se lia bientôt
avec lui, et la tête du romancier prit place auprès des deux
précédentes.

Ces trois têtes offraient entr'elles de grandes différences;
mais Gall vit avec plaisir la forme très-remarquable du front
de toutes les trois, et il pensa que cette forme particulière
était déterminée par une disposition organique du cerveau.
Il multiplia ses recherches, et enfin il devint incontestable, *à
ses yeux*, que l'organe des localités est placé à la partie
moyenne du front, et qu'il se manifeste extérieurement sous
forme de proéminence allongée, qui s'étend un peu obliquement depuis la racine du nez jusqu'à douze ou quinze lignes
au-dessus des sourcils.

Les têtes de tous les astronomes célèbres sont remarquables par le développement de cet organe : *on peut s'en assurer*, disent les phrénologiens, *en examinant les têtes de Ké-
pler, de Galilée, de Newton, de Ticho-Brahé, de Descartes,
etc.*

Il est très-vraisemblable qu'Adam avait l'organe de l'érotisme, Caïn celui de la convoitise, Noé celui de la construction. Cependant si nous citions ces anciens personnages
comme preuves de l'existence de ces organes, si nous disions
que sur leurs têtes il est très-prononcé, que penserait-on de
nous? quelle confiance nous accorderait-on? Ne serait-il pas
plus prudent d'attendre que nous pussions offrir des exemples beaucoup plus récens et surtout très-faciles à vérifier?
Enfin l'intérêt de la science n'exige-t-il pas qu'on suive cette
marche?

Chez Lacépède, les organes des localités, de l'éventualité,
de la configuration et du langage, sont très-développés, mais
tous les autres sont très-faibles. (Voyez planche 1re, figure 52.)

Les animaux ont, à un point quelquefois étonnant, la faculté de reconnaître les lieux; tous les ans on voit les hirondelles revenir aux nids qu'elles ont construits depuis plusieurs années. Les canards sauvages reviennent aussi aux
mêmes endroits; les pigeons apportés de Vienne, de Bru-
xelles, ou autres lieux plus ou moins éloignés, et lâchés à
Paris, retournent très-promptement à leurs colombiers. On
cite mille faits plus ou moins extraordinaires qui prouvent à
quel degré les chiens possèdent la mémoire des localités, nous

en rapporterons un seul qui dans ce moment se renouvelle tous les jours et dont chacun peut aisément se convaincre.

Une dame demeurait avec un chien anglais, rue Geoffroy-l'Asnier, vis-à-vis la mairie. Chaque jour cet animal montait au quatrième étage chez une vieille voisine qui le caressait beaucoup et lui donnait quelques friandises.

La maîtresse de ce petit anglais a déménagé et l'a conduit en voiture rue de la Roquette, où elle loge maintenant. Tous les jours, de midi à deux heures, ce chien part seul de la rue de la Roquette et va rue Geoffroy-Lasnier faire sa visite à la vieille dame du quatrième.

Nº 33. CALCUL.

Sens des rapports des nombres. (Gall.)

De la numération, nombre. (Spurzheim.)

Le fils d'un forgeron des environs de Vienne était doué, disait-on, d'un grand talent pour le calcul; cependant son éducation n'était point supérieure à celle de ses camarades. Gall examina cet enfant, il était âgé de neuf ans et calculait si promptement, que personne, la plume à la main, ne pouvait faire aussi rapidement que lui, le calcul proposé.

A la même époque, un avocat se chagrinait en voyant son fils, âgé de cinq ans, abandonner les jeux de son âge pour s'amuser exclusivement de nombres et de calculs. Gall compara cet enfant avec le fils du forgeron, il trouva que leurs têtes se ressemblaient uniquement par une saillie, une proéminence au-dessus de l'angle externe des yeux.

Gall ne voulut point s'en rapporter à une protubérance observée seulement sur des têtes d'enfans dont les os du crâne sont loin du développement qu'ils doivent avoir beaucoup plus tard. En conséquence, il vit le conseiller Mantetti qui s'occupait par plaisir des difficultés mathématiques, puis le baron de Vega, auteur des tables des logarithmes, et il remarqua chez tous deux la même conformation qu'il avait observée chez les deux enfans. De nouveaux faits toujours semblables lui persuadèrent l'existence de l'organe du calcul dans une petite circonvolution du cerveau.

Cet organe est placé à la partie antérieure de la tempe; il se présente sous forme de segment de sphère, il pousse en avant l'extrémité du sourcil; et chez les individus qui possèdent à un haut degré l'organe du calcul, l'œil est presque couvert par la paupière supérieure.

Cette conformation est très-remarquable chez tous les grands mathématiciens.

Nous pourrions citer un grand nombre d'exemples d'individus nés avec le talent de calculer, tels que les nommés Devaux, âgé de sept ans, Bilden, âgé de douze, le jeune américain Colborn, etc. Nous nous bornerons à relater l'anecdote suivante qui prouve jusqu'à quel point l'esprit de calcul peut être porté, sans avoir été favorisé par l'éducation.

On présente à d'Alembert un petit pâtre qui calculait avec une facilité étonnante. Mon enfant, lui dit d'Alembert, voilà mon âge; combien ai-je vécu de minutes? L'enfant s'éloigne de quelques pas, place ses deux mains sur son visage et vient peu d'instans après répondre à d'Alembert, qui n'a pas encore terminé ce calcul qu'il fait au crayon; il l'achève, mais les deux résultats diffèrent. Le pâtre s'éloigne de nouveau, recommence son calcul, et revient en prétendant qu'il ne s'est point trompé. D'Alembert vérifie le sien, lorsque l'enfant lui dit : mais, monsieur, avez-vous compté les années bissextiles? D'Alembert les a oubliées, et le calcul du petit pâtre est exact.

Nous ne doutons pas de l'anecdote, mais nous demandons s'il y a beaucoup de pâtres qui connaissent les années bissextiles.

Certains peuples sont presque totalement privés du sens du calcul, et ne peuvent compter au-delà de trois. Il y a quelques années, il existait à Paris un individu qui n'a jamais pu comprendre que deux et deux font quatre. Gall a moulé la tête de cet homme, et « il la trouva remarquable » par l'absence presque complète de l'organe de la numéra- » tion. »

Lorsque l'organe du calcul domine et que cette faculté se combine avec l'individualité, l'éventualité, la localité et un bon développement des facultés réflectives, la mutuelle influence de ces différens organes constitue un grand mathématicien. (Voyez le portrait du célèbre Laplace, planche 1re, figure 55.)

On a refusé aux animaux la faculté de compter, mais les observations de Georges Leroi, ancien lieutenant des chasses royales, tendent à démontrer le contraire. (Voyez le dictionnaire encyclopédique par ordre de matières, ou *les Lettres à un physicien de Nuremberg sur l'instinct des animaux*.) Les chasseurs, dit-il, s'attachent à détruire les pies parce qu'elles détruisent les œufs du gibier. En conséquence, un chasseur se cache dans une hutte auprès de l'arbre sur lequel la pie a placé son nid; mais la pie ne rentre pas tant qu'il n'a pas quitté sa retraite; alors on convient que deux se cacheront, qu'un seul s'éloignera, et que la pie sera tuée par le second; nouvelle surprise : la pie les a comptés et ne revient au nid qu'après le départ du dernier; les jours suivans, trois et quatre placés en embuscade éprouvent le même désappointement, la pie ne reparaît à son arbre qu'après l'éloignement du dernier embusqué. Mais enfin, cinq chasseurs environnent l'arbre qui porte le nid de l'oiseau destructeur, quatre s'éloignent l'un après l'autre, et la malheureuse pie, qui ne sait compter que jusqu'à quatre, tombe morte au pied du cinquième.

Nº 34.   ORDRE.

(Spurzheim.)

« Gall, dit M. le docteur Scoutetten, admettait que l'esprit d'ordre doit être rapporté à une faculté fondamentale particulière, et par conséquent aussi à un organe particulier. » Il pensa d'abord que l'esprit d'ordre était une modification du sens des localités, mais il reconnut que des hommes, incités par ce dernier organe à voyager sans cesse, sont néanmoins peu sensibles au désordre le plus grand. Gall attendait un assez grand nombre d'observations et de faits pour motiver son opinion sur le siège de cet organe. Mais « Spurzheim » a mis moins d'hésitation, et il a cru, d'après ses recherches, » pouvoir établir que l'organe de l'ordre aboutit à la partie « externe de l'arcade sourcillière, entre ceux du coloris et de » la numération. »

Il y a des individus qui ont la passion de l'ordre, la vue du désordre leur cause un chagrin très-vif, tandis que l'aspect de l'arrangement est pour eux une douce jouissance.

Le soi-disant sauvage de l'Aveyron, élevé à l'institution des sourds-muets de Paris, quoique idiot, avait un très-grand goût pour l'ordre ; une chaise ou tout autre objet hors de sa place lui causait une vive impatience ; et dès qu'il apercevait le plus petit dérangement, il s'empressait de remettre chaque chose à sa place habituelle.

Spurzheim vit à Edimbourg une demoiselle idiote sous beaucoup de rapports, mais qui n'entrait jamais dans la chambre de son frère, à cause du désordre qui y régnait et qui lui causait une impression désagréable.

Ainsi que M. le docteur Broussais le fait observer très-judicieusement, l'ordre s'applique aussi à la littérature, à l'éloquence, à la poésie et même à la conduite morale. Dans cette dernière application, l'excès de l'ordre rend les hommes minutieux et fatigans par leurs habitudes, leurs arrangemens symétriques, et leurs plaintes toutes les fois qu'on cause le moindre dérangement dans le plus petit objet ; ils ont toujours leur montre à l'heure, il faut aussi que celles des autres y soient, quelques minutes de retard les dérangent.

« Chez Napoléon, l'organe de l'ordre est admirablement » développé : aussi le vit-on bientôt, lorsqu'il parvint au » pouvoir suprême, substituer au désordre dont la France » gémissait, une administration parfaitement régulière. »

Si le savant et laborieux Cuvier n'eût pas possédé à un point très-éminent l'organe de l'ordre, il lui eût été impossible de faire tout ce qu'il a fait pour la science, indépendamment de ses travaux administratifs. (Voyez planche 1re, figure 34.)

N° 35. ÉVENTUALITÉ.

Mémoire des choses, mémoire des faits, sens des choses, éducabilité, perfectibilité. (Gall.)

Faculté des phénomènes. (Spurzheim.)

Gall remarqua dans la société des personnes qui paraissaient instruites, parce qu'elles avaient une connaissance superficielle de tous les arts et des sciences, et en parlaient avec facilité. Il trouva chez ces individus la partie moyenne du front très-saillante, et la partie antérieure du cerveau très-développée. Il donna à cette partie le nom de *mémoire des choses :* mais s'étant aperçu que les personnes douées d'une grande mémoire de ce genre jouissent en général d'une conception prompte et de beaucoup de facilité à apprendre les détails, il désigna la faculté sous le nom de *sens des choses, sens d'éducabilité, de perfectibilité;* il ajouta que les individus chez lesquels cet organe est large et dont les facultés réflectives ne sont pas également développées, sont disposés à adopter les nouvelles théories, à embrasser les opinions des autres, et ont une grande facilité à s'accommoder eux-mêmes aux coutumes, manières et circonstances au milieu desquelles ils vivent.

Spurzheim a appelé la faculté *éventualité :* il en donne la description suivante.

« Lorsqu'un cheval est au repos, on peut le considérer » comme un objet de pure existence, et dès-lors il appartient » à l'individualité. Mais si ses poumons jouent, si son sang » circule, si ses muscles se contractent, s'il marche, trotte ou » galope, il y a alors des phénomènes actifs qui sont du » ressort de l'éventualité. L'individualité cherche les genres » de connaissances acquises par les noms, tandis que l'éven- » tualité s'occupe des choses désignées par les verbes. »

Comme cette explication pourrait paraître insuffisante à quelques personnes, afin de la rendre plus claire nous ajouterons ce qu'a dit M. le professeur Broussais en parlant de *l'influence* ou *impulsion primitive de l'éventualité.*

« Saisir les actions, les changemens, les modifications des corps qui sont connus, qui sont montrés par les facultés réceptives inférieures. — Ainsi l'organe dont il s'agit est celui qui perçoit l'action pour les verbes actifs, et la passion pour les verbes passifs. La passion accompagne toujours l'action, car quand il y a un agent actif, il y a toujours un sujet passif : l'un reçoit l'action, l'autre la donne; ou, si vous l'aimez mieux, l'un imprime l'action et l'autre la reçoit. Or tout cela est du ressort du verbe. La faculté s'adresse donc au verbe, à l'action, comme à la passion. »

Spurzheim a placé l'organe de l'éventualité à la partie antérieure du front, au-dessus et un peu en dedans de l'organe des localités. Lorsqu'il est développé, il fait saillir le front au-dessus de la racine du nez et des orbites. Chez les individus qui n'ont qu'un faible développement de cet organe, le front est au contraire aplati et quelquefois déprimé dans cette région.

L'éventualité et l'individualité également développées donnent à l'auteur, à l'orateur, la faculté de saisir les incidens, de recueillir les anecdotes, de les mettre en réserve et de les employer au besoin, soit dans le discours, soit dans des écrits. Tous ceux qui ont eu le plaisir de lire ou d'entendre le bon Andrieux, sont bien persuadés qu'il possédait ces organes parfaitement développés. (Voyez pl. 1re, fig. 35.)

Les animaux inférieurs, disent les phrénologiens, possèdent cet organe. Gall considère cette faculté chez eux comme la cause de leur aptitude à l'éducation.

Qu'on nous permette une courte réflexion : une chose éventuelle est subordonnée à quelque évènement incertain, imprévu, accidentel ; ainsi l'organe de l'éventualité est réellement l'organe du hasard.

Nº 36. TEMPS.

Sens du temps.   (Gall.)

Organe du temps.   (Spurzheim.)

La faculté de retenir les dates ne devrait-elle pas être attribuée à la mémoire ? Gall la considérait comme une modification d'action de l'organe du calcul, mais Spurzheim en a fait un organe particulier qu'il a placé aux parties latérales du front, au-dessus de l'organe du coloris.

M. le docteur Broussais pense que les phrénologiens n'ont pas considéré l'organe du temps d'une manière assez large, et il en donne une explication beaucoup plus complète. Voici comment il se résume sur le temps : « apprécier la durée par » la succession de nos impressions, phénomène tout de senti- » ment ; ensuite la mesurer, en en prenant des modèles dans » l'espace matériel. Par conséquent le mot *le temps* offre un » double sens : sans comparaison avec l'espace, il ne rap- » pelle qu'une succession de sentiment, par exemple dans » la musique ; ajusté aux corps qui ont l'espace, il donne la » notion d'une faculté intellectuelle du genre des réceptives. »

Au moral comme au physique, il est impossible de donner, de transmettre ce qu'on n'a pas. Les élèves de l'école primaire de musique dirigée par Choron, leurs progrès, la précision, l'ensemble de leur exécution, ont prouvé que leur maître était doué de l'organe des temps, et qu'il a su leur en faire sentir l'heureuse influence.

Quelques phrénologiens ont douté de l'existence de cet organe, mais il est maintenant reconnu par chacun. On l'a trouvé très-développé chez Manuel, Kreutzer, Listz, etc. Spurzheim cite un nommé Varet qui conserve la mémoire des dates de l'entrée et de la sortie des élèves de l'université à laquelle il est attaché depuis un grand nombre d'années.

Les personnes qui ont été guéries d'une aliénation mentale éprouvent souvent une perte totale du souvenir du temps. M. le docteur Pinel en rapporte un exemple frappant. Après avoir été renfermée pendant vingt-sept ans dans une maison d'aliénés, une dame éprouve une heureuse révolution, la manie dont elle était affectée disparaît, et elle recouvre toutes ses facultés intellectuelles. Au moment de la cessation de son délire, elle semble sortir d'un rêve, et s'empresse de demander des nouvelles de ses deux enfans, en bas âge lorsqu'elle est tombée malade; rien n'égale sa surprise en apprenant qu'ils sont mariés, et que ses enfans ont des enfans.

On prétend que les animaux ont l'organe du temps, mais nous n'approfondirons point ce fait, qui n'offre pas un très-grand intérêt aux physionomistes.

N° 37. TONS.

Sens des rapports des tons, talent de la musique.   (Gall.)

Organe de la mélodie.   (Spurzheim.)

Un jour on fit voir à Gall une petite fille âgée d'environ cinq ans, nommée Bianchi, et qui avait une mémoire étonnante, mais seulement pour la musique. Le savant phrénologien ne découvrit dans la conformation de la tête rien qui pût lui faire reconnaître le talent particulier de cette enfant, et cela devait être, un crâne de cinq ans ne peut offrir rien de certain, rien de remarquable, excepté en cas de mons-

truosité. Néanmoins les parens de cette petite fille témoigné-
rent à Gall leur doute sur la certitude de ses observations
précédentes.

A cette époque Gall pensait encore que la mémoire était
une faculté qui s'appliquait indistinctement à tous les objets;
mais cette enfant dont la mémoire était bornée à la musique,
lui fit voir son errreur et le détermina dès-lors à de nouvelles
recherches qu'il dirigea particulièrement sur les musiciens.
Il examina leurs têtes, en moula un grand nombre, et reconnut
enfin l'organe musical dans une saillie très-prononcée à la
partie latérale et externe du front au-dessus de l'angle externe
de l'œil; elle s'élargit vers les tempes et donne au front une
ampleur remarquable chez les musiciens. Mais ce n'est pas
toujours par une saillie allongée que cet organe se manifeste
extérieurement; il a parfois une forme pyramidale dont la
base est au-dessus de l'œil, et dont la pointe se prolonge sur
le bord extérieur et antérieur du front, jusqu'à la moitié de
sa hauteur. Gall a remarqué cette différence de conformation
chez plusieurs musiciens : Mozart père et fils, Michel
Haydn, Paer, Nadermann, Dussek, Marchesi, Viotti, Blasius,
Daleyrac, Delavigne, ont l'organe en forme de saillie allongée, tandis qu'il est pyramidal chez Bethoven, Lafont, Joseph Haydn, J.-J. Rousseau, Gluck et Grétry.

Parmi tous ces musiciens décorés de la protubérance des
tons, nous choisissons André-Ernest-Modeste Grétry; il est
le premier qui ait pris la déclamation véritable pour guide
du chant dans la musique. En suivant cette méthode il a
enrichi le théâtre des Italiens d'une foule d'opéras que l'on
écoute toujours avec le même plaisir, parce que le chant est
frappant de vérité, et que la vérité ne vieillit jamais. (Voyez
pl. 1re, fig. 37.)

Nous terminerons cet article par une observation qui paraît avoir échappé aux phrénologiens : ils disent bien que la
faculté musicale *est une de celles qui se développent le plus
promptement*, ils pouvaient ajouter que la musique est de
tous les talens celui qui présente le plus grand nombre de
virtuoses très-jeunes, et que l'âge accroît toujours cette faculté si précoce. La peinture offre aussi des exemples de ce
genre, mais la danse semble faire exception. Nous avons vu
beaucoup de jeunes danseurs des deux sexes étonner par leur
souplesse, leur légèreté, leurs grâces, et obtenir pendant deux

ou trois années des applaudissemens très-mérités. Eh bien ! ces précoces virtuoses de la danse ont fini par devenir de simples figurans perdus dans la foule de leurs camarades. On doit peut-être appliquer à ces danseurs trop précoces ce que M. le professeur Broussais dit des enfans qui se font remarquer par leur mémoire. « Les enfans qui ont la faculté de retenir les mots avec facilité brillent dans les classes inférieures, mais s'éclipsent souvent dans les classes supérieures, quand il s'agit d'exercer l'intelligence. » De ce fait bien constant on pourrait conclure que les jeunes danseurs retiennent et exécutent parfaitement bien les leçons de leurs maîtres, mais que leur talent s'éclipse lorsque, gonflés de leurs succès et se croyant assez instruits, ils cessent d'être dirigés par leurs maîtres, et sont forcés d'exercer leur intelligence, qui se trouve insuffisante quand toutes leurs facultés intellectuelles résident dans leurs jambes, et cela s'est vu quelquefois.

N° 38. LANGAGE.

Sens des mots, sens des noms, mémoire des mots, mémoire verbale, sens du langage, de parole, talent de la philologie.

(Gall.)

Faculté du langage artificiel.   (Spurzheim.)

L'organe du langage, la dernière des facultés réceptives, est placé à la partie supérieure et vers la partie moyenne de l'orbite. S'il est très-prononcé, les yeux semblent poussés en dehors, ils sont à fleur de tête et abaissés vers les joues.

C'est cet organe qui, selon Gall et Spurzheim, donne la faculté de saisir les sons, les mots, les bien retenir et après cela les reproduire.

La mémoire des mots est fort ordinaire aux enfans, chez quelques-uns elle se manifeste parfois de très-bonne heure. Gall vit à Landau un garçon de cinq ans qui savait par cœur le catéchisme entier, les fables de la Fontaine, et un volume du cours de mathématiques de Bezout, dont il ne comprenait pas un mot. Ce qui ne prouve pas qu'une mémoire si précoce soit toujours d'une très-grande utilité.

Dans un âge plus avancé, les personnes qui possèdent une bonne mémoire amusent ou ennuient la société en citant, à chaque propos, des morceaux des auteurs qu'il ont lus. Une très-grande mémoire est quelquefois très-gênante : nous connaissons particulièrement un individu doué d'une mémoire si facile qu'en sortant de la première représentation d'une pièce en un acte, il l'a dictée en entier, et peu de jours après il a rempli un rôle dans cette pièce jouée chez lui en présence d'Andrieux. Eh bien! lorsque cet individu compose des vers, tous ceux qui sont plus saillans, lui semblent des réminiscences, et il a soin de les communiquer à un ami pour s'assurer que sa mémoire n'a pas fait un plagiat.

Pendant le séjour de Voltaire à la cour de Prusse, on présenta à Frédéric un homme qui récitait avec facilité un morceau qu'il venait d'entendre lire. Frédéric voulut profiter de cette occasion pour mystifier Voltaire. L'étranger fut placé derrière un paravent d'où il entendit le grand poète lire la nouvelle production qu'il présentait au roi. La lecture finie, le malicieux souverain prétendit que le morceau n'était ni nouveau, ni de la composition de Voltaire, et pour le prouver il donna ordre de lui amener l'étranger, qui récita sur-le-champ la pièce de vers et soutint l'avoir composée depuis nombre d'années. On conçoit la colère de Voltaire, mais Frédéric s'empressa de le calmer en l'instruisant de la supercherie.

Rabelais, Corneille, Voltaire, Mirabeau, Benjamin Constant, Manuel, Champollion, présentent un grand développement de l'organe du langage.

Personne n'aura l'idée de contester à Mirabeau l'organe du langage. Nous ne prétendons point cependant que la douce persuasion s'écoulait de ses lèvres, c'était au contraire un torrent d'éloquence qui entraînait sans laisser le temps de la réflexion ; à chaque instant ce puissant orateur créait des expressions aussi neuves que hardies, et chaque mot était un trait de lumière, une étincelle électrique dont tous les auditeurs étaient frappés. (Voyez pl. 1re, fig. 38.)

GENRE DEUXIÈME.

———

FACULTÉS RÉFLECTIVES.

« Si l'homme, dit M. le docteur Scoutetten, n'avait
éprouvé que des sensations, il eût été sans cesse le jouet des
accidens extérieurs ; mais la prévoyance de la nature a voulu
qu'il pût réfléchir sur les impressions qu'il ressentait, qu'il
en appréciât l'importance, et que sa volonté se déterminât
d'après les réflexions auxquelles son esprit se serait livré.
Pour arriver à ce résultat il fallait nécessairement que
l'homme possédât la faculté de comparer, et celle de découvrir les principes qui président à la manifestation des causes
et des effets. » Telle est la fonction, l'influence des facultés
réflectives dont nous allons parler.

Nº 39. COMPARAISON.

Sagacité comparative. (Gall.)

Faculté de la comparaison. (Spurzheim.)

Lié avec un savant qui était doué d'une grande sagacité,
Gall s'aperçut que dans leurs entretiens philosophiques il
avait recours à une comparaison lorsqu'il était embarrassé
de prouver la validité de ses raisonnemens. Dès que Gall se
fut assuré que cette disposition était un trait caractéristique
de l'esprit de ce philosophe, il examina soigneusement la conformation de sa tête, et trouva sur la partie supérieure et
moyenne du front une éminence ayant la forme d'une pyra-
mide renversée, dont la base borde le sommet du front.
Après avoir confirmé cette remarque par de nombreuses recherches, ne doutant plus de l'existence d'un organe particulier, il le nomma perspicacité, sagacité comparative.

Cet organe donne la faculté de percevoir des ressemblances, des analogies, des similitudes ; mais comme l'a dit le philosophe Molière,

« Or, par comparaison, car la comparaison
» Nous fait distinctement comprendre une raison ;
» Et nous aimons bien mieux, nous autres gens d'étude,
» Une comparaison qu'une similitude.

» *Par comparaison donc,....* » le phrénologien Georges » Combe dit : le ton peut comparer différentes notes, le » coloris saisir différentes ombres ; mais la comparaison peut » comparer une ombre et une note, une forme et une cou- » leur, ce que les autres facultés ne pourraient faire par » elles-mêmes. »

Cet organe, utile aux poètes, aux orateurs, est très-développé chez les toscans de toutes les classes. Un jour, nous trouvant à la Spezia, que traversaient douze jeunes gens, conscrits de la veille, nous eûmes besoin de les interroger sur un fait qui venait d'arriver et auquel ils avaient pris part. Le premier que nous questionnâmes nous étonna par son langage riche de comparaisons, d'images et de métaphores. Nous pensâmes que ce jeune homme avait reçu la plus brillante éducation, et doutant de l'exactitude de son récit, nous nous adressâmes à un autre dont le costume et l'air simple annonçaient un villageois. Celui-ci nous surprit encore plus que le premier. Alors nous les interrogeâmes tous, et tous s'exprimèrent avec une élégance vraiment poétique; aussi nous les écoutâmes avec un plaisir qui, par la suite, s'est renouvelé toutes les fois que nous avons parcouru la Toscane, dont les habitans se distinguent en outre par leur prononciation un peu trop gutturale.

Le langage comparatif est plus ordinaire, plus familier qu'on ne le pense ; presque tous les proverbes sont des comparaisons. On dit le sang *bout*, la beauté *se fane*, le cœur *se brise*, il est *ivre* d'amour, etc. Toutes les locutions de ce genre, si fréquemment employées, sont des comparaisons.

Les individus chez lesquels l'organe de la comparaison est peu développé, se reconnaissent à la sécheresse de leur conversation, et presque toujours à la fausseté de leur jugement.

Molière était trop bon observateur pour ne pas posséder l'organe de la comparaison, sans lequel on ne peut pas bien observer. Le placer ici comme exemple de cet organe, c'est lui rendre la justice qui lui est due.

La comparaison est très-prononcée sur la tête de Henri IV, Gall, Cuvier, Napoléon, Benjamin-Constant, Manuel, Dupuytren, etc. Cet organe manque totalement chez les bandits, les voleurs, les scélérats, et autres individus de cette espèce.

N° 40. CAUSALITÉ.

Esprit métaphysique, profondeur d'esprit.   (Gall.)

Faculté de la causalité.   (Spurzheim.)

Se flattant de pénétrer les secrets de la nature, et toujours occupé à rechercher la cause, le pourquoi de chaque chose, Gall ne pouvait pas oublier l'organe de la causalité, si fortement prononcé chez lui, et qui lui a inspiré son système phrénologique. C'est par cet organe qu'il termine l'exposé de ses découvertes. Et voici comment l'anglais Georges Combe explique la faculté de la causalité.

L'individualité et la comparaison prennent connaissance des choses qui tombent sous le sens : la causalité va un peu au-delà de ces facultés (c'est-à-dire au-delà des choses qui tombent sous le sens), *et perçoit la dépendance des phéno-mènes. — Elle fournit l'idée de cause, comme impliquant quelque chose de plus que la simple juxta-position et ses suites, et comme formant le lien invisible entre la cause et l'effet.* (Ce lien est aussi impénétrable qu'invisible, et tous les phrénologiens feront d'inutiles efforts pour le découvrir ou l'expliquer.) *Elle nous donne la conviction irrésistible, que tout phénomène et tout changement dans la nature a une cause* (qui donc n'a pas cette conviction? qui donc croit aux effets sans cause? excepté peut-être les habitans de Bedlam et de Charenton); *et par degrés elle nous conduit à l'idée de la première cause de tout.* (Elle peut vous conduire à cette idée, mais vous n'arriverez pas à la première cause de tout.)

— *L'éventualité juge de l'évidence directe, ou des faits; la causalité, de l'évidence d'induction.* (Juger de l'évidence des faits, c'est sagesse; de l'évidence d'induction, c'est folie.) *Dans un procès, un juré doué d'un large organe d'éventualité et d'une faculté médiocre de causalité, aura une extrême difficulté à se convaincre par l'évidence d'induction. Celui chez lequel la causalité est développée trouvera souvent que cette espèce de preuve est irrésistible.* (Oui, celui-là jugera par induction que le criminel est innocent, parce qu'aux yeux de ce juré, l'accusé n'a agi que par l'influence, par l'impulsion d'un organe ou plutôt d'une protubérance, car l'organe est aussi invisible que « le lien entre la cause et l'effet. » Néanmoins cela sera pour ce juré phrénologien une espèce de preuve irrésistible. Voilà pourtant les conséquences immorales auxquelles on est conduit par la phrénologie ! !...

Au haut du front, de chaque côté de la comparaison, s'élèvent deux protubérances de bas en haut; c'est là que Gall a placé la causalité qui en se manifestant élargit le front.

Si Franklin n'avait pas l'organe de la causalité, il faudrait nier l'existence de cette faculté, car personne n'a su mieux que ce fondateur de la liberté américaine, pénétrer la cause de la foudre, et nous garantir de ses funestes effets par l'invention du paratonnerre. (Voy. pl. 1re, fig. 39.)

On trouve cet organe très-développé chez Socrate, Démocrite, Bacon, Montaigne, Condillac, Diderot, Voltaire, Napoléon; il est petit, selon Combe, chez Pitt, le général Lamarque et M. Cousin.

Le défaut de causalité n'empêche pas d'observer et de comparer. Quoique faible elle n'est pas incapable de saisir les grandes abstractions, mais alors d'autres facultés viennent à son secours et l'aident dans ses fonctions. C'est un grand motif de consolation pour ceux qui n'ont pas la protubérance très-développée.

DE LA CRANIOSCOPIE

APPLIQUÉE

A LA PHYSIOGNOMONIE.

Le système de Gall se compose de deux parties bien distinctes, l'une visible et palpable, l'autre hypothétique et invisible.

La première partie se borne à l'examen du crâne, à la recherche des protubérances; c'est la cranioscopie. Ce genre de recherches et d'observations offre, comme nous l'avons dit, un acheminement aux connaissances physiognomoniques, parce que ces protubérances, lorsqu'elles sont visiblement prononcées et qu'elles ne sont pas imaginaires, influent sur la forme de la tête.

Quant à la seconde partie, objet spécial de la phrénologie, elle n'a pas un rapport bien positif avec la science dont nous nous occupons particulièrement. Peu importe au physionomiste que le cerveau soit ou ne soit pas l'assemblage d'une quarantaine de petits organes qu'on ne peut pas distinguer l'un de l'autre, il lui suffit de savoir que l'encéphale est le centre, le foyer des sensations, des sentimens, des passions, et que l'action de cet organe, dont aucun humain ne peut expliquer le mécanisme merveilleux, détermine les divers changemens que subit la physionomie de l'homme dans toutes ses parties et d'après la plus petite commotion.

En conséquence nous devons nous borner à faire connaître les différentes modifications que le développement des protubérances *crâniennes* peut occasionner dans la forme de la tête. On concevrait plus facilement ce que nous aurions à dire en jetant les yeux sur les figures, car on reconnaîtrait soudain la place occupée par les penchans; s'ils étaient restés en blanc, les sentimens seraient colorés en bleu, les facultés perceptives en jaune, et les facultés réflectives en rouge.

Selon le développement plus ou moins prononcé des diverses facultés, les phrénologiens admettent neuf genres de têtes. Voici leurs caractères physiognomoniques.

Premier genre. — Les sentimens ainsi que les facultés intellectuelles sont faibles, tandis que les penchans sont fortement manifestés. Les têtes de ce genre peuplent les bagnes, ou tombent sur l'échafaud. On peut apprendre à les connaître en les examinant aux poteaux de l'exposition.

Deuxième genre. — Les sentimens prédominent, les penchans et les facultés intellectuelles sont peu prononcées. Ces têtes annoncent des personnes aussi sentimentales que crédules.

Si le haut de la tête forme une grande masse qui domine le cercle qui sépare les sentimens des penchans, ces têtes sont encore plus crédules et trop vénérantes, et dans ce cas la vénération, le merveilleux et l'espérance sont très-saillans.

Lorsque l'estime de soi, l'approbation d'autrui, avec beaucoup de fermeté, se joignent à cette disposition, si les facultés intellectuelles supérieures sont faibles, les têtes sont celles de visionnaires très-enclins à la folie.

Troisième genre. — Les facultés intellectuelles réunies prédominent sur les penchans et les sentimens. Qu'on ne croie pas un rare mérite à celui qui se trouve ainsi organisé; au contraire, c'est un homme sans énergie, chez lequel le courage, la combativité, l'érotisme, sont presque nuls. S'ils sont stimulés par le besoin de travailler, d'assurer leur fortune, ils obtiennent des succès par leur intelligence; mais dès qu'ils sont tranquilles pour l'avenir, ils tombent dans l'inertie qui leur est naturelle. Au contraire, les hommes stimulés par l'ambition, la destruction ou toute autre passion forte, persévèrent dans leurs projets jusqu'à l'entier épuisement de leurs forces.

Quatrième genre. — Les facultés réceptives dominent sur les réflectives. Voilà les têtes de gens qui observent sans cesse pour le plaisir d'observer, et sans avoir d'autre but que celui d'observer. Ces têtes se voient en grand nombre dans les sociétés savantes, notamment dans celles qui s'occupent d'histoire naturelle, de mécanique. Lorsque ces hommes à grandes facultés réceptives ont le don de la parole, ils font part à leurs collègues des observations qu'ils ont faites; mais ceux-mêmes qui gardent le silence contribuent néanmoins aux progrès des sciences, ils amassent des matériaux que d'autres fécondent.

Cinquième genre. — La mimique, le merveilleux et l'imitation, facultés dites théâtrales, et parfois l'idéalité qui s'y associe, l'emportent sur les facultés réflectives, et si des organes de réceptions un peu énergiques prennent part à cette réunion, ils forment des têtes d'artistes qui exécutent parfaitement les inventions des autres en musique, en peinture, au théâtre.

La plupart des hommes doués d'un grand talent d'imitation ont une tête de ce cinquième genre.

Sixième genre. — Les facultés théâtrales et les facultés réceptives de l'article précédent, combinées à de beaux sentimens, des penchans assez prononcés et les facultés supérieures de l'intelligence pas trop dominantes; telle est l'organisation des têtes des gens de génie dans différens genres.

Le génie dans les arts résulte, comme on le voit, de la co-existence des facultés réceptives et théâtrales avec des penchans, des sentimens bien développés, et des facultés intellectuelles supérieures. Mais dans les sciences les facultés théâtrales ne doivent pas prédominer, les autres facultés indiquées suffisent, avec une activité subordonnée des penchans.

Septième genre. — Dans les têtes de ce genre tout est développé médiocrement; assez pour l'intelligence, assez pour les passions et les sentimens, mais en moyennes proportions. Les têtes de ce genre existent en majorité, on en rencontre partout. D'elles-mêmes, elles ne produisent rien de saillant, mais bien dirigées, elles marchent bien. Elles ont besoin que des têtes supérieures leur enseignent, leur inspirent et leur commandent, alors elles sont capables de tout ce que font les têtes supérieures.

Huitième genre. — Dans une tête médiocre, parfois même inférieure, un seul organe se trouve fortement développé. Si l'on provoque l'action de la faculté prédominante, l'homme médiocre devient souvent extraordinaire; ainsi, l'un se distingue par la mémoire des mots, l'autre par la peinture, celui-ci par l'exécution parfaite de la musique, celui-là par le calcul, etc.; mais hors de leur faculté particulière, chacun d'eux est d'une nullité complète.

Si l'organe prédominant dans une tête médiocre est une faculté d'intelligence supérieure, qu'on ne croie pas que l'individu sera doué d'une haute intelligence, il comprendra et raisonnera très-bien, mais seulement lorsqu'on l'y forcera; abandonné à lui-même, il ne saura pas employer sa haute raison, il ne pourra la faire servir à rien d'utile. « Il faut, d'a- » près l'observation de Spurzheim, des instincts, des pas- » sions fortes pour mettre les têtes en action. »

Neuvième et dernier genre. — Toutes les facultés sont au plus degré de développement; circonstance très-rare, perfection idéale au physique comme au moral. Où pourra-t-on trouver une tête sans défaut? L'une pèche par la précipitation, l'autre par la lenteur. Chacun a sa faiblesse. Ainsi l'on peut regarder comme introuvables les têtes du neuvième degré.

D'après l'exposé que nous venons de faire, on conçoit que le physionomiste pourra saisir d'un coup-d'œil les facultés plus ou moins développées chez un individu, et reconnaître en même temps celles qui forment plus spécialement la base de son caractère.

En rendant compte de chacun des organes sur lesquels est établi le système de Gall, nous avons eu soin d'indiquer la forme de chaque protubérance et leur effet particulier sur la conformation de la tête; ainsi nous croyons superflu de revenir sur cet objet.

———

Avant d'exposer les principes de la physiognomonie, nous croyons devoir appeler l'attention sur l'âge et les tempéramens, dont il importe que le physionomiste puisse juger l'influence sur toutes les parties de la physionomie.

DE LA VIE ET DES AGES.

La nature a partagé la vie de tous les êtres animés en trois périodes bien distinctes, et par suite tous les signes extérieurs, à l'aide desquels on peut reconnaître le caractère de l'homme, présentent trois degrés d'expression très-différens.

1º Ces signes n'ont pas encore acquis toute leur expression.

2º Ils jouissent de toute leur force d'expression.

3º Ils diminuent d'expression et en perdent chaque jour.

Chacun de ces trois degrés se présente successivement et isolément à chacune des trois périodes de la vie; il est donc indispensable que le physionomiste connaisse leurs époques et la durée de chacune, afin de pouvoir apprécier le plus ou moins de confiance qu'il doit accorder à ces signes extérieurs qui servent de base à ses observations. En conséquence nous allons jeter un coup-d'œil rapide sur les divisions de la vie.

Depuis deux mille ans et plus tous les physiologistes qui se sont occupés de la durée de la vie de l'homme, n'ont fait que se répéter en laissant toujours subsister la même incertitude sur cette durée. Moïse qui, dit-on, a vécu cent vingt ans, avait observé que la durée totale de la vie de l'homme était de soixante-dix à quatre-vingts ans. Hippocrate et ses successeurs ont propagé l'opinion de Moïse. M. Richerand admet les termes de soixante à quatre-vingts ans; M. Virey s'arrête à soixante-quinze.

Graunt, Arthur, Youny, Montesquieu, Buffon, et plusieurs autres philosophes se sont livrés à des recherches sur la probabilité de la vie humaine, mais la distinction qu'ils ont faite de ces diverses phases n'ont pas la précision nécessaire pour coïncider avec les phénomènes de la vie. Le système de M. Lhéritier de l'Ain, professeur de philosophie à l'athenée royal, est bien plus conforme aux lois de la nature et aux divisions que la marche constante des phénomènes a établies dans la vie de l'homme.

Adoptant des divisions très-arbitraires, beaucoup de médecins et de naturalistes ont, d'après Linné, partagé la vie de l'homme en quatre périodes inégales ; d'autres avec Daignan l'ont divisée en périodes septénaires. M. Lhéritier fixe la durée de la vie à quatre-vingt-un an, et établit seulement trois époques principales qui correspondent parfaitement bien avec la jeunesse, l'âge mûr et la vieillesse. En effet, tout ce qui a vie doit avoir une période d'accroissement, une période de force et une période de décroissement.

Quoique très-conforme à la nature, quoique parfaitement physiologique, ce système ne donne point encore une détermination bien précise de la durée de la vie, mais il conduit à reconnaître, disent MM. les docteurs Grimaud et Durocher, que « la période de force doit être plus étendue, non-seule- » ment que chacune des deux autres, mais encore que toutes » les deux prises ensemble, parce que les périodes de fai- » blesse, distinguées seulement par une progression ascen- » dante dans la jeunesse, et par une progression descendante » dans la vieillesse, si la faiblesse l'eût emporté sur la force, » la nature eût mal ordonné son ouvrage, la vie de l'homme » eût alors nécessairement succombé dans la faiblesse, non- » seulement chez l'individu, mais encore chez l'humanité en- » tière. Nos vieillards, incapables de pourvoir eux-mêmes à » leurs besoins, périraient dans la plus affreuse misère ; et » comme le dit très-bien M. Lhéritier, la barbare loi de Ly- » curgue qui ordonnait de tuer les enfans mal conformés, » serait alors la loi de la nature. » (Essais sur la physiologie humaine.)

Quoique la nature ait eu soin de *bien ordonner son ou-* *vrage* et de faire prédominer la période de force, nos vieillards n'en périraient pas moins dans la plus affreuse misère, si leurs enfans, oubliant un devoir sacré, négligeaient de pourvoir à leurs besoins.

D'après le système de M. Lhéritier, la durée de la vie est de quatre-vingt-un ans qu'il faut répartir entre la force et la faiblesse de la vie dans les proportions que nous venons d'indiquer, et nous dirons comme les auteurs de *l'essai sur la* *physiologie humaine* : « Ce calcul est trop curieux pour que » nous nous dispensions de le faire connaître à nos lecteurs. »

C'est à quatre-vingt-un ans que M. Lhéritier a fixé la durée de la vie. Or quel est le véritable facteur de 81 ?.... C'est 9 qui en est la racine carrée ; la durée de la vie se trouve donc divisée en neuf sections de 9 années, dont la distribution faite dans les proportions indiquées aux trois périodes d'accroissement, de force et de décroissement, doit donner la durée précise de chacune de ces périodes.

Pour faire l'application de ce calcul, prenons premièrement deux sections de 9 années chacune, nous aurons pour *la jeunesse.* . 18 années.

Secondement cinq sections qui donnent pour la *période de la force.* 45

En additionnant la durée de ces deux premières périodes, on a un total de. . . . 63 années.

Par conséquent il ne reste plus que deux sections de neuf années chacune pour la troisième période de décroissement. . . . 18 années.

Lesquelles dix-huit années réunies aux. . 63

des deux autres périodes, complètent les. . 81 années reconnues pour type de la vie humaine.

Les divisions de la vie, d'après les calculs de **M. Lhéritier,** ne sont pas seulement hypothétiques; leur vérité, leur justesse, sont confirmées par les phénomènes physiologiques qui appartiennent essentiellement à chacune des trois époques, et nous allons le démontrer.

La première période ou le premier age de 0 à 18 ans est bien incontestablement la durée très-exacte de la jeunesse, qui se divise en deux sections de neuf années chacune. La première section appartient à l'enfance, la seconde à l'adolescence.

La première section de cette période de la jeunesse, essentiellement consacrée à la nutrition, est caractérisée par l'accroissement journalier de toutes les parties; le système osseux s'affermit, les mâchoires se garnissent de dents, et à la fin de la neuvième année, le nombre de vingt-huit dents est complété par le développement de deux nouvelles molaires.

Pendant la durée de la seconde section du premier âge, c'est-à-dire de neuf à dix-huit ans, l'accroissement continue, la puberté se manifeste, le menton se couvre d'un léger duvet, et l'adolescent acquiert graduellement tout ce qui lui manque pour être homme.

Le deuxième âge, composé de cinq sections, commence avec la dix-neuvième année et finit avec la soixante-troisième. Cette période est celle de la force physique et morale ; jusqu'à quarante ans et demi, l'accroissement continue, mais à cette époque de quarante ans et demi qui est celle de la moitié de la vie, l'accroissement s'arrête et reste stationnaire pendant plus ou moins de temps, puis insensiblement la force diminue ; enfin à soixante-trois ans commence la période de décroissement et de faiblesse.

Pendant la durée des deux premières sections du deuxième âge, les forces physiques et morales s'accroissent chaque jour jusqu'à l'âge de trente-six ans, époque à laquelle leur développement est complet : c'est alors que l'homme jouit de l'entière plénitude de toutes ses facultés qui ont entre elles une harmonie parfaite.

L'anatomie, dans cette circonstance, vient à l'appui des données du calcul. « Le cerveau, selon Gall, croît jusqu'à » quarante ans, alors les changemens qui peuvent s'opérer » dans cet organe ne sont point sensibles ; mais après qua- » rante-cinq ans, à mesure qu'on avance en âge, l'ensemble » du système nerveux diminue graduellement, le cerveau » s'amaigrit, se rapetisse, et ses circonvolutions sont moins » rapprochées. »

Enfin au troisième et dernier âge, c'est-à-dire de soixante-un à quatre-vingt-un ans, l'homme s'affaiblit, d'abord très-lentement, puis progressivement avec un nouveau degré de rapidité, *selon une loi assez semblable à celle de la chute des corps, ses progrès sont d'autant plus rapides que le moment fatal approche davantage.* Les forces diminuent chaque jour, la pensée perd son énergie, les diverses fonctions sont imparfaites, le corps se courbe, la peau devient molle, flasque, ridée, et lorsqu'il a dépassé soixante-douze ans, le vieillard compte chaque année d'existence par la perte de quelque faculté physique ou morale, ou par la mort de ses parens, de ses amis ; et comme en général il oublie son âge, il fait ainsi que le forgeron centenaire de Viroflay qui voyant expirer son fils âgé de quatre-vingts ans, s'écria : *j'avais bien dit que cet enfant ne vivrait pas !*

D'après cet exposé on sent que les trois degrés d'expression des signes physiognomoniques coïncident exactement avec les trois périodes, les trois âges de la vie, et que le physionomiste doit prendre en considération la période dans laquelle se trouve l'individu dont il cherche à connaître le caractère.

DES TEMPÉRAMENS.

Ainsi que l'âge, le tempérament exerce une grande influence sur la physionomie; examinons donc ces tempéramens dont tant de gens ont parlé sans pouvoir s'accorder entre eux.

« Les descriptions qu'on donne des tempéramens (dit
» M. Richerand dans ses élémens de physiologie), portent
» sur une collection d'individus qui ont entre eux de grandes
» ressemblances; leurs caractères sont de pures abstractions
» qu'il est difficile de réaliser, parce que tous les hommes sont
» à la fois sanguins et bilieux, sanguins et lymphatiques, etc.
» Ici les physiologistes ont imité cet artiste qui réunit dans
» la statue de la déesse de la beauté mille perfections
» que lui offraient séparées les plus belles femmes de la
» Grèce. »

D'après cette explication que le tempérament est une réunion, un mélange de constitutions du corps, de complexions diverses qu'on retrouve combinées différemment chez d'autres individus doués d'un autre tempérament; cependant si l'on examine qu'un homme existant avec tout ce qui peut le conduire à la plus grande perfectibilité, quand il se trouve pourvu de ce qui doit le favoriser dans la locomotion qui lui est nécessaire pour sa nutrition et la reproduction; alors tous les sens externes ne lui servent plus que pour le mettre en rapport avec les objets qui l'environnent, ce qui le porte, en évitant la douleur, à satisfaire ses besoins pour constituer son bien-être, et ensuite l'entretenir; il faut également qu'il en tire des inductions pour apprécier l'aptitude de ses facultés intellectuelles, la mesure et l'énergie de ses forces vitales, en un mot la connaissance exquise de son tempérament deviendra la base essentielle pour servir à l'étude de son organisation physique et à celle de ses affections morales.

Ainsi, en désignant sous le nom de tempérament la différence qui existe entre les individus, d'abord sous le rappport des parties physiques du corps, d'où résulte une manière d'être en harmonie avec leur existence, ensuite la prédominence d'action dans les fluides circulatoires qui servent à en établir les différences, nous nous bornerons à en établir six pour la physiognomonie.

Cependant nous devons faire connaître que les physiologistes font consister le tempérament dans la prédominence de tel ou tel autre système d'organes, ainsi leur nombre serait indéfini et presque incalculable, car il y en aurait non-seulement autant qu'il y a d'organes prédominans, puis autant qu'il y a de combinaisons possibles, ensuite il faudrait multiplier le tout par le total des individus qui peuplent la terre, d'où il résulte que le calcul du nombre des tempéramens serait beaucoup plus étendu, beaucoup plus compliqué que celui des quatre-vingt-dix numéros de la ci-devant roue de fortune.

Alors l'immensité de ces combinaisons explique la difficulté de rencontrer dans la nature un seul exemple bien positif des tempéramens décrits; c'est pourquoi, en s'appuyant sur cette vérité, quelques auteurs ont abandonné l'expression de *tempérament* qu'ils proposent de remplacer par idiocrasie (du grec *idios* propre et *krasis*, constitution); cette nouvelle dénomination aurait, du moins selon eux, l'avantage de faire sentir aux physionomistes que tout chacun a une constitution qui lui est propre; que l'individu vient au monde avec des dispositions particulières dont le développement est favorisé ou entravé par l'éducation, les mœurs, le climat, et surtout par les habitudes plus ou moins long-temps continuées.

Mais quels que soient le nombre et les variétés du tempérament, de la constitution, des idiocrasies, il est certain que, selon son genre, elle agit si fortement sur le physique des hommes, que depuis Hippocrate jusqu'à nos jours on a toujours recommandé au médecin d'en faire le premier et même le principal objet de ses investigations lorsqu'il est appelé près d'un malade. Puisque la connaissance de l'idiocrasie ou du tempérament exerce une si grande influence sur la physionomie et sur tout le corps de l'homme, il devient donc très-important que les physionomistes connaissent ses différens effets.

Ainsi, quel que soit le nombre des tempéramens ou idiocrasies reconnus pour la physiognomonie, nous en admettrons six...., qui sont les suivans : le tempérament sanguin, le bilieux, le lymphatique, le nerveux, le mélancolique et l'athlétique, dont nous allons exposer le type caractéristique, ainsi que les inductions physiognomoniques qu'ils présentent à l'observateur ; cependant on ne doit pas oublier que chacun de ces types peut éprouver des variations, des nuances plus ou moins prononcées et trop nombreuses pour que nous puissions toutes les décrire.

Du Tempérament sanguin ou Idiocrasie sanguine.

Avec un teint frais, vermeil, de l'expression dans la physionomie, un embonpoint modéré quoique replet, une taille avantageuse, des formes agréables, les cheveux châtains, de la force et de la régularité dans le pouls, la respiration facile, de l'aptitude aux exercices qui exigent de l'agilité, une imagination vive avec une mémoire heureuse, de la facilité à s'exprimer avec l'humeur enjouée, une disposition prompte à recevoir la moindre offense, joignez la galanterie, la bravoure, l'amour de la vraie gloire, les plaisirs de la table et l'inconstance ; telles sont les affections *morales*.

C'est pourquoi tous les hommes sanguins ont généralement une physionomie mobile et animée, des yeux bleus ou châtain-clair, les cheveux plus ou moins épais, une stature assez élevée et généralement très-bien proportionnée, leurs chairs sont élastiques, plutôt fermes que dures, placées sur des membres aussi souples que flexibles, leur coloris est généralement très-agréable par suite de la transparence des veines et des artères, toutes leurs fonctions s'exécutent avec autant de facilité que de régularité ; voilà les affections *physiques*.

Le plus ordinairement doué de la bonté associée à la franchise, aussi brave qu'il est courageux, l'homme sanguin plaira par son caractère, par sa gaîté, sa douceur, sa vivacité, par toutes ses manières pleines d'aménité, avec beaucoup d'esprit, une imagination brillante quoique superficielle, avec l'allocution facile ; il devient quelquefois aussi étourdi que sensible, souvent même il s'emporte avec la plus grande vivacité lorsqu'il est contredit, mais il se calme de suite après.

Presque tous ceux qu'on appelle *gens d'esprit* sont doués d'une constitution sanguine ; mais les sciences abstraites et tout ce qui exige de la constance ou de l'opiniâtreté, de la persévérance dans le travail, ne conviennent point à l'homme sanguin ; au contraire il excellera dans tous les arts d'agrément, il aura beaucoup de goût pour la poésie, la peinture et la musique : telles sont les données *physiognomoniques.*

Du Tempérament bilieux ou Idiocrasie bilieuse.

Avec un corps grêle, agile et dispos, les cheveux noirs, la peau brune, la physionomie presque immobile, ainsi qu'expressive, les chairs fermes, toutes les formes très-faiblement prononcées, les os saillans et les vaisseaux sanguins très-développés, le pouls sautillant et dur ; tels sont les caractères du tempérament bilieux. L'exaltation dans tous les sentimens, l'aptitude à toutes les grandes entreprises qui exigent de la persévérance, l'amour passionné mais durable pour obtenir l'objet qui a su le faire naître et le cultiver, avec le goût des sciences et le désir de les approfondir, l'ambition de l'élévation dans l'âme, un caractère généreux, exigeant, facile à irriter, et susceptible des plus grands emportemens ; tels sont les traits caractéristiques d'un tempérament bilieux dont les exemples sont si fréquens.

Quoique souvent assez bien musclé, l'individu bilieux n'a presque jamais la taille très-avantageuse, parce que ses os sont gros, ses chairs et sa peau arides, desséchées, d'une couleur rouge foncée, tirant sur le brun, souvent olivâtre, tous les poils qui la couvre correspondent aux cheveux noirs et crépus. On les reconnaît le plus souvent à leur gros cou, à leur bouche plus ou moins grande, avec des lèvres desséchées, surmontées d'un nez aplati, des traits fortement prononcés, avec des yeux noirs et perçans ; si leur démarche est aisée, elle n'en est pas moins fière. Tous ceux qui sont bilieux n'ont jamais la gaîté et l'enjouement des sanguins, mais ils sont, avec leurs passions fortement prononcées, aussi constans que fermes, enclins à la colère ; leur imagination ardente leur suscite des passions aussi énergiques qu'elles sont fortes. On remarque dans les productions des poètes, des musiciens, des peintres, doués de cette constitution, des élans pathétiques appuyés par le génie plutôt que par l'esprit, car dans tout ce qu'ils entreprennent de grand, ils sont tellement tenaces qu'il leur est impossible de changer d'objet, surtout si dans l'exécution il entrevoient quelque chose qui puisse les faire rivaliser avec les autres.

Du Tempérament lymphatique ou Idiocrasie lymphatique.

Tous les signes extérieurs du tempérament lymphatique consistent principalement dans un embonpoint prononcé, des formes arrondies, une peau blanche et délicate, de la mollesse jusqu'à la flaccidité dans les chairs, le pouls faible, lent, la chevelure blonde, une physionomie extrêmement douce, mais peu animée. Toutes les fonctions vitales s'exercent plus ou moins lentement chez les individus de ce tempérament : si leur caractère est flexible, leur mémoire est plus sûre, enclins à l'oisiveté, parce qu'ils se fatiguent très-facilement; on les rencontre presque sans aptitude pour tout ce qui exige de la vivacité ou de la contention d'esprit, ils ont peu d'ambition, et très-rarement ils courent à la célébrité, à moins de circonstances particulières.

Quoique le plus souvent les lymphatiques soient d'une taille assez avantageuse, il n'en ont pas moins, pour les distinguer et les faire reconnaître parmi les autres, des chairs mollasses, leurs fibres musculaires lâches et arrondis, la peau d'un blanc mat, quoique unie et assez belle, toujours garnie de poils blonds assez fins et pareils à leurs cheveux, l'ensemble du visage plus rond qu'ovale, pâle et quelquefois bouffi, les yeux d'un gris bleu, assez grands, presque éteints, le regard languissant, la bouche souvent entr'ouverte, avec les lèvres épaisses, décolorées, posées sur un double menton qui avec le temps devient d'une mollesse et d'une flaccidité remarquables.

Les femmes de cette constitution auraient la gorge belle, si elle ne dépassait pas le volume ordinaire; devenue molle elle s'affaisse, même chez les vierges quand elles seraient

au printemps de leur âge; alors cependant on en voit d'une
carnation séduisante par la fraîcheur et le charme des contours dans tout leur ensemble, mais tout cela se défigure
bien vite par le surcroît d'embonpoint et bien plus tôt avant
qu'elles n'aient à craindre du temps *l'irréparable outrage*,
car des rides précoces sillonnent leur visage qui pourtant
conserve encore quelque apparence de la première jeunesse.

Les individus lymphatiques supportent très-difficilement
des travaux pénibles, à moins qu'ils n'y soient habitués par
degrés; leur pouls est lent, leur respiration gênée, toutes
leurs fonctions languissent et s'exécutent imparfaitement,
même dans les plaisirs de l'amour qui ont peu d'attraits pour
eux; par suite de cette espèce d'atonie langoureuse, leur esprit est faible, leur mémoire difficile; par compensation, les
lymphatiques ont le jugement droit, le caractère doux, les
manières simples; leur peu d'énergie les empêche de se li-
ver aux sciences abstraites, et même aux arts qui exigent
du goût; il se bornent à suivre machinalement les traces de
leur prédécesseurs dont ils restent les serviles imitateurs.

La démarche des individus nés avec cette constitution est
lourde, aussi lente que pénible; toute promenade, même à pas
comptés, les suffoque de même que s'ils avaient couru; ils
paraissent sourire avec satisfaction à toutes les personnes
qu'ils rencontrent; mais d'ôter seulement le chapeau à qui
les salue, leur devient une fatigue, au point de s'en dispenser
autant qu'il leur est possible; leur nonchalante insouciance
suffit pour les rendre impolis ou les faire paraître indifférens.

Du Tempérament nerveux ou Idiocrasie nerveuse.

Assez ordinairement ce tempérament, ou l'idiocrasie nerveuse, ne se dessine pas d'une manière bien prononcée par
aucun trait extérieur. Quoiqu'on soit convenu d'admettre
comme positive cette espèce particulière de constitution,
l'état moral et les affections qui appartiennent au système
nerveux caractérisé, peuvent aussi se trouver très-remarquables dans un grand nombre d'individus de tempérament
différent.

Comme l'exaltation du système nerveux donne lieu à une

très-grande susceptibilité, elle dispose par conséquent à ressentir très-vivement les impressions reçues, soit que celles-ci agissent sur les sens ou sur les organes extérieurs; cette action, plus ou moins vive, peut aussi se combiner avec les autres tempéramens, et dans le lymphatique elle devient même beaucoup plus prononcée que dans tous les autres.

Quoi qu'il en soit, c'est par une grande activité et par le peu de constance dans les affections morales que l'on distinguera les individus d'un tempérament nerveux. « Une » grande activité dans les sensations, une promptitude extrême » dans les jugemens, des déterminations précipitées, mais » peu constantes; une imagination vive, mais très-mobile; » des volontés absolues, mais très-changeantes, servent à le » caractériser (*Hallé*). » Si à cette esquisse on reconnaît la plus grande partie des femmes, on peut ajouter qu'elles ne ressemblent pas à toutes celles de la campagne, à celles qui mènent une vie laborieuse, mais qu'on ne les rencontre que dans les grandes villes, lorsqu'elles vivent au sein de la mollesse, au milieu de toutes les voluptés; alors la plus petite contrariété suffit pour leur donner des *attaques de nerfs.*

On pourrait cependant caractériser le tempérament nerveux dans tous les individus par un corps maigre, de grande ou moyenne stature, une peau transparente et délicate, très-peu de cheveux fins, de couleur brune, un visage ovale, allongé, plus pâle qu'il n'est coloré; des traits aussi mobiles qu'ils son délicats; des yeux grands, langoureux à vingt ans, sombres à quarante; des joues sèches, aplaties, creuses, avec la corpulence grêle, les jambes et les cuisses menues; les bras et les doigts sont effilés, les ongles allongés et blanchâtres.

Les femmes de cette idiocrasie ont ordinairement la peau très-belle, mais elles sont généralement assez indolentes dans tout ce qu'elles font; elles ont en marchant de la nonchalance dans leurs mouvemens. L'homme nerveux, au contraire, marche avec vivacité, tous ses pas sont accélérés, il va et vient par saccades, d'une manière peu énergique et inconstante, son imagination est vive, très-souvent exaltée, pittoresque comme celle des orientaux; son caractère est variable, inconstant, parce qu'il est d'une très-grande susceptibilité, et sort très-facilement de sa manière de se conduire la plus habituelle; en général, l'homme nerveux est sombre, difficile, rêveur, inquiet, méfiant, craintif, timide, chagrin et exigeant; il aime avec passion, il devient vindicatif, poussé par la haine avec fureur, il est amant jaloux, pour être mari tracassier.

Du Tempérament mélancolique ou Idiocrasie mélancolique.

Comme l'état mélancolique est ordinairement une modification du tempérament bilieux dont nous avons déjà parlé, alors, soit qu'il dépende d'une prédisposition particulière, ou qu'il résulte d'une maladie de quelques-uns des viscères du bas-ventre, soit qu'il provienne d'un dérangement du système nerveux, cet état n'en constitue pas moins une manière d'exister permanente; c'est pourquoi on le considère comme un tempérament que l'on reconnaît à la physionomie ordinairement sombre et pensive, au regard toujours oblique et inquiet. Le mélancolique a peu d'embonpoint, mais rien n'est plus remarquable que le mode véritable et habituel de toutes ses affections morales; entraîné complètement vers le but de son inclination, il lui devient extrêmement difficile d'en être détourné, il semble même n'être constitué que pour n'embrasser qu'un très-petit nombre d'objets, afin d'y rester attaché exclusivement; d'un caractère essentiellement ombrageux, sa haine devient d'autant plus tenace, qu'elle est facile à provoquer, et qu'il n'y a que le désir seul de la vengeance qui puisse fixer ses idées, en la prolongeant jusqu'à la pleine et entière exécution de ses projets : mais lorsqu'il se passionne pour l'étude des sciences abstraites, ou la culture des beaux arts, il parvient souvent à les approfondir ou à les étendre en les perfectionnant. Le mélancolique est semblable au feu qui couve sous la cendre, toujours taciturne, silencieux, peu communicatif, il ne sort ordinairement de cet état habituel que par des actes d'une véritable et très-grande énergie; tantôt poussé par le génie du mal, tantôt guidé par les élans les plus généreux, il se laisse constamment entraîner à l'un comme aux autres par un penchant presque irrésistible. Les mélancoliques sont d'autant plus portés et plus sensibles aux épanchemens de l'amitié, qu'ils savent très-peu les faire naître; aussi l'on doit compter sur l'empire que réussit à prendre sur eux un ami capable de les fixer, et de captiver leur confiance ou leur attachement; c'est même un très-grand bonheur pour eux.

Du Tempérament athlétique ou Idiocrasie athlétique.

On désigne sous le nom de tempérament athlétique, ou musculaire, toute constitution bien caractérisée par une forte stature, qui résulte plutôt du développement des muscles que de tout ce qui les environne; dans cette complexion, l'individu est doué d'une grande énergie, il a la force en partage, il peut supporter les plus rudes travaux, lorsqu'il est parvenu au dernier degré de développement; mais toutes ses facultés intellectuelles sont presque nulles, les affections de l'âme disparaissent, toute leur activité nerveuse est chez eux en raison inverse de la masse musculaire. Les soi-disant alcides du nord, tous les forts de la Halle, les crocheteurs, les porte-faix, surtout ceux qui exercent leur métier sur les ports de mer, sont doués d'une force étonnante dans presque tous les muscles, qu'ils transmettent assez souvent à leurs enfans; mais d'autres fois elle est le résultat de l'habitude contractée dès l'adolescence, au moyen de l'augmentation journalière, ainsi que l'histoire le rapporte de Milon de Crotone, lequel avec l'habitude était parvenu à porter un bœuf.

Quelle que soit l'origine de la force, il est évident que ceux qui la possèdent forment une classe distincte des autres, car ils jouissent ordinairement d'une constitution beaucoup plus vigoureuse que la généralité des hommes; il est donc exact de dire qu'ils sont athlétiques, et l'on en rencontre un beau modèle dans l'hercule Farnèse, dans l'hercule Atlas portant le globe; si l'on considère ces deux figures avec attention, on y retrouvera tous les signes caractéristiques du tempérament athlétique. Un grand nombre de boxeurs anglais pourraient être compris dans le nombre de ceux qui sont du tempérament athlétique; cependant, malgré leurs poses académiques pour se battre à coups de poings, nous ne les croyons pas aussi vigoureux que les porte-faix des ports maritimes; mais nous supposons que parmi ces modernes athlètes il peut s'en trouver bien peu qui soient capables de porter, comme les forts de la Halle, des sacs de farine pesant trois cent vingt-cinq livres.

Les individus dont les corps sont si fortement constitués, particulièrement ceux dont les membres se rapprochent le plus de l'hercule, ont en général les facultés intellectuelles très-peu développées; tout ce qu'ils ont de mérite se trouve enfermé dans leur physique, et leur existence morale est extrêmement bornée; leur grand développement musculaire paraît s'être fait aux dépens de leurs facultés sensoriales, on voit qu'il a absorbé toute la portion de vie que la nature destinait à tous les organes de l'intelligence et de la pensée.

Porta, médecin napolitain, que nous aurons bientôt occasion de faire connaître plus amplement, après avoir parlé des tempéramens, termine par un traité sur la manière de donner de la bravoure à un poltron, de rendre juste l'homme injuste, le luxurieux très-chaste, l'ivrogne très-sobre, les gens délicats robustes, le babillard silencieux; de guérir de l'amour, de l'avarice, de l'envie, en un mot de changer les caractères; et comme celui-ci, ainsi qu'il le fait observer, est principalement déterminé par le tempérament, il propose aussi de le changer lui-même, parce qu'il est la cause première des défauts, des vices et des passions qu'on.veut détruire ou changer, c'est donc lui qu'il faut attaquer; en conséquence, il veut que selon le genre de tempérament on emploie des moyens de le changer, ou tout au moins ceux qui peuvent le modifier, tels que les alimens, les boissons, les exercices du corps et de l'esprit. Ensuite il ajoute qu'on doit faire prendre à ce malade moral, des habitudes entièrement opposées à celles qu'il a contractées; enfin, s'il est sanguin ou bilieux, il conseille de l'affaiblir; s'il est au contraire lymphatique, de le fortifier et de le distraire; nerveux, on lui donnera des alimens faciles à digérer et susceptibles de lui augmenter son embonpoint, puis en même temps y joindre tout ce qui peut le calmer au physique comme au moral, en un mot d'avoir recours à tout ce qui peut apaiser son excessive irritabilité.

Tel est le résumé des idées que Porta développe d'une manière spéciale, assez étendue, en examinant les caractères. Nous ne croyons pas que cette façon d'agir puisse être employée à toutes les époques de la vie, mais elle mériterait quelque attention, il serait peut-être possible de la faire entrer avec beaucoup d'avantage dans un plan suivi d'éducation.

Mais comme dans la physiognomonie, le moyen d'être bien compris, c'est de parler aux yeux, voilà pourquoi, dans la figure 1re de la planche 2, nous offrons à nos lecteurs la facilité de saisir d'un seul coup-d'œil le contraste qui existe dans les quatre individus doués chacun d'un tempérament différent, au moment où ils examinent un tableau représentant l'infortuné Calas, à l'instant où il va être extrait de prison pour le conduire au supplice.

La physionomie, la pose, l'attitude, les gestes de ces quatre personnages démontrent assez clairement qu'ils sont lymphatiques, sanguins, bilieux et nerveux.

PHYSIOGNOMONIE

DE

CUREAU DE LA CHAMBRE,

Premier médecin de Louis XIII.

Nous donnons à cet article le nom de physiognomonie de Cureau de la Chambre, parce que nous nous bornons à donner les diverses significations qu'il attache à la forme de chaque partie du corps.

« Celui-là, certainement, n'avait pas raison qui se plaignait autrefois de ce que la nature n'avait pas mis une fenestre au-devant du cœur pour voir les pensées et les desseins des hommes, non-seulement parce que ce sont des choses qui ne tombent pas sous les sens, et que quand les yeux verroient tout le fond et tous les replis du cœur, ils n'y pourroient rien remarquer qui leur en donnât la moindre connaissance; mais encore parce que la nature a pourvu à cette découverte, et a trouvé des moyens plus certains pour la faire, que n'eût été cette estrange ouverture que Momus s'était imaginée.

Car elle n'a pas seulement donné à l'homme la voix et la langue pour estre interprètes de ses pensées, mais dans la défiance qu'elle a eue qu'il en pouvoit abuser, elle a fait encore parler son front et ses yeux pour les démentir quand elles ne seraient pas fidelles. En un mot, elle a répandu toute son âme au dehors, et il n'est point besoin de fenestre pour voir ses mouvemens, ses inclinations et ses habitudes, puisqu'elles paraissent sur le visage et qu'elles y sont écrites en caractères si visibles et si manifestes.

Le secret de la sagesse consiste à savoir ce que l'on est, ce que l'on peut et ce que l'on doit faire ; et celuy de la prudence, à connoistre aussi ce que sont les autres, ce qu'ils peuvent et ce qu'ils désirent. Y a-t-il aucune connaissance qui doive être plus agréable et plus utile que celles-là, et celuy qui les aurait acquises ne se pourrait-il pas vanter de jouir des plus grands avantages qui se puissent trouver dans la vie? Cependant l'art de connoistre les hommes enseigne toutes ces choses, car quoiqu'il semble n'avoir d'autre but que de découvrir les inclinations, les mouvemens de l'âme, les vertus et les vices qui sont en autruy : si est-ce qu'il apprend en même temps à chacun à les reconnoistre en soy-mesme et à en faire des jugemens plus justes et plus sincères que s'il les considéroit d'abord en sa personne.

Mais comme cet art est obligé d'examiner à fond les choses qui regardent les mœurs, il est impossible qu'en cherchant leurs causes et la manière dont elles se forment, il ne fasse entrer dans son dessein la plus belle et la plus curieuse partie de la physique, et qu'en parlant de la conformation des parties, des tempéramens, des esprits et des humeurs, des inclinations, des passions et des habitudes, il ne découvre ce qu'il y a de plus caché dans le corps et dans l'âme.

La Chambre attribue une très-grande influence aux tempéramens. Celui de l'homme, dit-il, est chaud et sec, celui de la femme, froid et humide.

Le tempérament de l'homme est *chaud*, il faut de nécessité qu'il soit fort et qu'ensuite il soit naturellement hardi, glorieux, magnanime, franc, libéral, clément, juste, reconnaissant. — Parce qu'il est *sec*, il faut qu'il soit ferme, constant, patient, modeste, fidelle, judicieux.

Comparant l'homme à la femme, il établit en principe
qu'il a :

La taille plus haute et plus libre que la femme;
La tête plus grosse;
Les cheveux un peu plus fermes et annelez aux extrémitez;
Le front moins rond et moins uny et presque quarré;
Les sourcils plus gros et plus forts;
Les yeux plus vifs;
Le nez descendant du front en droite ligne et un peu
    plus gros à l'extrémité;
Les narines un peu plus ouvertes;
La bouche plus grande;
Les lèvres plus minces;
La voix plus forte;
Le menton moins rond;
Le visage approchant de la forme quarrée;
Le col plus gros;
Les espaules et la poitrine plus larges et plus fortes;
Les fesses et les cuisses moins charnues;
Toutes les jointures plus libres;
Les extrémitez plus grandes et plus fortes;
Les chairs plus dures et plus musculeuses;
La mine et le maintien plus noble;
Le marcher plus vigoureux.

Voici en quoi consiste la perfection naturelle de l'homme.

La largeur de la poitrine et des épaules, la liberté et la
force des jointures, l'ouverture des narines, et la grandeur
de la bouche, sont des marques de hardiesse.

Le col gros, les chairs dures et musculeuses, les extrémitez grandes, sont des signes de force, tant au corps qu'à
l'âme.

Le front quarré, le nez un peu gros, les lèvres subtiles,
le menton un peu large, marquent la magnanimité et la
grandeur du courage.

La taille haute et droite, les sourcils élevés, le marcher
noble, les yeux vifs, désignent la gloire.

Le front et le visage quarré et la tête grosse sont des
marques de sagesse, de constance et de justice.

Quoique français et vivant au seizième siècle, de la Chambre ne possède point la galanterie de son temps, et voici

comment il s'exprime en parlant de la plus aimable moitié du genre humain.

« Il faut maintenant examiner la conformation de la femme. Mais que cette entreprise est difficile! qu'elle est périlleuse! puisqu'elle ne se peut exécuter qu'on ne choque la plus grande et la plus formidable puissance qui soit dans le monde, car enfin il faut dethrosner cette beauté qui commande aux rois et aux monarques, qui se fait obéir par les philosophes, et qui a causé les plus grands changemens qui se soient faits sur la terre. Il faut de ce haut point de gloire où elle s'est placée, l'abaisser dans l'ordre des choses vicieuses, et montrer que tous ces attraits et cette grâce charmante dont elle est parée, ne sont autre chose qu'un masque trompeur qui cache un nombre infini de défauts. Oui, sans doute, s'il y a quelque certitude dans le raisonnement humain, si les principes que la nature a versés dans nostre âme pour la connaissance de la vérité, ont quelque chose de solide, il faut de nécessité qu'il n'y ait pas une de toute les parties qui sont nécessaires pour former la beauté de la femme, qui ne soit le masque d'une inclination à quelque vice.

Pourquoy faut-il que nous découvrions des choses que la nature a eu tant de soin de cacher? Pourquoy allons-nous condamner celles qui sont approuvées et respectées de tout le monde?.... Certainement nous pouvons dire que nous nous trouvons au mesme estat qu'un juge qui est contraint de faire le procès à son amy, par l'obligation qu'il a à la justice. Qui est-ce qui n'aymerait pas la beauté? Mais qui est-ce aussi qui pourrait résister à la vérité qui est plus forte qu'elle? C'est donc la vérité qui nous force à condamner cette beauté et à donner un jugement contre elle qui, tout sévère qu'il soit, est néantmoins juste et nécessaire. Car si l'on peut faire comprendre que ce n'est qu'une belle apparence qui cache une infinité de défauts, et que bien loin d'être la fleur de la bonté, comme on l'a flattée autrefois, on peut dire que c'est l'écorce qui couvre les vices de la nature; il est impossible que cela n'abaisse l'orgueil dont elle est accompagnée, et qu'il ne relève le courage de ceux qui l'adorent avec tant de bassesse.

. . . .

Nous pouvons dire, sur le principe que nous avons estably,

que la femme est *froide* et *humide* pour la fin que la nature s'est proposée, et que parce qu'elle est *froide*, il faut qu'elle soit foible et ensuite timide, pusillanime, soupçonneuse, défiante, rusée, dissimulée, flatteuse, menteuse, aisée a s'offenser, vindicative, cruelle en ses vengeances, injuste, avare, ingrate, superstitieuse; et parce qu'elle est *humide*, il faut enfin qu'elle soit mobile, légère, infidelle, impatiente, facile à persuader, pitoyable, babillarde.

Voyons maintenant quelle est la constitution des parties qui suit le tempérament de la femme, et où consiste la beauté qui lui est propre et naturelle.

Premièrement la taille en est plus basse et plus grêle que celle de l'homme ;

La teste plus petite et plus ronde, et tout le visage est de la mesme figure. Elle a beaucoup de cheveux qui sont longs, déliés, et mollets au toucher;

Le front en est égal, uny, plus long et plus arrondy vers les tempes ;

Les sourcils sont déliés, mollets, éloignés l'un de l'autre, et qui se courbent doucement à l'entour des yeux ;

Les yeux sont grands, noirs, doux et modestes ;

Le nez médiocre, qui descend tout d'un trait sur les lèvres, et qui s'arondit doucement à l'extrémité ;

Les narines petites et peu ouvertes;

Les joues rondes;

La bouche petite ;

Les lèvres rouges, un peu grossettes, qui ne se pressent point, et qui sont immobiles, si ce n'est lorsqu'on parle ou qu'on rit ;

Les dents sont petites, blanches, bien arrangées;

Le menton doit être rond, poly, et où le moindre poil ne paraisse pas ;

Les oreilles petites, molles et bien compassées;

Le col rond, longuet, gresle, uny et égal partout;

La gorge charnue, le sein ferme, rond et médiocre en grandeur;

Les épaules petites et serrées;

Le dos estroit et foible;

Les cuisses rondes et charnues ;

Les genoux ronds, où il ne paraisse aucun signe de jointure ;

Les pieds petits, arrondis et charnus ;
Les bras courts et justement arrondis ;
Les mains longues, petites et charnues ;
Les doigts longs, déliés et ronds ;

Toute la peau molle, douillette, et d'une blancheur exquise, si ce n'est au lieu où l'incarnat se mesle avec elle, comme aux joues, au menton et aux oreilles ;

Enfin la faiblesse paroist dans sa voix et dans tous ses mouvements ; la pudeur et la retenue dans sa mine, dans son geste et dans son maintien.

Il ne nous reste plus qu'à montrer que de tous les traits qui composent la beauté de la femme, il n'y en a pas un qui ne marque une inclination vicieuse....

. . . .

Mais, pour l'éclaircissement d'une proposition si estrange, il faut venir davantage aux détails des choses, et montrer par les règles de la physionomie, qu'Aristote et les autres grands personnages de l'antiquité nous ont laissées, qu'il n'y a point de vérité si bien établie que celle-là.

En effet Aristote nous apprend que le visage qui est petit est une marque de pusillanimité.

Le visage rond est un signe de malice et de colère.

Le front
{
petit est une marque d'une humeur légère et incorrigible ;
rond un signe de colère et de faiblesse d'esprit ;
long et *uny* annonce la flatterie.
}

Les yeux
{
noirs marquent la timidité ;
grands indiquent l'inconstance.
}

Les *lèvres* grosses et molles annoncent le babil, la curiosité pour les affaires d'autrui et la négligence pour les siennes propres ; quelques-uns mesmes prétendent que c'est un signe d'avarice et de mensonge, deux vices fort ordinaires parmi les nègres.

La *bouche* petite est un signe de foiblesse et de mensonge.

Le *menton* rond dénote l'envie.

Le *col* long et gresle décèle un naturel timide et babillard.

La *gorge* unie et charnue prouve la crédulité et la foiblesse de jugement.

Les *épaules* petites et serrées indiquent l'avarice.

Les cuisses, les pieds et les mains charnues et petites, le dos étroit et foible, sont les marques d'un naturel mol, efféminé, délicat et voluptueux.

Il serait superflu de suivre l'auteur dans l'explication des diverses passions, explication qu'il fait au moyen des esprits et de certains appétits, tels que le sensitif, le naturel, l'irascible et le concupiscible. Il y a deux cents ans, ces esprits et ces appétits étaient sans doute très-bien imaginés ; mais aujourd'hui on ne croit plus à ces esprits-là ni à d'autres encore ; ainsi nous n'en parlerons pas.

Aristote indique neuf *signes* propres à faire connaître le caractère des humains.

1° Le mouvement du corps, comme le marcher, le geste, le maintien ;

2° La beauté et la laideur ;

3° La couleur ;

4° L'air du visage ;

5° La qualité du cuir ;

6° La voix ;

7° La charnure ;

8° La figure
           et   } des parties.
9° La grandeur

Les qualités naturelles de l'esprit nécessaires pour mettre en pratique l'art de connoistre les hommes, sont, dit La Chambre, la force de l'imagination et la bonté du jugement ; car bien que la mémoire y soit requise, à cause qu'il faut se souvenir de beaucoup de préceptes, d'un grand nombre de signes, et de la connexion de beaucoup de choses dont cette science est pleine, il est assuré que le plus grand effort se fait du côté de l'imagination et du jugement ; car il faut en un moment se former diverses images, remarquer beaucoup de signes semblables et dissemblables, et ensuite faire la comparaison des uns et des autres, pour savoir ceux qui sont les plus forts et les plus faibles. Ou il est certain que l'esprit et le jugement travaillent beaucoup plus que la mémoire, qui a sa provision faite de longue-main, au lieu que ceux-cy travaillent sur-le-champ, et n'ont point de temps pour se préparer.

Mais à ces qualités naturelles il faut adjouster deux choses, la méthode et l'exercice; car celui-cy apporte une facilité à bien juger, qui ne se peut acquérir par d'autres moyens, et donne une certaine hardiesse qui sert comme d'enthousiasme et de fureur divine en ces sciences.

Pour la méthode, elle consiste en certaines règles générales qu'il faut observer pour faire un jugement assuré. Voici celles qui sont les plus considérables.

La première est qu'il faut soigneusement examiner les signes qui viennent des causes extérieures, qui sont passagers et qui sont communs, et ne faire aucun jugement par eux.

La deuxième. Un seul signe ne suffit pas pour faire un jugement des inclinations et des habitudes, mais il en faut avoir plusieurs.

La troisième. Quand il y a des signes contraires, il faut remarquer ceux qui sont les plus forts, et ranger son jugement de leur costé.

La quatrième. Devant toutes choses, il faut considérer quel est le tempérament de celuy dont on veut connoistre l'humeur, et s'en servir comme de la règle qui doit mesurer tous les autres signes : car estant l'instrument présent et inséparable de l'âme, il fortifie ou affoiblit les autres signes, selon qu'il leur est conforme ou opposé.

La cinquième. Il faut encore examiner soigneusement la force ou la foiblesse de l'esprit, car l'une et l'autre font un grand effet sur les passions et sur les habitudes, puisque la pluspart des passions s'eslèvent dans l'âme faute d'en bien connoistre les causes. Tel croit qu'on luy fait injure, que l'on ne l'offense point, et tel est saisi d'appréhension, qui n'a point subjet de craindre. De sorte qu'en ces rencontres la foiblesse d'esprit est la cause de ces émotions, tout de mesme que la force du jugement les estouffe.

La sixième est que l'estude pouvant corriger les inclinations vicieuses, et la mauvaise nourriture pouvant altérer les bonnes, il faut adjouster, autant que l'on peut, aux marques naturelles, les morales, et tascher de découvrir par la parole et les actions, si celuy dont on veut connoistre l'humeur suit ses inclinations, ou s'il les a corrigées.

Nous terminons par ces préceptes qui, malgré leur ancienneté, sont encore bons à suivre lorsqu'on veut se livrer à l'étude de la physiognomonie.

CARACTÈRE DES PASSIONS.

Charles Lebrun, premier peintre de Louis XIV, et directeur de l'académie de peinture et de sculpture, a laissé, sur la physionomie et le caractère des passions, deux écrits aussi utiles aux physionomistes qu'aux peintres ; en conséquence nous nous faisons un devoir de présenter dans ce Manuel le résumé des idées de ce savant peintre.

« Le sourcil, dit Lebrun, est la partie de tout le visage
» où les passions se font mieux connaître, quoique plusieurs
» aient pensé que ce soit dans les yeux. Il est vrai que la pru-
» nelle par son feu et son mouvement fait bien connaître l'a-
» gitation de l'âme, mais elle ne fait pas connaître de quelle
» nature est cette agitation. La bouche et le nez ont beaucoup
» de part à l'expression, mais pour l'ordinaire ces parties ne
» servent qu'à suivre les mouvemens du cœur. »

Les sourcils, selon ce peintre observateur, ont deux mouvemens qui expriment tous les mouvemens des passions, ils s'élèvent ou s'abaissent, tantôt d'une manière, tantôt d'une autre.

L'élévation, en général, exprime les passions farouches et cruelles. Mais il y a deux sortes d'élévation.

Si le sourcil s'élève par son milieu, il indique des mouvemens agréables, et alors la bouche s'élève par les côtés, tandis qu'elle s'élève par le milieu quand on éprouve de la tristesse.

Lorsque le sourcil s'abaisse par le milieu, il y a douleur corporelle, et dans ce cas la bouche s'abaisse par les côtés.

La bouche de l'homme qui se plaint s'abaisse par les côtés. S'il est content les coins s'élèvent.

S'il éprouve de l'aversion, la bouche se porte en avant et s'élève par le milieu.

Les Pleurs déterminent des mouvemens composés et contraires, le sourcil s'abaisse du côté du nez et des yeux, tandis que la bouche s'élève de ce côté-là. Ci-après nous indiquerons tout leur effet sur la figure.

L'Admiration est la plus tempérée de toutes les passions, de tous les sentimens; elle produit une suspension de tout mouvement, aussi le visage subit peu de changement. Le sourcil seul s'élève, mais également et en totalité; l'œil est un peu plus ouvert qu'habituellement; la prunelle est fixe entre les deux paupières et le regard immobile sur l'objet qui cause l'admiration, enfin la bouche est entr'ouverte, mais sans effort, sans gêne.

L'Estime se manifeste par l'attention portée sur l'objet qui l'inspire. Les sourcils paraissent avancés sur les yeux et pressés du côté du nez, l'autre partie est un peu élevée, l'œil fort ouvert et la prunelle élevée, les veines et muscles du front semblent un peu enflés, ainsi que les veines autour des yeux. Les narines tirent en bas, les joues sont médiocrement enfoncées, la bouche un peu entr'ouverte, les coins retirés en arrière et penchant en bas.

Le corps est un peu courbé, les épaules tant soit peu élevées, les bras sont ployés et joignant le corps; les mains ouvertes se rapprochent l'une contre contre l'autre; les genoux sont ployés.

La Vénération. — Provient-elle de l'estime? le visage est incliné, les sourcils sont baissés en la même situation que nous venons d'indiquer, mais les prunelles paraissent plus élevées sous le sourcil, la bouche est entr'ouverte et les coins retirés, mais un peu plus tirés en bas que dans l'estime.

Le Mépris s'exprime par le sourcil froncé et abaissé du côté du nez, et de l'autre côté fort élevé; l'œil très-ouvert et la prunelle au milieu; les narines sont retirées en haut et la bouche fermée: enfin la lèvre inférieure excède celle de dessus.

Le corps est retiré en arrière, les bras se portent en avant pour repousser l'objet qu'on méprise ou qui inspire de l'horreur.

L'Horreur produit, comme le mépris, un froncement du sourcil, mais beaucoup plus fort : la prunelle, au lieu d'être située au milieu de l'œil, est placée au bas, et semble rentrer sous la paupière inférieure; la bouche est entr'ouverte, mais plus rapprochée par son milieu que par ses coins, qui sont fortement retirés en arrière. Ce mouvement forme des plis aux joues. Pour l'ordinaire la couleur du visage est pâle et les lèvres ainsi que les yeux un peu livides.

La Frayeur élève fortement les sourcils par le milieu, en même temps ils se rapprochent vers la racine du nez, en s'abaissant sur les yeux; les narines se retirent en haut; les yeux sont très-ouverts, la paupière supérieure se cache sous le sourcil, et la prunelle qui paraît égarée se porte au bas de l'œil.

L'Amour vertueux est une passion fort douce, son expression l'est aussi. Le front est uni, les sourcils se relèvent du côté où est la prunelle qui se porte vers l'objet aimé. Les yeux sont médiocrement ouverts; le blanc de l'œil est vif, la prunelle étincelante. La couleur du visage est plus vive, plus vermeille, particulièrement aux joues et aux lèvres. La bouche est légèrement entr'ouverte et les coins un peu élevés : les lèvres paraissent humides.

Le Désir presse les sourcils et les avance sur les yeux qui sont plus ouverts qu'à l'ordinaire, la prunelle est au milieu et pleine de feu. La bouche est ouverte comme pour parler, les coins sont retirés en arrière, et parfois on entrevoit la langue sur le bord des lèvres. Enfin la respiration est agitée.

La Crainte s'exprime par le sourcil un peu élevé du côté du nez, la prunelle est étincelante, inquiète, et située au milieu de l'œil; la bouche ouverte se retire en arrière et ses côtés sont plus ouverts que son milieu, et la lèvre supérieure dépasse celle du bas.

La Jalousie fait incliner la tête et ride le front; le sourcil est abattu et froncé, l'œil étincelant, la prunelle cachée sous les sourcils, le regard oblique; les narines pâles, ouvertes et très-marquées, elles sont retirées en arrière, ce qui fait paraître des plis aux joues; la bouche fermée annonce, le resserrement des dents; la lèvre de dessus excède celle de dessous; les coins de la bouche sont retirés en arrière et très-abaissés; les muscles des mâchoires paraissent enfoncés.

La Tristesse donne au visage et à toute l'habitude du corps une teinte de langueur; les sourcils sont plus élevés vers le milieu du front que du côté des tempes; les paupières abattues et un peu enflées, les prunelles troubles, le regard languissant, les narines tombantes, la bouche entr'ouverte, les coins abaissés, les lèvres pâles et la tête nonchalamment penchée vers une épaule.

La Douleur corporelle relève fortement les sourcils en les rapprochant l'un de l'autre; la prunelle se cache sous le sourcil, les narines s'élèvent aussi et marquent un pli aux joues : la bouche est très-ouverte, fortement retirée en arrière, et présente dans ses coins une espèce de forme carrée.

Le Rire élève aussi les sourcils, mais vers le milieu de l'œil, et les abaisse du côté du nez; les yeux sont presque fermés, la bouche entr'ouverte laisse apercevoir les dents; ses coins retirés en arrière, en se relevant, font un pli aux joues qui paraissent enflées; les narines sont ouvertes, et les yeux semblent mouillés.

Les Pleurs rident tout le visage, le sourcil est abaissé vers le milieu du front; les yeux presque fermés sont mouillés et abaissés, les narines enflées. La bouche est à demi-ouverte, et ses coins très-abaissés font des plis aux joues; la lèvre inférieure paraît renversée et presse la lèvre supérieure.

La Colère enflamme les yeux, la prunelle est égarée et étincelante, les sourcils sont tantôt abattus, tantôt élevés l'un comme l'autre; le front est fortement ridé, des plis se forment entre les yeux. Les narines sont ouvertes et élargies; les lèvres se pressent l'une contre l'autre, et celle de dessous surmonte celle de dessus : les coins de la bouche, un peu ouverts, produisent l'effet d'un rire cruel et dédaigneux.

Lebrun regardait les têtes d'Antonin et de Néron comme les modèles les plus parfaits de la vertu et du vice.

On remarque dans le buste d'Antonin un ovale de proportion agréable, une division symétrique semblable à celle que les artistes grecs ont donnée à Jupiter, des yeux séparés par

une distance convenable et placés sur une ligne horizontale,
des paupières pleines et couronnées de sourcils épais, un
front large et élevé, un nez droit et légèrement aquilin.
L'artiste, et le physionomiste qui veulent étudier la figure
d'un homme éminemment vertueux ne peuvent pas faire mieux
que de choisir le portrait de ce sage empereur qui bannit de
Rome tous les délateurs.

La tête de Néron qui empoisonna sa mère et fit incendier
Rome, offre un sujet d'étude du crime et de tous les vices.
Lebrun trouve trop de largeur dans le bas de l'ovale de cette
tête; les yeux enfoncés dans l'orbite et privés de paupières
laissent éclater le feu de la lubricité, ils paraissent distiller
les poisons de l'envie et expriment la crainte; les angles des
sourcils sont surbaissés, et se réunissent vers le nez par une
tension habituelle, indice de l'opiniâtreté; le front est trop
étroit vers le haut pour contenir le germe d'une action généreuse; le nez se termine comme le bec d'un oiseau de proie
et décèle son penchant à la rapine; les coins de la bouche
retirés en bas exhalent son mépris pour les hommes et signalent en même temps l'excès de sa voracité.

Les hommes illustres des temps anciens et modernes, dit
Lebrun, ont tous été pourvus de nez légèrement aquilins : il
ajoute qu'un héros doit réunir à cette marque distinctive un
front large et élevé, des sourcils épais, et des yeux dont les
coins intérieurs forment un angle au-dessus de ligne horizontale, qui n'en coupe alors que les coins extérieurs.

Quand au contraire le front est étroit, le nez trop élevé
dans toute sa longueur pour être aquilin, la valeur alors dégénère en audace, et l'individu manque de prudence comme
de sagesse.

Tels sont en abrégé les signes les plus apparens du caractère des passions; mais comme par la suite nous devons y
revenir, nous les développerons alors d'une manière beaucoup plus étendue.

DE LA PHYSIONOMIE
DE L'HOMME.

D'après De la Porte.

Le meilleur moyen de faire connaître l'auteur dont nous allons extraire les idées physiognomoniques, c'est de citer le travail que nous trouvons dans les manuscrits inédits du docteur Chaussier.

« Jean-Baptiste de la Porte, ou Porta, est le plus fameux » de ceux qui ont écrit sur la physionomie.

» Il était poète, auteur de comédies, philosophe, mathéma- » ticien, médecin, grand déchiffreur, chimiste, astrologue, » et presque magicien.

» Il mourut en 1615. »

Une autre note sur un de ses ouvrages, intitulé *Magiæ na- turalis*, contient ce qui suit :

« Porta mourut en 1615. Ses premiers ouvrages furent » imprimés en 1606. Environ vers ce temps-là vivaient Za- » charie Gencin de Midelbourg en Zélande, et un paysan » hollandais nommé Drebbel, à qui l'on attribue l'invention » du microscope; mais il paraît que Porta de son côté en » connaissait la propriété et les usages, puisqu'il en parle » dans son ouvrage *Magiæ naturalis.* »

Ce dernier ouvrage suffirait pour démontrer l'étendue et la variété des connaisances que possédait ce savant napoli- tain. Nous aimerions à entrer dans quelques détails sur ce traité dont le titre peut faire croire qu'il s'agit de magie, tandis que l'auteur s'occupe de médecine, de botanique, d'histoire naturelle, de chimie, de physique, etc... Mais nous devons nous borner à présenter le résumé de ses idées phy- siognomoniques. Voyons donc ce qu'il disait il y a deux siècles :

« La ressemblance des formes suppose une ressemblance de » caractères. » Cette proposition assez vraie dans beaucoup

de circonstances a suscité à Porta l'idée que « les physiono-
» mies animales si exactement déterminées pourraient four-
» nir des règles sûres, applicables à la physionomie hu-
» maine. » En conséquence il a cherché dans les têtes d'animaux des lignes physionomiques ayant quelques rapports
avec la figure et les traits de l'homme.

Pour y parvenir et rendre les rapports plus faciles, Porta,
sans intention peut-être de favoriser l'adoption de son idée,
a commencé par altérer tant soit peu la physionomie, les contours de têtes de taureau, d'aigle, de chèvre, de corbeau, de
chameau, de perroquet, de lapin, de lion, de bécasse, etc.,
puis il les a mises en regard de figures, soi-disant humaines,
qu'il a fabriquées et dont la plupart n'ont jamais existé que
dans la grotesque collection de portraits en plâtre de la façon du spirituel Dantan. C'est ainsi que le docteur napolitain
est parvenu à établir une sorte de ressemblance de l'homme
avec certains animaux, ressemblance qu'on admet au premier
aperçu, mais qu'on rejette après un examen attentif. Y a-t-il
et peut-il exister quelque analogie entre la tête d'un chien de
chasse et celle de Platon ; entre la tête d'un hibou et celle de
César. Voilà pourtant des ressemblances établies par Porta ;
trop préoccupé de son idée, il s'est laissé entraîner par son
imagination, jusqu'à trouver des rapports de la physionomie
de l'homme avec la tête d'une bécasse. En allant beaucoup
trop loin, en reconnaissant ainsi des ressemblances trop bizarres avec certains animaux, Porta nous semble avoir nui
fortement à son système qui, dans certaines circonstances, n'est
pas absolument dénué de toute vérité. Néanmoins nous ne
suivrons pas l'auteur dans tous les rapprochemens qu'il fait
de l'homme et des animaux, quoique présentés généralement
d'une manière ingénieuse, ils ne nous paraissent d'aucune
utilité pour le physionomiste ; nous nous contentons donc de
faire observer que d'après ce système l'homme a le caractère
plus ou moins prononcé et les facultés de l'animal avec lequel
il offre quelque ressemblance. Ce peu de mots suffit pour
donner une idée complète de ce système physiognomonique.

« Maintenant nous allons indiquer à quels signes on peut,
» selon Porta, reconnaître les hommes en qui respirent les
» vertus, et ceux qui portent l'empreinte des vices. »

L'Homme juste a le corps bien proportionné, les cheveux

châtains, la voix grosse, creuse, sans modulation, ou tenant le milieu entre la voix mâle et le son aigu ; les yeux grands, à fleur de tête, brillans et humides, les prunelles égales dans leur cercle, ou le cercle inférieur étroit et noir, et *l'iris couleur de feu*, sans que le regard ait rien de rebutant ; le front large, étendu jusqu'aux tempes.

Le Méchant. — Son visage est difforme, ses oreilles étroites, sa bouche longue, ses lèvres minces, il a les dents canines, aiguës, et sortant en dehors. La parole prompte, surtout si la voix est grêle ; ou bien il parle du nez, ou il articule difficilement. Son cou est courbé ; il a le dos voûté, les doigts longs et desséchés, les jambes maigres, les pieds difformes et concaves en dessous, les yeux obliques, la prunelle noire et isolée, le blanc luisant et sec, d'un mouvement brusque et oscillant, un peu rouges aux angles : il est blême et sans embonpoint.

L'Empoisonneur a les yeux de couleur sombre, à fleur de tête, secs, et les deux globes sont inégaux. Sous quelque face qu'on examine l'œil il n'a point une forme sphérique, on ne doit donc pas dire le globe, mais la bulbe de l'œil. Les prunelles semblent agitées involontairement. Les petites veines qui aboutissent au blanc sont gonflées et paraissent des taches de sang. Si les prunelles sont noires, le blanc de l'œil est pâle et livide.

L'Homicide. — Sourcils épais qui se joignent au milieu du front ; les yeux à fleur de tête, secs ; les globes inégaux, les prunelles tremblantes et renversées vers le haut ; le blanc est terne et pâle.

Le Perfide. — Lèvre inférieure déliée et enflée près des dents angulaires ou canines ; sourire faux.

L'Homme probe. — Ses yeux de moyenne grandeur ont une teinte bleue ou noire, le blanc en est tranquille et brillant. Le regard est assuré, il est grave ; les sourcils sont un peu resserrés, le front est uni et ombrage un peu les yeux.

Le Fripon a la tête petite, le visage mal conformé, le front est rude, couvert de plis et de rides ; les yeux enfoncés, petits, secs, d'une couleur indécise ; les prunelles sont *remuantes*, le regard errant, mal assuré ; les épaules sont élevées, le dos plat, les mains étroites et les doigts grêles.

L'Homme prudent n'est pas en général d'une grande stature, néanmoins la tête est un peu grosse, le crâne large, les cheveux d'une couleur indécise, le visage de médiocre grandeur, un peu d'embonpoint, la lèvre supérieure un peu éminente, le cou un peu penché du côté droit; les yeux grands, brillans, humides; le front uni, large, tranquille; les mains et les doigts longs, ne gesticulant point lorsqu'il parle.

L'Homme ingénieux est plus ordinairement de taille moyenne; sa chair est molle, humide; il a le teint blanc et coloré, le maintien doux, les yeux grands et un peu ronds, la tête médiocre et bien proportionnée; le cou grand, les membres bien disposés, peu de chair aux jambes, la voix claire, les mains et les doigts longs, il rit peu et n'est point railleur.

Le Stupide a la tête fort petite, ou grosse et déformée, le profil cave, le front aplati, le bout du nez gros, les yeux très-ouverts ou les paupières tombantes; le mouvement des yeux très-lent; la face et les joues charnues et longues, les lèvres grosses, la bouche très-fendue; les dents serrées, la voix bêlante, le cou gros et gras; l'espace entre les clavicules et le sternum très-court, et delà au nombril, extrêmement grand; les bras charnus, les ongles étroits et crochus.

L'Homme hardi.—Visage austère, front *nébuleux*, sourcils un peu longs, nez tombant sur la bouche, et celle-ci très-grande, dents écartées, longues, aiguës et fortes; cou très-raccourci, bras très-long, poitrine large, épaules vastes, yeux vifs, *pers*, fort agités, paupières presque immobiles.

L'Homme timide paraît honteux; il est facile à étonner; sa tête est ronde, son front grand, sa face charnue, ses lèvres déliées, sa bouche petite, le corps, ainsi que la poitrine, est maigre et sans poils; son visage est pâle, ses yeux imbéciles, ses jambes grêles, ses mains longues et charnues.

L'Homme fort doit avoir les yeux éveillés, le cou droit, la poitrine large, les épaules musculeuses, les bras longs, les doigts nerveux, le ventre médiocre; les jambes un peu menues, le mollet et les pieds peu charnus, les cheveux durs, la barbe épaisse, la voix forte et sonore, la respiration égale.

Le Glorieux se fait remarquer par sa marche lente et fière, ses regards cherchent autour de lui quelqu'un qui l'admire.

Ses sourcils sont arqués et il les élève fréquemment : son cou est droit, élancé, ses yeux grands, clairs, luisans; ses doigts sont longs et grêles.

L'Avare a le visage et les yeux petits, très-rapprochés, les sourcils courbés et resserrés, le nez étroit ; le cou et l'épine dorsale courbés en avant, les épaules excessivement resserrées contre la poitrine, les membres grêles : ses mains ne s'ouvrent jamais entièrement, les doigts restent crochus.

L'Homme colère ne doit pas être confondu avec celui qui parfois a des accès passagers d'emportement ; l'homme colère est sans cesse dans un état de susceptibilité et d'irritation qui se manifeste presque sans cesse, mais plus ou moins fortement selon les circonstances.

Le colérique a les épaules larges, la face ronde, les cheveux durs, le front *circulaire*, brodé, et bas dans le milieu ; les sourcils tortus et larges ; les veines des tempes enflées, le nez pointu, les yeux petits, le regard fixe, le cou gros, la parole vive et brève, la voix forte mais enrouée, la respiration précipitée, et sa marche très-prompte.

L'Homme doux est plus enclin à pardonner qu'à se venger. Il supporte sans courroux la médisance et la calomnie; il dédaigne ou méprise ses ennemis et les abandonne à leurs regrets ou à leurs remords. On remarque de la force dans tous ses membres, sa chair est épaisse et humide, sa peau moëlleuse et sa chevelure très-flexible. Sa stature est d'une hauteur moyenne et bien proportionnée. Sa figure annonce un calme toujours le même ; son regard est fixe et tranquille, le mouvement de ses yeux est lent, sa voix est forte et harmonieuse.

L'Intempérant a la face charnue et molle, la bouche enfoncée, les yeux voilés, caligineux ou couverts d'un nuage, le regard en quelque sorte effacé, le cou gros, le ventre large, mou et pendant. Les jambes grosses en bas comme en haut, les talons grêles, la marche tantôt vive, tantôt lourde et lente.

Le Luxurieux se reconnaît aisément à ses yeux lascifs; il a pour l'ordinaire peu de cheveux, souvent il est chauve, excepté aux tempes et au derrière de la tête; il a les oreilles petites, le nez rond à sa racine, creux en dedans et gros au bout ; les joues fort rétrécies, le visage riant, le menton fendu, la lèvre supérieure concave, l'inférieure épaisse dépassant la supérieure, la poitrine large et velue ainsi que le ventre qui est large ; les jambes grêles, nerveuses et couvertes de poils : les pieds étroits et concaves faisant la nacelle.

Le Gourmand présente une particularité fort remarquable, la distance du nombril au sternum est plus longue que du sternum à la gorge, ce qui donne à ces individus plus de place pour satisfaire leur gourmandise. Sa bouche est très-fendue, ses dents aiguës, fortes, longues, et sortent au déhors ; le nœud de la gorge est très-proéminent ; la parole haute et en même temps débile, les yeux voilés, un peu rouges, les paupières inférieures gonflées, le regard errant, le cou gras, les côtes grêles, les mains étroites, sèches et mal conformées.

Le Tempérant plaît à l'observateur par sa physionomie aussi tranquille que sa respiration ; sa tête penchée du côté droit est couverte de cheveux clairs et passablement épais, son front est paisible et non nébuleux, mais pensif : sa bouche est moyenne, les lèvres ne sont ni grosses, ni plates ; les yeux assez grands, luisans, et leurs angles petits.

L'Impudent regarde chacun avec effronterie et fixe hardiment les yeux des autres ; les siens sont grands, sa tête est élevée en son sommet, sa face est longue et plane, son nez courbé au sortir du front est gros, les poils des sourcils sont longs et durs. Sa démarche est prompte et ses mouvemens brusques.

Le Modeste est lent dans ses paroles et ses mouvemens ; son front est très-uni, ses yeux, d'une juste grandeur, sont gais et luisans ; sa voix est sonore et douce ; ses oreilles sont ordinairement d'une teinte rouge.

L'Homme revêche marche en jetant vivement les pieds en avant ; parlant à quelqu'un, il se frotte les mains l'une dans l'autre ; lorsqu'il écoute ses lèvres s'agitent et se serrent ; son front est ridé, et ses joues forment des plis ; sa parole est brève et véhémente, sa respiration est forte et très-fréquente.

Le Menteur a la face charnue, le nez large dans le milieu, déclinant vers la racine; une sorte de rire moqueur sur sa bouche; sa parole est prompte, sa voix grêle, ses sourcils penchent du haut en bas; ses yeux sont rians et gaillards; il regarde comme à la dérobée.

Le Babillard possède des oreilles grandes et droites, le nez droit ou large au milieu, les joues un peu longues, la couleur blafarde comme du miel, il respire en haletant comme s'il avait couru; son menton est rond, sa gorge rude, les mains tortues, les doigts longs et grêles et les côtes gonflées.

DES SIGNES OU SEINGS.

Dans le Chapitre **XXXXIV** qui termine le cinquième livre de son ouvrage sur la physionomie de l'homme, Porta examine les signes qui se trouvent par hasard sur la figure.

« Je crois, dit-il, qu'il n'est pas inutile de parler des ta-
» ches naturelles qu'on remarque quelquefois sur le visage,
» et d'indiquer en quelles parties cachées du corps elles ont
» une correspondance. Si l'expérience m'avait démontré la
» fausseté de ces observations, je n'en parlerais pas. »

En effet, les anciens ont eu cette bizarre idée que Porta prétend avoir vérifiée et reconnue bien fondée. Jadis les astrologues ont déclaré chaque partie du visage sous l'influence d'une planète, d'un astre : ils ont donné les yeux au soleil et à la lune, le nez à Vénus, etc. L'arabe Hali Abenragel, le grec Melampe et un nommé Merlin de Bretagne ont été grands partisans de ce système. Dans le livre *du jugement*, Hali prétend que s'il y a au front une tache naturelle, on peut affirmer qu'il y en a une semblable à la poitrine, mais il n'indique pas précisément la place qu'il serait facile d'étendre; Merlin, plus instruit sans doute de la correspondance, dit que si la marque est à la partie droite du front, sa pareille se trouve au côté droit de la poitrine, et *vice versâ*. Nous demandons pardon de notre franchise à l'arabe Hali, au breton Merlin et surtout au savant Porta qui croit avoir vérifié ce qu'ils annoncent, mais nous sommes forcés de le dire, ces idées sont ce que les romantiques appelleraient des idées saugrenues, c'est-à-dire, dans la langue de ces messieurs, qu'elles sont trop vieilles et passées de mode.

On sait aujourd'hui que ces taches, ces signes ou *seings*, que certaines personnes attribuent à des envies de la mère et qu'on remarque assez souvent sur les enfans au moment de la naissance, sont uniquement la suite naturelle, l'effet et le signe d'une indisposition précédente, d'une écorchure ou d'une maladie que cet enfant aurait eu dans le sein de sa mère. Or une maladie ne peut pas établir la correspondance que suppose ce système; si cette correspondance existait ce ne pourrait être qu'en vertu des lois de la génération, et d'après ces mêmes lois, tous les enfans naîtraient avec un ou plusieurs de ces mêmes signes, car la nature agit toujours uniformément, elle est toujours constante dans sa marche; si par hasard elle nous paraît s'en écarter, c'est par un accident dont souvent la cause nous est inconnue, c'est qu'elle a été contrariée dans son action, et alors le résultat s'éloigne plus ou moins de ses règles invariables.

Démontrer que ces taches ou signes ne sont d'aucune importance pour le physionomiste, c'est nous dispenser d'entrer dans de plus grands détails à cet égard; mais si quelques-uns de nos lecteurs sont curieux d'approfondir cette prétendue correspondance des signes, nous les prévenons afin de prouver qu'on a fort mal à propos attribué à ce savant observateur une aussi ridicule idée, nous relatons mot à mot ce que dit Porta :

« Finalmente per vederne la verità mi ridussi all' esperentia, cosi vedendo tutti quelli che haueuano li neui in faccia, doue erano nella persona gli osseruaua cou diligenza, cosi ritrouammo esser tra la faccia e il corpo vua certa corrispondenza nella quantita, qualita, e ne'luoghi, come per esempio le nari à i testicoli, le labra, e l'apertura della bocca, alle labra, e apertura della porta della natura, la faccia al ventre, etc.... »

Dans son *discours sur les principes de la chiromancie*, imprimé en 1653, Cureau de la Chambre dit :

« C'est vne chose admirable et qu'à mon aduis on ne considère pas assez, qu'il n'y a sur le visage de ces marques naturelles que nous appellons communément *sings*, qu'il ne s'en trouve vne autre sur quelque partie du corps certaine et qui luy respond particulièrement : car s'il s'en rencontre vne sur le front il y en aura vne autre sur la poitrine, et selon que celle-là sera au milieu ou plus bas, d'un costé

» ou d'autre, celle-cy trovuera les mesmes différences de si-
» tuation. Si l'vne se void sur les ioües, l'autre sera sur les
» cuisses; si aux sourcils l'autre se rencontrera sur les es-
» paules; si aux oreilles l'autre sera sur les bras, et ainsi du
» reste. »

D'après ces passages de Porta et de Cureau de la Chambre,
il est bien évident que Lavater n'est point l'auteur de ce bizarre
système des signes : on l'a supposé, sans doute, par spécula-
tion, dans l'espoir que le nom de ce savant physionomiste fa-
voriserait la vente de la lithographie. (Voir planche 4e, figure 1re, où elles sont détaillées comme il suit.)

a Elles existeraient sur les bras, (*b* sur les côtés), *c* sur le
bas-ventre, *d* sur la région de l'estomac, *e* sur la cuisse ou les
cuisses, *f* par-dessous les mêmes, *g* sur la poitrine, avec ou
sans mamelles, *h* sur l'une ou l'autre jambe, *i* sur l'éminence
suspubienne, (le mont de Vénus et de toute les femmes) *k*
sur l'une des deux épaules, *l* sur les fesses, *m* sur un pied,
n sur la chute des reins, *o* sur le nombril, *p* sur la région
dorsale, *q* sous une des deux épaules, *r* sur une des parties
du bas-ventre, *s* à l'épigastre ou ses alentours, *t* sur les mamelles; il est même beaucoup de jeunes personnes qui en
portent un si grand nombre parsemé sur toutes les parties
de la face, qu'il serait très-difficile de leur assigner au juste
leur correspondance qui existe cependant bien et d'une manière indubitable, mais comment en chercher les preuves?

DE LA PHYSIOGNOMONIE.

Lorsqu'on veut être facilement compris, il est essentiel de
se servir d'expressions dont le sens, la valeur et l'étendue
soient bien déterminés et connus de tous ceux auxquels on
s'adresse; nous devons donc indiquer la signification exacte
des termes physionomie, physiognomonie, et pathognomonique, que nous serons souvent obligés d'employer.

La physionomie se dit le plus ordinairement de l'air et des traits du visage; mais pour le physionomiste elle n'est point aussi restreinte, elle embrasse l'homme tout entier; non-seulement elle s'applique à l'ensemble de toutes les parties de l'individu, mais encore à leur développement, à leurs mouvemens, à toutes les attitudes, au son de la voix, à la marche et aux vêtemens.

« La physiognomonie est une science qui enseigne à con-
» naître le caractère des hommes par l'inspection des traits
» du visage et de toutes les parties du corps. Telle est la
» définition que nous donne le dictionnaire de l'Académie. »

« La physiognomonie, selon Lavater, est la science qui en-
» seigne à connaître le rapport de l'extérieur avec l'intérieur;
» de la surface visible avec ce qu'elle embrasse d'invisible;
» de la matière animée et perceptible avec ce principe non
» perceptible qui lui imprime ce caractère de vie; de l'effet
» manifesté avec la force cachée qui le produit. »

Nous ajouterons que pour parvenir à connaître le caractère par les signes extérieurs, le physiognomoniste ne borne point son examen à l'homme seul, il étend ses recherches beaucoup plus loin, et trouve d'utiles renseignemens dans les habitudes, les occupations, l'écriture; et lorsque les circonstances le permettent, l'observateur a soin de visiter l'appartement. Les meubles et surtout le cabinet de travail lui fournissent des lumières. Placé dans ce vaste univers, l'homme s'y ménage un petit monde à part, qu'il fortifie, retranche, arrange à sa manière, et dans lequel on retrouve son image.

Un jour, la comtesse de Morinaye dit à une personne de sa société : je vous connais bien maintenant, j'ai vu le bureau sur lequel vous travaillez.

Pathognomonique est un adjectif appliqué pour désigner les signes, les symptômes qui sont propres et particuliers à la santé ainsi qu'à la maladie. A défaut de substantif, les physionomistes l'ont employé comme tel; mais nous n'hésiterons pas à lui donner le substantif, et nous dirons :

La pathognomonique est la science qui traite des signes des passions.

La physiognomonie envisage le caractère dans son état de repos.

La pathognomonie l'examine quand il est en action.

Ainsi la pathognomonie est une branche, qui devient inséparable de la physiognomonie.

VÉRITÉ DE LA PHYSIONOMIE.

Beaucoup de gens nient ou contestent la possibilité de connaître les caractères par des signes extérieurs, et à chaque instant ces antagonistes eux-mêmes jugent tous ceux qui les approchent par leur extérieur, et sans qu'ils en aient la pensée, ils sont physionomistes comme par une inspiration subite et spontanée : quiconque trouve en société un individu qu'il n'a jamais vu, le juge de suite bien ou mal, peu importe. Il le juge de l'extérieur à l'intérieur, sur sa physionomie, au premier regard il dit c'est un homme honnête, ou bien ses yeux n'annoncent rien de bon ; d'autres fois il trouve en lui quelque chose qui lui répugne et le rebute, ou qui prévient en sa faveur, etc.

Tous les hommes ne sont pas instruits en physiognomonie, tous ne possèdent pas la science, mais tous en ont le sentiment, il est pour ainsi dire inné en eux, chaque physionomie leur fait une impression particulière et leur inspire l'idée que cette physionomie dont ils sont frappés indique tel ou tel caractère ; ainsi, les antagonistes de la physiognomonie ont l'aveuglement, le ridicule entêtement de se nier à eux-mêmes les sensations qu'ils éprouvent, et ils prétendent que l'observation ne peut point donner la certitude que ces sensations produites par des signes extérieurs, sont soumises à des règles certaines et présentent des résultats toujours vrais. Cependant, malgré leur obstination, ces antagonistes reconnaissent bien qu'un scélérat n'a point la physionomie d'un honnête homme, qu'un imbécile ou un idiot n'a pas la figure d'un homme d'esprit, etc... Puisqu'ils reconnaissent ces vérités, qu'est-ce donc qu'ils contestent? Ils contestent qu'ils ne conçoivent pas, qu'ils ne veulent pas concevoir ou prendre la peine d'étudier et de réfléchir, même sans l'approfondir, tout ce qui influe sur le premier jugement qu'ils portent...

Qu'ils lisent donc l'ouvrage de Lavater, et bientôt ils seront convaincus que la différence extérieure du visage et de la physionomie entière a un rapport certain, une analogie naturelle avec la différence intérieure de l'esprit et du cœur, et que selon les mouvemens intérieurs, l'expression de l'extérieur change et prend un caractère particulier.

Rien ne prouve mieux la réalité de la science physiognomonique que sa grande utilité dans l'exercice de l'art de guérir, car souvent la physionomie du malade dirige et éclaire le médecin beaucoup mieux que tous les renseignemens qu'on peut lui donner.

ANCIENNETÉ DE LA PHYSIOGNOMONIE.

Hippocrate, qui vivait quatre cents ans avant Jésus, fut un très-habile physiognomoniste ; il est à regretter qu'il n'ait pas laissé ses observations sur la physionomie de l'homme en santé comme sur celle de l'homme malade, car il a dû s'en occuper sous ces deux aspects pour en apprécier les différences ; mais dans ses écrits il se borne à parler de la physiognomonie médicale, il indique, avec la plus grande précision, les changemens, les altérations du visage, les différens sons de la voix, les poses, les attitudes, les mouvemens si variés selon la nature de l'affection morbide, et si instructifs pour l'observateur. Hippocrate a légué à ses successeurs la précieuse connaissance d'une foule de signes diagnostiques, d'indices extérieurs qui, tous les jours, servent à les guider dans le traitement des maladies, et maintenant encore, malgré les progrès immenses de l'art de guérir, les plus savans médecins consultent souvent les ouvrages de cet homme immortel ; on pourrait même assurer que ce sont les plus habiles qui s'empressent de recourir aux lumières du prince de la médecine.

Zopire n'a point écrit sur la physiognomonie, mais il n'est pas douteux qu'il possédait cette science ; car un jour, dans une grande assemblée où se trouvait Socrate, il dit qu'il découvrait sur les traits de ce célèbre philosophe tous les signes d'un caractère violent et des penchans les plus grossiers. Socrate avoua qu'en effet il était né avec ces dispositions, mais qu'il en avait triomphé par l'éducation et l'étude.

Aristote a recueilli tout ce qu'on avait dit avant lui sur la physiognomonie pour en déduire des règles, des résultats, des principes ; mais il ne paraît pas avoir fait des recherches particulières sur cet objet : néanmoins son traité mérite l'attention des physionomistes, il est fondé sur la liaison intime et réciproque du moral et du physique, liaison que Montaigne a dépeinte en disant : « tout ceci s'entend de l'âme et du » corps unis par une étroiste couture et s'entre-communiquant » leur fortune. »

Marc-Aurelle qui a laissé douze livres *de réflexions morales* qu'on peut regarder comme l'évangile des païens, ayant donné audience à un romain, lui répondit : « Ton discours » est écrit sur ton front, je l'ai lu avant que tu aies parlé; » un homme plein de franchise et de probité répand autour » de lui un *arôme* qui le caractérise, on le sent, on le devine, toute son âme, tout son caractère, se montre sur son » visage et dans ses yeux. » D'après cette réponse qui est l'annonce d'un esprit observateur, on ne peut pas douter que cet empereur philosophe ne fût bon physionomiste.... « Que je » meure si cet homme n'est un fripon! disait Titus en par-» lant du prêtre Tacite; je l'ai vu dans la tribune pleurer et » sangloter trois fois quand rien ne devait exciter ses larmes, » et se détourner dix fois pour cacher un sourire lorsqu'il » était question de vices et de calamités. »

Rhasès, célèbre médecin arabe du dixième siècle, de même qu'Hippocrate et peut-être d'après lui, recommande aux médecins de ne pas négliger aucun des renseignemens qui leur sont donnés par la physionomie des malades. Ce Rhasès ou Rasis, dit aussi Almanzor, a laissé des écrits tellement estimés que Louis XI ayant demandé à la faculté de médecine de Paris le manuscrit des œuvres de ce médecin pour le faire copier, la faculté ne voulut s'en dessaisir que moyennant caution... On ne dit pas quelle fut la caution du roi. (*Dictionnaire biographique.*)

Albertus reconnaissait, par la forme de la tête, les facultés, les dispositions des individus.

Achille Deharlay, premier président du parlement de Paris, pendant la ligue et sous le règne de Henri IV, aimait à raconter que dans sa jeunesse un physionomiste lui avait prédit sa brillante destinée.

Montaigne dit : « J'ai lu parfois entre deux beaux yeux » des menaces d'une nature maligne et dangereuse, il y a » des physionomies favorables et une presse d'ennemis vic-» torieux, vous choisirez incontinent parmi des hommes

» incogneus, l'un plustôt que l'autre à qui vous rendre
» et fier votre vie; et non proprement par la considéra-
» tion de la beauté.... Il semble qu'il y ait aucuns visages
» heureux et d'autres malencontreux, et je crois qu'il y a
» quelque art à distinguer les visages débonnaires des niais,
» les sévères des rudes, les malicieux des chagrins, les dédai-
» gneux des mélancoliques, et telles autres qualités voisines;
» il y a des beautés non fières seulement, mais aigres, il y en
» a d'autres douces et encore au-delà fades. »

Bacon s'explique d'une manière plus positive que Montaigne, il pense que la physiognomonie doit être classée parmi
les sciences : malgré l'abus qu'en ont fait les astrologues, les
soi-disant magiciens et devins du quinzième siècle en l'appliquant à la métoposcopie (l'art de deviner les caractères par
le front), ainsi qu'à la chiromancie (interprétation des signes
de la main), ce philosophe reconnaît que la physiognomonie
est utile, qu'on doit s'occuper de son perfectionnement, et
qu'elle mérite de prendre son rang dans l'histoire de la nature.

Dom Pernety ayant conduit chez M. Delangles un étranger nommé Kubisse, en traversant une salle garnie de tableaux, cet étranger s'arrêta; un quart-d'heure après,
M. Delangles et dom Pernety ne le voyant pas venir les re-
joindre retournèrent dans cette salle et le trouvèrent les yeux
fixés sur un portrait... Que pensez-vous de ce portrait, lui
dit M. Delangles, n'est-ce pas celui d'une belle femme?... Oui,
répondit M. Kubisse, mais si ce portrait est bien ressemblant,
la personne qu'il représente a l'âme la plus noire et doit être
une méchante diablesse.... C'était le portrait de la Brinvil-
lers, célèbre empoisonneuse, presque aussi connue par sa
beauté que par ses forfaits et son supplice.

UTILITÉ DE LA PHYSIOGNOMONIE.

En 1769 dom Pernety a publié sur la physionomie un
discours dont nous allons extraire une partie, parce qu'en
général ses idées tendent à prouver l'utilité de la physiognomonie.

« Tout dans la nature porte à l'extérieur un signe dis-
» tinctif, un signe hiéroglyphique au moyen duquel un obser-

» vateur en sait très-bien connaître les vertus secrètes et les
» propriétés.

« La physionomie consiste dans les traits, les linéamens, la
» configuration extérieure du visage et des autres parties du
» corps humain, dans son maintien en mouvement ou en
» repos.

« Voyez le visage d'un homme dont les traits et les linéa-
» mens se modèlent, s'arrangent sur les vrais mouvemens du
» cœur, sur la simple impulsion de la nature, considérez
» ensuite le même visage fardé par de l'hypocrisie, par la four-
» berie, dont les traits sont affectés et composés pour trom-
» per... Dieu! quelle différence!

« La physionomie est un tableau vivant très-expressif, où
» la nature développe à nos yeux les vrais traits qui ca-
» ractérisent chaque homme en particulier. Exempte d'inté-
» rêt et d'ignorance, elle exprime toujours le vrai et le fait
» percer à travers cette couleur empruntée de la dissimula-
» tion, ce masque de la fourberie, sous lequel l'art s'efforce
» en vain de le cacher. Aux yeux d'un homme ordinaire, ac-
» coutumé à être dupe des apparences, ce masque en impose
» et fait illusion; aux yeux d'un simple observateur, c'est un
» nuage léger; mais pour un homme né physionomiste, ce
» masque n'est qu'une vapeur subtile qui se dissipe à l'appro-
» che des rayons du flambeau de la nature. Cette vapeur, en
» s'évanouissant, laisse voir le vrai dans tout son éclat, c'est
» une ombre dans le tableau qui fait valoir les clairs.

« Prétendre donc composer son visage et en former un
» masque trompeur qui puisse cacher les mouvemens de l'âme
» et du cœur, c'est s'abuser soi-même; des rayons s'élancent
» de toutes les parties du visage et surtout des yeux de celui
» que nous observons, ils portent leur lumière jusque dans
» le fond du siége de nos connaissances, le nuage se dissipe,
» le masque tombe et le fourbe est à découvert.

« Socrate n'avait pas bien réfléchi quand il désirait que la
» nature eût pratiqué une ouverture à la poitrine, vis-à-vis
» le cœur des hommes, pour pouvoir y lire leurs pensées et
» leurs desseins. En pénétrant même jusque dans les plus
» profonds replis du cœur, qu'y auraient vu les yeux les plus
» fins? Le mouvement des parties et rien de plus.

« Dans la suite Socrate eut lieu de se convaincre que la
» nature y a pourvu par un moyen plus certain que celui

» d'une ouverture à la poitrine. Zopyre le lui prouva ; ce Zo-
» pyre qui ne concevait pas comment ceux qui avaient des
» yeux ne lisaient pas sur la physionomie de Socrate, que ce
» philosophe avait beaucoup de penchant aux vices.

« Ne serait-ce pas ce qui aurait engagé Socrate à étudier
» sa propre physionomie dans un miroir, soit pour se corri-
» ger lui-même en apprenant à se connaître, soit pour
» devenir savant dans l'art de connaître les hommes ; car
» l'histoire nous apprend que cet art fut en grande recom-
» mandation dans l'école de ce philosophe et dans celle de
» Pythagore.

« On peut acquérir cette science par l'observation ; mais
» pour y réussir il faut être né physionomiste, comme il
» faut être né poète. Le sentiment intime en indique plus
» que les règles.

» Nous avons démontré précédemment que ce sentiment
» est inné dans l'homme, et avec un peu d'étude, un esprit
» observateur et de la persévérance, chacun peut devenir très-
» bon physionomiste.

« L'esprit humain, dit Cicéron, s'enveloppe sous des ap-
» parences trompeuses et s'en couvre comme d'un voile. *Le*
» *front, les yeux, en imposent aux yeux, et le discours si-*
» *mulé, aux oreilles.* Sous ce beau dehors, dit aussi Sé-
» nèque, parfois se cache un caractère pervers, brutal et
» souvent plus féroce que celui des bêtes.

« Qui peut nous rendre le service de nous avertir des dan-
» gers auxquels on s'expose en se liant avec de semblables
» hommes ?... La physiognomonie.

» Avoir des amis, mais de vrais amis, voilà la félicité de
» la vie. L'expérience nous prouve que tous les hommes
» courent sans cesse après ce bonheur, et que bien peu l'at-
» teignent.

« S'ils étaient bons physionomistes, ils seraient plus heu-
» reux ; possédant l'art de connaître les hommes, ils sauraient
» aisément trouver ceux dont le caractère estimable sympa-
» thise avec eux, et ils auraient là certitude de posséder de
» vrais amis.

« Quel prince ne sait pas dès son enfance qu'il est prince ?
» Les adulateurs ne cessent de lui répéter qu'il est fait pour
» commander aux hommes. Il est environné de gens qui lui
» crient perpétuellement aux oreilles : tout est à vous. En

» voit-il qui le fatiguent pour lui dire trop souvent : votre
» personne est à l'état, votre temps est au public. Vous ne
» serez estimé et aimé qu'autant que vous ferez le bien, et
» le bien du peuple. Vous ne pouvez pas tout savoir ni tout
» faire. Pour votre honneur et pour le bien de l'état, choi-
» sissez-vous des ministres, mais des ministres sincères, fi-
» dèles, intelligens. Heureux le prince qui en a de tels!!!
» Mais comment faire ce choix?... comment les démêler
» dans ce nombre de flatteurs qui l'assiégent continuellement,
» qui ne s'occupent jour et nuit qu'à masquer la vérité et
» à éloigner du trône ceux qui pourraient en devenir l'ap-
» pui? Aristote en sentait si bien l'embarras qu'il recomman-
» dait à Alexandre d'avoir recours à l'art de connaître les
» hommes par la physionomie. »

A l'appui de ce que dit dom Pernety, nous citerons un
fait plus moderne, encore plus authentique et qui prouve
qu'un de nos rois a reconnu l'utilité de la physiognomonie.

De la Chambre, premier médecin de Louis **XIII**, fut un
très-habile physionomiste. Fort souvent sa pénétration rendit
service au roi qui le consultait principalement lorsqu'il se
proposait d'employer quelque nouveau personnage. On ne
peut révoquer en doute l'exactitude de cette particularité,
car prêt à rendre le dernier soupir, de la Chambre s'écria :
*Que je plains sa Majesté! que de mauvais choix elle va faire
désormais!*

« A Sparte, les enfans étaient élevés aux dépens de la Ré-
» publique, dans des établissemens où ils n'étaient reçus
» qu'après avoir obtenu les suffrages des physionomistes char-
» gés d'examiner leur figure, leur force, leur bonne confor-
» mation. » Les enfans faibles ou difformes, ceux dont les
traits annonçaient un mauvais caractère étaient précipités dans
le Taygete comme des sujets qui deviendraient à charge à
eux-mêmes et pernicieux à la République. De là sans doute
est venu le proverbe *distortum vultum sequitur distortio
morum.*

Ce proverbe, ainsi que beaucoup d'autres, manque parfois
d'exactitude : Socrate a prouvé qu'on aurait eu tort d'en faire
l'application à son visage, malgré son apparence rebutante et
l'ensemble désagréable de toute sa personne, que, dans le pro-
logue de la vie de Gargantua, Rabelais a décrit de la manière
suivante :

« Tel, au dire d'Alcibiade, était Socrate, parce qu'en le
» voyant au dehors, et l'estimant par l'extérieure expérience,
» n'en eussiés donné un coupeau d'oignon, tant laid il était de
» corps et ridicule en son maintien : le nez pointu, le re-
» gard d'un taureau, le visage d'un fol ; simple en mœurs,
» rustique en vêtemens, povre de fortune, infortuné en
» femme, inepte à tous affères de la république ; toujours
» riant, toujours beuvant, toujours se gabelant, toujours dis-
» simulant son divin sçavoir. Mais ouvrant cette boête, eus-
» siés trouvé une céleste et impréciable drogue, entende-
» ment plus qu'humain, vertu merveilleuse, courage invin-
» cible, sobresse non pareille, contentement certain, assurance
» parfaite, déprisement incroyable de tout ce pourquoi les
» humains tant veillent, tant courent, travaillent, naviguent
» et bataillent. »

Platon examinait avec la plus grande attention la physionomie des jeunes gens qui désiraient assister à ses leçons : si
par suite de cet examen il les jugeait incapables de faire des
progrès dans la philosophie, il les engageait à suivre une autre carrière et les congédiait. Il n'est pas douteux que Platon était bien convaincu de l'utilité de la physiognomonie.

Le médecin jaloux d'exercer sa profession avec autant de
succès que d'honneur, doit, à l'exemple d'Hippocrate, être
bon physionomiste ; tous les grands médecins de l'antiquité en
ont fait un précepte.

« Lorsque vous entrez chez un malade, dit Actuarius, avant
tout considérez sa manière d'être couché, observez sa respiration, voyez les traits de son visage : si ses yeux sont creu-
sés, ses tempes enfoncées ; s'il a le nez retiré ou devenu plus
pointu ; s'il a l'œil net ou larmoyant ; le regard fixe ou inquiet ;
le front sec et aride, etc. »

Puisque la physiognomonie est si nécessaire, si utile à
celui qui exerce l'art de guérir, puisqu'on ne peut pas contester qu'elle est indispensable pour le peintre, le sculpteur,
le dessinateur, pourquoi n'offrirait-elle pas aux instituteurs
de la jeunesse les mêmes avantages qu'à Socrate, à Platon, à
Pythagore ? En un mot, pourquoi ne serait-elle pas utile à
tous les hommes ? Le prétendre serait une absurdité.

Si l'art de connaître les hommes par la physionomie avait
acquis tout le développement dont il a besoin, s'il devenait
familier, s'il était enseigné, s'il entrait dans le plan d'études

des deux sexes comme une des bases essentielles de leur éducation, il aurait la plus grande influence sur les mœurs : l'art de se déguiser tomberait de lui-même, le plus adroit hypocrite serait forcé de renoncer à l'espoir de tromper; tout être vicieux serait forcé de suivre l'exemple de Socrate et de se corriger de ses blâmables penchans. Le voleur s'enfuirait bien vite d'un pays peuplé de physionomistes, il n'y pourrait point faire un pas sans être reconnu et montré au doigt par chacun. Ainsi la physiognomonie est une science d'autant plus utile qu'elle tend à la perfectibilité de l'espèce humaine.

ORIGINE DE LA PHYSIOGNOMONIE.

Quoique Lavater avait toujours, dès sa plus tendre enfance, montré beaucoup de goût pour tout ce qui lui semblait mystérieux, puisqu'il recherchait avec ardeur toutes les choses bizarres, et qu'il se plaisait particulièrement à voir faire des tours d'escamotage, ou autres merveilles de ce genre, rien cependant n'annonçait qu'il aurait un jour cet esprit observateur qu'il manifesta plus tard, et auquel il a dû ses succès physiognomoniques. Il fut destiné à l'état ecclésiastique, et son éducation théologique ainsi que ses études furent terminées à Berlin.

Devenu ministre de l'évangile, Lavater a publié plusieurs ouvrages en vers, notamment des vues sur l'éternité, et des chansons helvétiques qui sont devenues nationales. Actuellement les pâtres des Alpes les chantent en conduisant leurs troupeaux. Parmi ses nombreux écrits, on cite avec estime l'ancien et le nouveau testament, les actes des apôtres en plusieurs chants, enfin des cantiques sacrés; nous ne dirons rien de ses nombreux sermons, ni de plusieurs autres ouvrages religieux, nous ne voulons nous attacher dans ce chapitre qu'à ceux qui sont relatifs à la physiognomonie.

Jusqu'à l'âge de vingt-cinq ans, Lavater ne s'était point occupé de cette science, quoique à l'aspect de certains visages il avait éprouvé des mouvemens de répulsion, ou de sympathie, et qu'il avait intérieurement prononcé son jugement sur le caractère de ces individus, mais sans communiquer ses remarques à personne. Pendant plusieurs années il garda même un silence absolu sur les nombreuses observations qu'il avait faites, comme sur *l'analogie physiognomonique* de différens profils dout il avait dessiné les contours avec le plus grand soin, et qui tous lui avaient fait découvrir une ressemblance morale entre les personnes, au moins dans certaines parties de leur caractère.

Un jour de fête publique à Brug, Lavater se trouvant chez Zimmermann, prononce à haute voix, sans le vouloir, l'opinion qu'il se forme du caractère d'un inconnu qu'il aperçoit arrêté sous les fenêtres de l'appartement de son ami. Zimmermann qui connaît bien l'homme dont il s'agit, étonné d'une décision si prompte et si exacte, demande sur quoi elle est fondée.... Sur la tournure du cou de cet homme, répond Lavater. C'est à dater de ce jour que, d'après les conseils de Zimmermann, il se livra avec plus d'ardeur que jamais à des recherches physiognomoniques, dont il ne fit plus mystère.

Les premiers résultats de ses observations furent publiés dans une dissertation que Zimmermann fit imprimer, laquelle fut bientôt suivie du grand ouvrage que Lavater mit au jour sous le titre modeste de *Fragmens de Physiognomonie*, et il lui dut une célébrité bien méritée, car il a contribué à l'agrandissement des connaissances humaines... « On n'avait encore » rien écrit sur cette matière de plus ingénieux, dit le doc- » teur Moreau; c'est au moins l'aperçu d'un système fort » spirituel, c'est le résultat d'une immensité d'observations » très-curieuses, très-nouvelles, et souvent d'une vérité frap- » pante. »

Les prédécesseurs de Lavater, tels que Porta, de la Chambre, Pernetti, Claramontius, n'ont point écrit comme lui sur la physiognomonie proprement dite, mais sur la physionomie en mouvement, sur la pathognomonique, c'est-à-dire l'expression et le caractère des passions.

Lavater n'a point comme Gall inventé un système nouveau, mais apercevant épars, de divers côtés, des lambeaux d'idées physiognomoniques, il les a soigneusement recueillis, puis élaguant tout ce que des pratiques superstitieuses y avaient allié d'absurde, il les a ordonnés entre eux d'une manière lumineuse. Tel fut le résultat de ses propres recherches et de ses nombreuses observations.

Malgré l'excellence de sa méthode et sa longue expérience, Lavater s'est trompé quelquefois dans ses jugemens, et il l'avoue avec franchise, quel est l'homme qui ne soit pas sujet à quelques erreurs, surtout quand il agit sous l'influence d'une forte prévention. Depuis long-temps le physionomiste attendait avec grande impatience le portrait d'un homme célèbre d'Herder : il reçoit une lettre ambiguë de son ami Zimmermann, il croit avoir sous les yeux le profil de l'homme célèbre, et il en porte un jugement très-favorable ; alors l'ami Zimmermann déclare lui avoir envoyé la silhouette d'un assassin qui vient d'être exécuté à Hanovre. De semblables erreurs sont le résultat de mystifications qui ne prouvent rien contre la science, car Zimmermann n'avait peut-être envoyé qu'un profil de fantaisie qui ne ressemblait ni à l'assassin, ni à Herder; et s'il eût écrit : je vous envoie le profil d'un homme que je vous ferai connaître après votre jugement, il est probable que Lavater ne se fût point trompé. Au surplus, s'il a par hasard commis quelques erreurs, il a bien souvent prouvé son étonnante sagacité.

Vers le commencement de la révolution française, le comte de ***, nouvellement marié, conduit à Zurich et présente à Lavater, dont il réclame l'opinion, sa jeune épouse qui réunit les grâces à la beauté et passe pour une des plus belles femmes de Paris. Un extérieur aussi séduisant ne peut être que l'indice du plus aimable caractère ; néanmoins, avec autant d'adresse que de galanterie, le physionomiste refuse de s'expliquer.

Le comte, dont la curiosité est stimulée par la réserve de Lavater, revient seul et le sollicite avec tant d'instance, qu'il consent à lui donner son opinion par écrit dans l'espoir que ses révélations pourront l'engager à prendre toutes les précautions nécessaires afin d'empêcher le développement des dispositions les plus fâcheuses.

L'écrit que Lavater fait remettre au comte de *** est bien opposé à ce qu'il espérait : le physionomiste déclare que, malgré tous ses charmes, la figure de la comtesse annonce les plus dangereux penchans, auxquels il est urgent d'opposer sans retard les efforts de la vertu et toute la puissance de l'éducation. Le comte, aussi surpris qu'irrité d'un semblable jugement, auquel il ne croit pas, revient à Paris, persuadé que cet homme qui lui avait inspiré tant de confiance et de vénération, n'était qu'un imposteur, ou bien un dangereux visionnaire. Mais les évènemens ne tardent pas à le convaincre que le prétendu visionnaire était un véritable prophète. Pendant son séjour à Paris, où le plus grand scandale ne cause pas la moindre émotion et ne scandalise tout au plus que très-peu de gens, le comte avait ignoré la conduite de sa charmante épouse ; émigré avec elle, il en est bientôt instruit : elle s'abandonne sans gradation à tous les vices; non contente de trahir son mari, elle trompe ses amans, devient joueuse, intrigante, et finit par perdre ses charmes dans tous les excès d'une honteuse prostitution.

Un autre fait prouve, d'une manière encore plus authentique, l'exactitude des signes extérieurs qui dirigent le jugement du physionomiste.

L'abbé Frickt de Strasbourg, jeune homme de la plus grande beauté, d'une physionomie aussi touchante que gracieuse, vient à Zurich voir des amis intimes de son père, et loge chez eux; la beauté de cet abbé charme tout le monde, mais Lavater ne partage point l'admiration générale : « Ce » jeune homme, dit-il, renferme en son sein une passion » cruelle et dont le dénouement sera tragique. » Chacun récrimine contre un jugement aussi sévère; mais peu de temps après le charmant abbé assassine un conducteur de voiture pour lui voler quelques louis ; ce jeune abbé avoue dans son interrogatoire que, dominé par un penchant impérieux au meurtre, il y a déjà cédé plusieurs fois, et que, sans la crainte d'être découvert, il aurait assassiné les amis de son père qui l'ont accueilli chez eux.

Lavater a prouvé par sa pénétration combien la physiognomonie est utile, nécessaire, et pour ainsi dire indispensable aux médecins.

Une dame étrangère présente sa fille à Lavater en le priant de lui dire quelle opinion lui inspire sa physionomie. Lavater hésite, la mère insiste, il cède enfin, mais sous la condition expresse qu'il remettra un billet cacheté dont l'ouverture n'aura pas lieu avant six mois.

Cette dame souscrit à cette condition et part. Trois ou quatre mois après son retour elle perd sa fille ; mais, fidèle

à sa promesse, elle attend l'époque de six mois pour ouvrir
le billet, elle y trouve ces mots :

« Je pleure et je prie avec vous ; quand vous ouvrirez
» cette lettre, vous serez déjà la plus malheureuse des
» mères. »

M. Gessner rapporte un exemple très-remarquable de la
sûreté et de la promptitude du jugement de Lavater... Un
voyageur suédois, d'une belle figure et d'une tournure très-
imposante, se fait présenter chez Lavater qui le reçoit avec
son aménité habituelle ; cependant, dès le premier instant,
l'aspect de ce seigneur suédois lui a inspiré la plus forte
prévention contre lui ; mais sa conversation intéressante,
ses manières distinguées, lui font oublier cette première impression.

Lorsque cet étranger s'est retiré, Lavater instruit sa famille de l'effet singulier que sa belle figure a produit sur
lui, il se reproche l'opinion défavorable qu'il a conçue au
premier abord.

Le lendemain il rencontre dans la société le voyageur suédois qui produit sur lui une impression encore plus forte
que la veille. Revenu dans sa maison, il en avertit sa famille qui s'étonne qu'une si belle figure puisse produire
une semblable prévention.

Quelques jours après, mandé par le bourgmestre pour
donner des renseignemens sur le voyageur, Lavater apprend que ce seigneur est un des assassins de Gustave III,
auquel on ne veut pas permettre de séjourner dans le canton de Zurich.

De ces faits et de beaucoup d'autres du même genre qu'il
serait facile de citer, on ne doit pas conclure que la physiognomonie soit aujourd'hui une science infaillible ; il est
vrai qu'elle présente en général de très-grandes probabilités,
mais elle a encore besoin de nouvelles recherches, et
qu'une assez longue suite d'observations bien dirigées
lui donnent le degré de certitude nécessaire, et qu'elle ob-
tiendra lorsque des hommes éclairés s'occuperont de tous
les perfectionnemens qu'elle attend.

Lavater a dit : « Les forces d'un seul homme sont trop
» bornées et sa vie trop courte pour une entreprise aussi
» vaste que la mienne ; je laisse à ceux qui viendront après
» moi le soin de perfectionner mon ouvrage.

M. le docteur Moreau (de la Sarthe) a déjà rempli une partie des intentions de Lavater en donnant une édition beaucoup plus correcte de ses ouvrages, en classant ses divers fragmens, en rapprochant les articles épars qui avaient entre eux quelques rapports, et en établissant une classification qui tend à rendre l'étude de la physiognomonie beaucoup plus claire et en même temps beaucoup plus facile.

Lavater qui n'était ni physiologiste, ni médecin, ni même naturaliste, avait été forcé d'omettre quelques articles, et d'en traiter d'autres d'une manière superficielle; non-seulement le docteur Moreau a eu soin de suppléer à ces lacunes; mais en outre il a répandu sur toutes les parties les lumières de la physiologie et de l'anatomie.

Nous regrettons beaucoup de ne pouvoir point suivre pas à pas M. Moreau dans l'exposé de ses savantes remarques. Néanmoins nous les ferons connaître autant qu'il nous sera possible, mais pas autant que nous le voudrions.

DE LA BEAUTÉ

DE LA FORME HUMAINE.

Lavater a traité cet article d'une manière métaphysique et déclamatoire; aussi nous imiterons l'exemple de son savant commentateur, et nous citerons ici quelques passages relatifs à cet objet, extraits de Bernardin de Saint-Pierre.

« La nature a rassemblé dans la figure de l'homme ce
» que les couleurs et les formes ont de plus aimable par
» leurs consonnances et par leurs contrastes, elle y a joint les
» mouvemens les plus majestueux et les plus doux. — Elle
» a réuni dans l'homme tous les genres de beauté et en a
» formé un assemblage si merveilleux que tous les animaux
» dans leur état naturel sont frappés à sa vue d'amour et
» de crainte. — Toutes les expressions harmoniques sont
» réunies dans la figure humaine. — Remarquez que la
» forme de la tête approche de la sphérique. — Je ne crois

« pas que cette conformation lui soit commune avec celle
» d'aucun animal ; sur sa partie antérieure est placé l'ovale
» du visage, terminé par le triangle du nez, et entouré
» des parties radiées de la chevelure. — La tête est de plus
» supportée par un cou qui a beaucoup moins de diamètre
» qu'elle, ce qui la détache du corps par une partie con-
» cave.

« Ces formes ne sont pas tracées d'une manière sèche et
» géométrique ; mais elles participent l'une de l'autre, en
» s'amalgamant comme il convenait aux parties d'un tout.
» Ainsi les cheveux ne sont pas droits comme des lignes,
» mais ils s'harmonient par leurs boucles avec l'ovale
» du visage ; le triangle du nez n'est ni aigu, ni à angle
» droit ; par le renflement onduleux des narines, il
» s'accorde avec la forme en cœur de la bouche, et
» s'évidant près du front, il s'unit avec les cavités des
» yeux. Le sphéroïde de la tête s'amalgame de même
» avec l'ovale du visage, il en est ainsi des autres par-
» ties, la nature employant pour les joindre ensemble
» les arrondissemens du front, des joues, du menton et du
» cou, c'est-à-dire les portions de la plus belle des expres-
» sions harmoniques, qui est la sphère. Il y a encore plu-
» sieurs proportions remarquables qui forment entre elles
» des harmonies et des contrastes très-agréables.... Telle
» est celle du front qui présente un quadrilatère en opposi-
» tion avec le triangle formé par les yeux et par la bouche, et
» celle des oreilles formées de courbes acoustiques très-ingé-
» nieuses qui ne se rencontrent point dans l'organe auditif des
» animaux, parce qu'il ne doit pas recueillir, comme celui
» de l'homme, toutes les modulations de la parole. Mais je
» m'arrêterai aux formes charmantes dont la nature a dé-
» terminé la bouche et les yeux, qu'elle a mis dans la plus
» grande évidence, parce qu'ils sont les deux organes actifs
» de l'âme.

« La bouche est composée de deux lèvres, dont la supé-
» rieure est découpée en cœur ; cette forme si agréable que
» sa beauté a passé en proverbe, et dont l'inférieure est
» arrondie en portion demi-cylindrique. On entrevoit au
» milieu des lèvres le quadrilatère des dents, dont les lignes
» perpendiculaires et parallèles contrastent très-agréable-

» ment avec les formes rondes qui les avoisinent. » . .

. . . .

« Les mêmes rapports se trouvent dans les yeux : ce sont
» deux globes bordés aux paupières de cils rayonnans,
» comme des pinceaux, qui forment entre eux un contraste
» ravissant, et présentent une consonnance admirable avec
» le soleil, sur lequel ils semblent modelés, étant comme
» lui de figure ronde, ayant des rayons divergens dans
» leurs cils, des mouvemens de rotation sur eux-mêmes,
» et pouvant, comme l'astre du jour, se voiler de nuages
» au moyen des paupières. »

« Il y a dans le visage du blanc tout pur, aux dents et
» aux yeux ; puis des nuances de jaune qui entrent dans
» la connexion, comme le savent les peintres ; ensuite le
» rouge, cette couleur par excellence qui éclate aux lèvres
» et aux joues. On y remarque de plus le bleu des veines,
» et quelquefois celui des prunelles ; enfin le noir de la
» chevelure, qui, par son opposition, fait sortir les couleurs
» du visage comme le vide du col détache les formes de la
» tête. » . . . .

« Le corps humain est le seul qui ressente les modulations
» et les concerts les plus agréables des cinq formes élé-
» mentaires et des cinq couleurs primordiales, sans qu'on
« y voie les oppositions âpres et rudes des bêtes, telles que
» les pointes des hérissons, les cornes des taureaux, les dé-
» fenses des sangliers, les griffes des lions, les marbrures de
» peau des chiens, et les couleurs livides et meurtries des
» animaux vénimeux. Il est le seul dont on aperçoive le
» premier trait et qu'on voie en plein. »

QUALITÉS
DES PHYSIONOMISTES.

Chaque homme, nous l'avons déjà dit, a le sentiment inné de la physiognomonie; mais cette disposition ne suffit pas pour en faire un bon physionomiste; il est essentiel qu'il possède une organisation régulière, et jouisse d'une bonne santé, afin que ses facultés intellectuelles aient toute leur énergie.

Le physionomiste doit en outre être doué d'une grande finesse de la vue, et de cette sensibilité morale qui, dans tous les genres, est une sorte d'instinct de l'âme. Ajoutez à ces heureuses dispositions l'habitude d'examiner attentivement et de se rendre compte de ce que l'on voit. C'est en voyant et en observant sans cesse qu'on parvient à bien observer et à voir avec sagacité.

Etude de la Physionomie.

On peut appliquer à la physiognomonie ce que Buffon a dit de l'histoire naturelle. En se familiarisant avec les divers *indices des caractères*, en les voyant souvent, et pour ainsi dire sans dessein, ils forment peu à peu des impressions durables qui bientôt se lient dans notre esprit par des rapports fixes, invariables; et de là on s'élève à des vues plus générales, par lesquelles on peut embrasser à la fois plusieurs objets différens; et c'est alors que l'on est en état d'étudier avec ordre, de réfléchir avec fruit, et de se frayer des routes pour arriver à des découvertes utiles.

L'étude de la physionomie, dit *Lavater*, consiste à exercer le tact et le jugement, à mettre dans un vrai jour les observations qu'on a faites; à noter chaque aperçu, à le caractériser et à le représenter.

Elle consiste à chercher, à fixer et à classer les signes extérieurs des facultés intérieures; à découvrir les causes de certains effets par les traits et les mouvemens de la phy-

sionomie; à bien connaître et à savoir distinguer les caractères de l'esprit et du cœur, qui conviennent ou qui répu-
gnent à telle forme ou à tels traits du visage.

Elle consiste à trouver des signes généraux apparens, et
communicables pour les facultés de l'esprit, ou pour les fa-
tés internes en général, pour faire de ces signes une application facile et sûre.

On sent que celui qui veut se livrer à ce genre d'études,
doit avoir reçu de la nature du tact, du jugement, ainsi
que l'aptitude et la persévérance nécessaires pour bien observer. Il est également indispensable qu'il sache assez dessiner pour retracer avec exactitude les signes physiognomoniques, indices des caractères.

L'homme doué de ces qualités doit, pour devenir physionomiste, commencer par étudier séparément chaque partie du corps humain, les liaisons, les rapports et les proportions qui existent entre elles. Il est bon de consulter à
cet égard Albert Durer, ou l'encyclopédie; mais il importe
de mesurer soi-même, et de s'assurer de la parfaite similitude du dessin qui en retrace les diverses parties.

En mesurant le rapport des parties du corps, il est bien
essentiel de distinguer « les proportions des lignes droites
d'avec les proportions des lignes courbes. Si les rapports
des parties du visage et des membres du corps répondent à des lignes droites ou perpendiculaires, on peut
en attendre, dans un degré éminent, un beau visage,
un corps bien fait, un esprit judicieux, un caractère
noble, ferme et énergique. »

Après avoir soigneusement étudié les diverses parties du
corps, séparément et dans leur ensemble, après en avoir acquis une connaissance assez approfondie pour apercevoir
et s'expliquer, dans un dessin, le trop ou le trop peu, les
écarts et les transpositions, on passe à l'étude des caractères particuliers.

On commence par des visages bien remarquables, par
des individus dont le caractère aussi prononcé que bien
connu ne présente rien d'équivoque. Par exemple, on choisit un penseur très-profond, ou un imbécile, un homme délicat, sensible, facile à émouvoir, ou bien un homme grossier, dur et insensible.

On étudie, on examine, on scrute ces individus de la

tête aux pieds ; on se rend compte de l'ensemble général, puis de chaque partie en particulier, et la plume à la main on les décrit comme si on voulait dicter leurs portraits à un peintre.

Lorsqu'on a fait très-minutieusement cette description écrite, on dessine le portrait en l'absence de l'original ; ensuite la forme du visage est le premier objet qui doit fixer l'attention ; il est essentiel de considérer si elle est ronde, ovale, carrée ou triangulaire.

La forme du visage trouvée, on cherche celle du profil et on établit la longueur perpendiculaire des trois divisions ordinaires du front, du nez, du menton ; en tirant les lignes indiquées figures 9, 10 et 11, planche 2me, afin de constater les formes perpendiculaires, celles qui avancent par le haut, et celles qui rentrent par le haut, ainsi que nous l'expliquerons en parlant des silhouettes.

Quand ces points importans sont bien fixés, on examine séparément le front, les sourcils, l'entre-deux des yeux, le passage du front au nez. On s'assure si l'angle caractéristique, formé par le bout du nez avec la lèvre supérieure, est rectangle, obtus ou aigu. Puis on observe si la bouche, les lèvres et le menton vus de profil, sont perpendiculaires, saillans ou rentrans.

La bouche vue de profil n'admet que trois formes principales :

1° La lèvre supérieure déborde l'inférieure ;

2° Les deux lèvres sont placées en ligne perpendiculaire,

3° C'est la lèvre inférieure qui avance.

Le menton offre les mêmes variétés, il est perpendiculaire, saillant ou rentrant.

Il importe aussi de constater la courbure de l'os de la mâchoire, car cette courbure seule est souvent un indice qui présente une très-grande signification.

Enfin on mesure la distance de l'œil à partir de la racine du nez, on examine sa grandeur, sa couleur et le contour des deux paupières. C'est ainsi qu'en très-peu de temps on parvient à étudier un visage, et lorsqu'on en a bien contracté l'habitude, un coup-d'œil suffit presque toujours pour reconnaître rapidement tous les signes physiognomoniques.

Dès qu'on a étudié de cette manière un visage caractéristique, il faut s'attacher à en trouver un pareil ; et pour y parvenir plus promptement, on cherche uniquement un même front ; s'il est bien parfaitement semblable, on peut compter sur la ressemblance des autres traits, et si cette ressemblance est bien marquée, on ne tarde pas à découvrir le signe physiognomonique de la conformité d'esprit des deux individus.

Pour en être encore plus certain, on épie le moment où ce caractère prédominant est mis en activité ; alors on observe la ligne qui naît du mouvement des muscles, on la compare dans les deux visages, et si ces lignes sont encore pareilles, la conformité d'esprit est positive.

Il importe de commencer par étudier les caractères extrêmes et leurs opposés ; ainsi on passe tour-à-tour des traits d'une bonté excessive à ceux d'une noire méchanceté, d'un homme apathique, que rien ne peut émouvoir, à un homme très-irritable et que la plus légère circonstance transporte de colère. Pour rencontrer ces extrêmes, il faut visiter les maisons de fous, choisir les individus complètement aliénés et les soumettre à l'examen, à l'analyse que nous venons d'indiquer ; ensuite on se transporte dans une nombreuse société de gens bien sensés, et si l'on manque de temps pour faire un examen bien détaillé des figures, on s'attache particulièrement à la fente de la bouche et à la ligne que la paupière supérieure décrit sur la prunelle. Après de nombreuses études on reconnaît qu'en général ces lignes suffisent pour donner l'explication de tout le visage ; mais ces linéamens sont si mobiles et leurs inflexions si délicates, qu'il faut une pratique très-exercée pour les bien saisir. Malgré ce que nous disons de leur importance, ils ne sont pas les seuls qu'on doit étudier, décrire, dessiner, détacher et comparer ; il n'est aucune partie du visage qu'il soit permis de négliger, si l'on veut être réellement physionomiste. Celui qui a le désir d'y parvenir doit faire une étude particulière des silhouettes, c'est le meilleur moyen d'exercer et de perfectionner son tact ; qu'il en fasse une très-grande quantité, qu'il s'applique surtout à rendre les contours d'un profil avec netteté et précision.

Le but du physionomiste, dit Nicolaï, n'est pas seulement de deviner le caractère de l'individu ; il tend plutôt à acquérir une connaissance générale des caractères.

Si l'on dessinait d'année en année le portrait d'une même personne bien connue, on serait à même de faire des comparaisons auxquelles la physiognomonie gagnerait beaucoup.

Le physionomiste, dans ses recherches, doit se demander avant toute chose : jusqu'à quel degré l'homme qu'il étudie est susceptible de l'impression des sens? sous quel point de vue il envisage le monde? quelles sont les facultés dont il est doué, et quel usage il peut en faire?

Selon Térence, il y a six moyens d'arriver à la connaissance de l'homme; c'est d'étudier,

1º Les traits de son visage;

2º Son langage;

3º Ses actions;

4º Ses inventions;

5º Ses vues;

6º Ses liaisons.

Des Silhouettes.

La silhouette du corps humain, ou seulement du visage, est de tous les portraits le plus faible et le moins achevé; mais d'un autre côté, il en est le plus vrai et le plus fidèle, lorsque la lumière a été placée à une juste distance, lorsque l'ombre s'est peinte sur une surface bien unie, et que le visage s'est trouvé dans une position parfaitement parallèle à cette surface.

Afin qu'on puisse obtenir des silhouettes bien exactes, nous offrons, planche 2, figure 2e, le dessin de l'appareil dont se servait Lavater.

Chacun va s'écrier : mais que peut-on voir dans une silhouette? Pour sentir et apprécier son utilité, pliez en deux une feuille de papier et découpez un double portrait de fantaisie; séparez et prenez un de ces portraits, puis avec des ciseaux retouchez très-légèrement, soit le front, soit le nez ou le menton; comparez ensuite les deux portraits, vous verrez qu'ils ont l'un et l'autre une expression différente, un autre caractère de physionomie.

Cette différence vous frappera davantage si, dans votre première coupe, vous avez fait la silhouette bien ressemblante.

d'une personne de votre connaissance, car vous ne pourrez plus la reconnaître dans la silhouette que vous aurez retouchée. Alors vous serez convaincu de tous les avantages que présente la silhouette pour l'étude de la physionomie, et vous sentirez l'indispensable nécessité de découper ou de dessiner, avec la plus grande exactitude, les plus légers contours du profil.

Examinons maintenant quels sont les caractères que la silhouette reproduit avec le plus de vérité.

Les silhouettes les plus marquantes sont celles qui représentent un homme fort doux, ou fort colère, très-faible ou très-opiniâtre, un esprit très-profond ou un esprit superficiel.

La fierté et l'humilité s'impriment dans la silhouette mieux que la vanité.

On y retrouve, presque à s'y méprendre, la bonté du cœur, l'énergie de l'âme, la mollesse, la sensualité et surtout l'ingénuité.

La supériorité de génie s'y peint mieux que la grande stupidité, la profondeur du jugement mieux que sa clarté.

Le génie créateur, plus que la richesse des idées, surtout dans le contour du front et des orbites de l'œil.

On distingue, dans chaque silhouette, neuf sections horizontales qui doivent être les points de recherches du physionomiste.

1º L'arc du sommet de la tête jusqu'à la racine des cheveux;

2º Le contour du front jusqu'au sourcil;

3º L'intervalle entre le sourcil et la racine du nez;

4º Le nez jusqu'au commencement de la lèvre;

5º La lèvre supérieure;

6º Les deux lèvres proprement dites;

7º Le haut du menton;

8º Le bas du menton;

9º Le cou, puis le derrière de la tête et la nuque.

L'ensemble d'une silhouette doit être jugé principalement d'après la longueur ou la largeur du visage.

Un profil bien juste et bien proportionné doit être égal en largeur et en hauteur. Une ligne horizontale tirée depuis la pointe du nez jusqu'au derrière de la tête, en position bien droite, ne doit pas excéder en longueur la ligne perpendiculaire qui s'étend depuis le sommet jusqu'à l'endroit où se fait la jonction du menton et du cou.

Si la longueur de la tête excède sa largeur et que les contours soient en même temps durs et angulaires, on doit s'attendre à beaucoup d'opiniâtreté. Si, dans la même disproportion, le contour est à la fois lâche et allongé, il sera l'indice d'une extrême faiblesse.

La tête a-t-elle au contraire plus de largeur que de longueur, alors un contour dur, raide, angulaire et tendu, annonce une inflexibilité redoutable qui, presque toujours, est accompagnée de la plus noire méchanceté. Un contour lâche et mou est, dans le même cas, la marque infaillible de la sensualité, de la faiblesse, de l'indolence et de la volupté.

Dans la silhouette, le nez indique particulièrement le goût et le sentiment; les lèvres, la douceur ou l'emportement, l'amour ou la haine.

Le menton désigne l'espèce et le degré de la sensualité. Le cou, la nuque et l'attitude de la tête en général indiquent la lâcheté, la raideur, la droiture du caractère.

Dans le sommet de la tête on reconnaît moins la force que la richesse de l'esprit; dans l'occiput on distingue le caractère mobile, irritable, celui qui a de l'énergie et du ressort.

L'étude des plâtres, des médailles, est d'autant plus favorable qu'on peut les examiner longuement, plusieurs fois et sous toutes les faces.

Les personnes endormies et celles mêmes qui ont cessé de vivre offrent un vaste champ aux observateurs. En un mot, le physionomiste ne doit négliger aucun moyen, aucune occasion d'analyser des visages de tous les genres, dans toutes les situations, et de se rendre compte des indices physiognomoniques dont ils découvrent des traces plus ou moins marquées, et de l'exactitude des rapports qu'ils présentent entre eux.

Nous devons faire observer que si l'on examine une personne endormie, il faut s'assurer que son sommeil n'est pas troublé par un rêve, car alors sa figure, au lieu d'être calme, se trouve en mouvement, et il est facile de se tromper sur le caractère des indices qu'elle présente.

DES TABLEAUX.

Les portraits, les tableaux d'histoire des Mignard, Largillière, Rigaud, Kneller, Reynolds et Van Dyk, ouvrent une vaste carrière aux études, aux recherches et aux observations du physionomiste; il peut, avec facilité, faire ses observations dans un musée de peinture et passer d'un tableau à un autre pour juger les différences d'expression, selon la situation des personnages qu'ils représentent. En conséquence nous allons donner un aperçu des caractères qui distinguent les œuvres des principaux peintres.

Le Titien : La noblesse du style, le naturel et le sublime de l'expression, les visages voluptueux.

Michel-Ange : Caractères énergiques, fiers, dédaigneux, sérieux, opiniâtres, invincibles.

Le Guide : Expression touchante d'un amour tranquille, pur, céleste.

Rubens : Linéamens de la fureur, de la force et de l'ivrognerie.

Van der Werf : Physionomies modestes et souffrantes.

Lairesse, Le Poussin, Raphaël : Profondeur dans les pensées, le calme de la noblesse, un sublime inimitable.

Hogarth : Les physionomies basses, les mœurs crapuleuses de la lie du peuple, les charges du ridicule, les horreurs du vice.

Gérard Douw : Les caractères bas et ceux des fripons, les physionomies qui expriment l'attention.

Vilkenboon : L'expression de l'ironie.

Spranger : Les passions violentes.

Callot : Les mendians, les filous, les bourreaux.

Henri Goltius et *Albert Durer :* Les sujets bas et comiques, les paysans, les valets.

Rembrand : Les passions du petit peuple.

Annibal Carache : Le comique et les charges de toute espèce.

Chodowiecki : Les traits caractéristiques de chaque vice, les attitudes et les gestes qui conviennent à chaque passion.

Schellenberg : Les ridicules de province.

La Fage : Les physionomies gaies et voluptueuses.

Rugendas : La fureur, la douleur, les grands effets de la passion.

Bloemaert : Les attitudes qui marquent l'abattement.

Schlutter : Têtes gravées à l'eau forte par *Rode*, qui caractérisent la souffrance dans les grandes âmes.

Fuesli : Les effets de la colère, de la frayeur, de la rage.

Mengs : La noblesse, l'harmonie et le calme.

West : Une noble simplicité, du calme et de l'innocence.

Toutes les passions se trouvent exprimées dans les yeux, les sourcils et les bouches de *Lebrun*.

Tels sont les maîtres que le physionomiste doit étudier, en ayant soin d'étendre son examen à toute l'habitude du corps; il ne faut pas oublier que la pose, l'attitude et jusqu'à la manière dont le chapeau est placé sur la tête, fournissent, comme le visage, des indices physiognomoniques.

Le nombre des ouvrages que le physionomiste peut lire avec fruit est très-petit, et lorsqu'on a lu deux ou trois de ces ouvrages, on les connaît presque tous. Au surplus voici le nom des auteurs dont les écrits ont plus ou moins de rapports avec la science physiognomonique. Cureau de la Chambre, Porta, Peuschel, Pernety, Helvetius, Parson, Scipio Claramontius, Huart, Maribitius, Philippe May, Jean de Hagen de Indagine, Jacob Bohmer, Guillaume Gratarole, Paul Lomazzo, Mengs, Engel, Lebrun, et enfin l'art de connaître les hommes par Gaspard *Lavater*, édition publiée en 1807 par M. le docteur Moreau, de la Sarthe, dix vol. in-8°, imprimés chez L. Prudhomme.

DIVISION ANALYTIQUE
DU PROFIL.

Nous avons dit que pour bien étudier la physiognomonie, il faut recourir aux silhouettes, les diviser par plusieurs lignes horizontales, perpendiculaires et obliques. Afin d'être plus facilement compris, nous allons joindre l'exemple au précepte et soumettre le profil de *Lavater* à la division analytique.

La figure 3, planche 2º, présente cette division. Observez bien les trois genres de lignes dont nous venons de parler, car vous devez vous exercer à en tracer de semblables, exactement aux mêmes points, sur les profils que vous voulez examiner. Ensuite remarquez :

1º La déviation de la ligne (*aaa*) du parallélisme des lignes perpendiculaires (*iii* et *hhh.*)

2º L'angle que forme la ligne (*ddd*) avec la ligne (*aaa*) et principalement avec la section inférieure.

3º Le triangle caractéristique résultant des lignes (*ddd, ff* et *hhh*), et faites attention surtout à la longueur et au rapport des deux côtés de l'angle droit (*h-e*) qui détermine la position du front.

4º Considérez la distance de la ligne horizontale (*eece*) à celle qui traverse la pointe du nez (*ffff*), et finalement la distance de cette dernière ligne à celle qui coupe le point milieu de la bouche (*gggg*).

Analysez ainsi les profils qui diffèrent le plus entre eux, et vous serez étonné à quel point la nature est toujours fidèle, toujours régulière.

Pour simplifier l'opération, détachez le carré régulier qui fixe l'extrémité du contour depuis la racine des cheveux, et si vous connaissez l'original de ce profil, appliquez ce carré sur un profil de même grandeur, mais d'un caractère entièrement opposé, et en rapportant la ligne perpendiculaire (*hhh*) à la même hauteur du front, vous découvrirez les contrariétés et les contrastes les plus frappans. Votre surprise augmentera

si vous répétez cet essai sur un profil dont le caractère connu
tient le milieu entre les deux précédens.

L'expérience deviendra encore plus aisée et plus simple,
si vous la bornez au triangle qui détermine le haut du profil
(*ddd*, *ff*, *hh*); vous sentirez plus tard combien la seule différence des trois côtés de ce triangle exprime de choses.

Mais revenons au profil de *Lavater* et examinons ce que
le physionomiste peut y trouver, ce que *Lavater* lui-même y
a reconnu d'après ses principes physiognomoniques.

1º Les contours doucement courhés, qui n'ont rien de tranchant, signalent la franchise et la bonhomie.

2º L'absence des lignes droites est le signe d'une imagination vive, d'un sentiment prompt, mais peu durable, et d'une
nature d'esprit moins propre à un travail régulier qu'à des
compositions isolées et à des ouvrages d'inspiration.

3º L'ensemble du profil de *Lavater* annonce beaucoup de
finesse; cependant quelques traits isolés expriment le contraire : ainsi la lèvre supérieure, qui avance un peu, dénote
la franchise, la candeur, et néanmoins l'étendue de l'espace
entre cette lèvre et les narines indique l'imprudence même
et une crédulité sans bornes.

4º Le contour qui s'étend de la lèvre inférieure à l'extrémité du menton caractérise l'amour de l'ordre.

Tel est le résultat de l'analyse : par la suite nous aurons de
nombreuses occasions de faire connaître plus amplement ces
signes caractéristiques. Nous offrons ce premier aperçu pour
servir de base au mode de recherches et aux observations de
ceux qui veulent se livrer à l'étude de la physiognomonie.
Nous présumons que, d'après cet aperçu, ils entrevoient déjà
la marche à suivre et le succès qu'elle doit avoir à l'aide du
temps, que Bacon a si judicieusement surnommé le père de
toute vérité.

HOMOGÉNÉITÉ
DES CORPS HUMAINS.

« Chaque corps organique compose un tout dont on ne peut
» rien retrancher, et auquel on ne peut rien ajouter, sans que
» l'harmonie soit troublée, sans qu'il résulte du désordre ou
» de la difformité. Tout ce qui tient à l'homme dérive d'une
» même source. Tout est homogène en lui, la forme, la
» stature, la couleur, les cheveux, la peau, les veines, les
» nerfs, les os, la voix, la démarche, les manières, le style,
« les passions, l'amour et la haine. Il est toujours, toujours
» le même. »

Il existe entre toutes les parties du visage, de la tête et du
corps entier, une homogénéité très-remarquable pour le physionomiste, et telle que le doigt d'un homme ne pourrait s'a-
juster exactement à la main d'un autre homme, et qu'il serait
impossible de composer un visage régulier avec des parties
prises dans différens visages.

Prenez les silhouettes bien exactes de quatre personnes de
même âge, de même stature, et reconnues pour être très-ju-
dicieuses; greffez le front de la première silhouette sur le
nez de la seconde, ajoutez la bouche de la troisième et le
menton de la quatrième. Liez avec le plus grand soin toutes
les parties de ce dessin, de manière que rien ne fasse soupçonner que cette nouvelle silhouette est composée de pièces
de rapport. Eh! bien, le résultat de la réunion de ces différens signes de sagesse deviendra l'image de la folie.

En effet, toute folie semble n'être qu'une disconvenance
hétérogène. Qu'un homme de bon sens soit attaqué de folie,
elle est aussitôt annoncée par des signes hétérogènes. Le bas
du visage s'allonge, les yeux prennent une direction contraire
à celle du front; la bouche ne peut plus rester fermée. En
un mot, les traits subissent quelque dérangement qui les met
hors de leur équilibre, et c'est par le défaut d'harmonie, par
la disconvenance des traits du visage que se manifeste la dé-
mence accidentelle d'un homme naturellement judicieux.

Il est donc essentiel que le physionomiste commence par examiner la convenance, l'homogénéité des parties du visage; sans cette précaution préliminaire il pourrait errer dans son analyse physiognomonique.

La nature, qui agit toujours d'après des lois permanentes, ne s'amuse point à appareiller des parties détachées; elle compose d'un seul jet : ses organisations ne sont pas des pièces de rapport. Aussi ne produit-elle pas des figures aussi disparates que celle composée avec les quatre silhouettes dont nous venons de parler. Cependant elle en offre quelques exemples très-rares, et nous pouvons, à ce sujet, citer un fait assez remarquable.

L'épouse d'un banquier de Paris, Mme D....d, était mère d'un garçon âgé de sept à huit ans. Chacun admirait la jolie figure de cet enfant, ombragée par une superbe chevelure blonde dont les boucles naturelles laissaient à peine entrevoir sa mine vive et lutine. Comme nous avions de fréquentes occasions de voir le peintre Boilly, nous fûmes chargés de lui proposer de faire le portrait de ce charmant enfant.

La proposition ayant été acceptée, Mme D....d, que des affaires imprévues nous empêchèrent d'accompagner, conduisit son fils chez Boilly. Après avoir examiné cet enfant, il refusa de faire son portrait, et, malgré les instances de Mme D....d, il persista dans son refus sans en donner un motif bien plausible. Mme D....d me reprocha vivement de l'avoir engagée à une démarche inutile. Le lendemain nous courons chez Boilly, bien disposés à lui faire des reproches de son étrange procédé, mais il ne nous en laisse pas le temps, dès qu'il nous aperçoit il s'écrie : Ah! mon cher, vous avez donc voulu me mystifier! — Que dites-vous? vous mystifier! — Vous m'annoncez un enfant charmant, et vous m'envoyez un petit monstre.— Un petit monstre, l'enfant de Mme D....d. — Eh! oui, son fils est porteur d'une figure horrible. — Vous plaisantez, tout le monde le trouve charmant. — Mais vous ne l'avez donc pas regardé. — Ma foi! pas beaucoup. — Eh! bien, examinez-le, vous verrez que sa figure est composée de pièces de rapport plus disparates les unes que les autres, et qu'il est impossible de faire avec cette bizarre masqueterie, un portrait qui n'ait pas l'art d'être l'ouvrage d'un véritable gâcheur.

La suite prouva que Boilly avait raison. Mme D....d fit peindre son fils par M. Paillot de Montambert; le portrait fut d'une ressemblance parfaite, et par cette raison personne ne voulut le reconnaître ; chacun le trouva horrible, et nul ne s'aperçut que cette figure si rebutante était exactement celle de l'enfant qu'on prétendait si joli, et qui prouvait si bien que le défaut d'homogénéité produit la difformité.

La nature a des lois dont elle ne s'écarte jamais, elle a modelé tous les hommes d'après une même forme fondamentale. Cette forme néanmoins varie à l'infini, mais sans sortir de son parallélisme et de ses proportions. En conséquence nous allons indiquer quelques traits dont le concours promet la physionomie la plus heureuse.

1o Une conformité, une harmonie frappante entre les trois parties principales du visage, le front, le nez et le menton.

2o Un front qui repose sur une base presque horizontale, avec des sourcils presque droits, serrés et hardiment prononcés.

3o Des yeux d'un bleu clair ou d'un brun clair, qui paraissent noirs à une petite distance et dont la paupière de dessus ne couvre que le quart ou un cinquième de la prunelle.

4o Un nez dont le dos est large et presque parallèle des deux côtés avec une légère inflexion.

5o Une bouche d'une coupe horizontale, mais dont la lèvre supérieure s'abaisse doucement au milieu. La lèvre inférieure ne doit pas être plus épaisse que la supérieure.

6o Un menton rond avancé en saillie.

7o Des cheveux courts, d'un brun foncé, et qui se partagent en grosses boucles frisées.

Pour faire bien comprendre ce que *Lavater* entend par l'homogénéité du visage, nous retraçons, planche 2, figures 9, 10 et 11, des profils qui, dit-il, l'expliquent clairement.

« Comparez le contour du derrière de la tête n° 9 avec le front, le front avec la bouche, et vous trouverez partout le même caractère rude et dur ; une opiniâtreté stupide se manifeste et dans chaque trait séparé et dans la forme de l'ensemble. Serait-il possible qu'un tel front s'associât à une petite lèvre enfoncée? Serait-il possible qu'avec un tel front l'occiput fût voûté en saillie?

« Le profil n° 11 offre un exemple frappant de l'homogénéité du visage. Cet homme ayant perdu son nez par accident y substitua un nez artificiel. Pouvait-il choisir indifféremment une forme quelconque et la faire accorder également avec le reste du visage? Non, assurément; il n'y a qu'un nez rabattu comme celui-ci qui puisse lui convenir. Cette progression était la seule vraie, toute autre eût été incongrue, hétérogène; après cela je demande si le nez ne doit pas remonter nécessairement par derrière, quand il s'incline ainsi par-devant, et réciproquement, si la partie postérieure ne doit pas s'affaisser lorsqu'il est retroussé par le bout? Voilà donc une première règle positive sur laquelle on peut établir l'homogénéité avec une certitude mathématique.

« Quant à la signification du visage, je dirai qu'elle annonce des facultés étonnantes, mais sans énergie; tout son » ensemble en général, et plus particulièrement encore l'œil, » le nez et la bouche, caractérisent un naturel qui ne résiste » qu'à regret aux charmes de la volupté. »

DE LA CONNAISSANCE DU CRANE.

Le physionomiste doit fixer son attention sur la forme de la tête, puisqu'elle varie avec l'âge, et qu'en parlant de la phrénologie appliquée à l'éducation, nous avons indiqué l'époque de son développement complet; mais il est nécessaire d'étudier particulièrement sur l'individu vivant tous les degrés du développement de la tête, à l'époque de chacune des sections qui composent les deux premières périodes de la vie.

« L'observateur attentif se convaincra, dit *Lavater*, que » l'inspection des os du crâne, de leur forme et de leur con- » tour, disent, sinon tout, au moins le plus souvent, beaucoup plus que tout le reste.

Il est donc essentiel, après avoir pris connaissance de la forme du crâne de l'adulte, de suivre la marche graduelle du système osseux, selon les âges des individus, afin de pouvoir apprécier le degré de confiance que méritent les indices physiognomoniques selon l'âge des individus, et en outre pour observer les changemens, les variations, les nuances plus ou moins prononcées, que présentent ces mêmes signes dans l'enfance, l'adolescence, l'âge mûr et la vieillesse.

Afin de faciliter les recherches du physionomiste, nous allons indiquer les os dont l'assemblage forme le crâne et la face.

Appareil osseux de la Tête.

Les artistes grecs, ainsi que l'a remarqué M. Emeric David, représentèrent souvent Prométhée modelant un squelette et paraissant commencer l'homme par son appareil osseux.

Cette méthode de Prométhée, occupé à construire des humains qu'il prétend animer, indique assez la marche que l'on doit suivre pour étudier physiognomiquement l'extérieur de l'homme; il faut d'abord songer à tout ce qui se trouve en dessous, à tout ce qui forme la charpente et compose le squelette, ensuite le couvrir successivement avec les différentes parties qui s'y attachent et qui forment l'extérieur du corps humain, aussi le Prométhée des anciens agissait-il très-méthodiquement, pourquoi ne suivrions-nous pas son exemple.

Le squelette est l'ensemble des parties les plus solides d'un animal, celles qui par leur consistance servent de base, de soutien, ou fournissent des attaches fixes à toutes les autres; celles qui par leurs connexions, leurs dispositions respectives, le mode de leurs articulations, constituent le type fondamental, la forme essentielle de son corps, lui donnent la stabilité, la rectitude, déterminent ses proportions constantes, ses divisions principales, la variété et l'étendue de ses mouvemens.

Ainsi par son aplomb il établit la position droite de toutes les parties, enfin il est la base et la cause principale de l'étendue, de la grâce et de la légèreté que l'on rencontre dans les belles formes extérieures, en un mot de tout ce qui est fixe et fondamental dans la physionomie.

La face qui contient les principaux sens et constitue le fond de la physionomie, ferme toute la partie antérieure de la tête; elle a beaucoup d'espace dans l'homme, néanmoins, comparativement au crâne, elle paraît plus petite et cependant il y a beaucoup plus de visage; en hauteur et en largeur il a plus des deux tiers de la face. Différence très-remarquable et qui dépend de l'étendue qu'occupent les organes de la vie de relation avec lesquels le visage a de nombreux rapports.

En examinant, comme nous allons le faire, le squelette de profil, on ne doit pas oublier qu'excepté l'occipital et le frontal, les os vus d'un côté, existent également de l'autre côté.

La figure 5, planche 2, représente le squelette de la tête vue de profil; voici le nom des différens os que l'on aperçoit :

O. L'occipital, os impair, placé à la partie postérieure du crâne. Cet os doit fixer l'attention des artistes et des physionomistes, parce qu'il se dessine sous la peau et que le relief qui le termine en arrière se développe plus ou moins, suivant le degré de force de l'individu, son tempérament, ses habitudes et ses occupations.

B. Le temporal placé au-devant et sur les côtés de l'occipital. Quoique situé latéralement, cet os contribue à la face par le trou auditif (B), et par son prolongement en avant il concourt à former l'arcade zygomatique (F).

P. Le pariétal en devant de l'occipital est au-dessus du temporal.

A. Le frontal, os impair, placé au sommet du profil. Il contribue en même temps au développement de la face et à la formation du crâne.

Maintenant examinons le squelette en face, voyons même planche, figure 6.

A. L'os frontal se découvre dans tout son développement. Il forme la portion du crâne la plus intéressante pour le physionomiste, par la manière dont sa configuration contribue aux diverses expressions du visage.

N. Les os du nez qui recouvrent les fosses nasales, et se rejoignent par leur partie supérieure au frontal, dont il semblent être un prolongement.

D. La mâchoire supérieure, séparée de l'os maxillaire du côté opposé par les os du nez, et se terminant par une portion très-large, qui forme le bord alvéolaire (D) dans lequel les dents sont implantées.

C. L'os de la pommette, uni par une articulation très-serrée à l'os maxillaire et au prolongement saillant qui vient du temporal.

F. L'arcade zygomatique formée par la réunion de l'os de la pommette avec le prolongement du temporal.

E. La mâchoire inférieure, mobile, plus détachée des autres parties de la face qu'elle termine.

Ces différens os et quelques autres situés plus profondément, forment par leur ensemble tout l'édifice osseux de la tête.

Les cheveux et une portion de l'oreille couvrent en grande partie la fosse temporale F, planche 2, figures 5 et 6. Néanmoins le physionomiste et l'artiste doivent porter leur attention sur cette région du crâne dont la grande étendue est un signe de force et de courage : il importe également qu'ils observent avec soin les différens points que nous avons notés sur le frontal, planche 2, figure 6, savoir :

1º Les bosses frontales,

2º Les bosses nasales,

3º Les arcades sourcilières qui protègent l'œil par une arête bien tranchée, et offrent en dedans, ainsi qu'en dehors, deux légères proéminences ;

4º Les orbites au-dessous des arcades sourcilières, cavités profondes, destinées à contenir les yeux et les mettre, autant qu'il est possible, à l'abri de tout choc.

L'objet remarquable et qui mérite le plus d'attention dans le frontal, c'est son étendue et sa convexité, car elles annoncent le degré de supériorité ou de faiblesse de l'intelligence.

Nous avons déjà fait entrevoir combien la courbure du front est significative en physiognomonie, les recherches do Camper viennent à l'appui de ce que nous avons dit; ce savant anatomiste hollandais s'aperçut que les différences de la physionomie provenaient de la direction de la ligne faciale, ainsi que du degré de saillie, d'enfoncement et de prolongement des mâchoires, qui, l'inclinant plus ou moins, forment un angle plus ou moins prolongé.

Lebrun avait déjà fait la même observation et démontré qu'en abaissant le front on pouvait à volonté dégrader le plus beau profil humain et le faire passer par tous les degrés de l'animalité.

Camper a fait plus encore, il a déterminé le degré d'inclinaison que le front doit avoir pour donner à la face un caractère de beauté et annoncer en même temps le caractère et l'intelligence de l'individu. Cette inclinaison du front cons-

titue ce qu'on nomme l'angle facial, et voici de constater le
degré de cet angle.

On tire avec le plus grand soin la ligne horizontale (a. b.),
qui doit être bien exactement parallèle à la base du crâne
comme dans la fig. 7, pl. 2ᵉ ; ensuite, le long du front et de
la lèvre supérieure, on tire une seconde ligne appelée ligne
faciale. Dans l'exemple que présente la fig. 7, la ligne faciale
(m. g.) fait avec la ligne (a. b.) un angle d'environ 77 degrés ; aussi voit-on que le front recule, que les fosses tem-
porales et les arcades zygomatiques sont beaucoup plus longues
que dans l'état naturel, que le crâne est déprimé et s'allonge
postérieurement ; qu'enfin tout annonce un esprit très-borné
et même stupide. Cette tête que nous présentons comme un
exemple de l'affaissement du front, n'est point idéale, on peut
la voir au musée Dupuytren, dans la collection ; elle a été
donnée par Beauchène le fils.

A mesure que le front recule et s'aplatit, l'angle diminue
d'ouverture ; il était, dit Camper, de 70 degrés avec la tête
d'un jeune nègre, de 42 pour un singe à queue. Les têtes eu-
ropéennes de toutes les nations ont offert un angle de 80 degrés ; enfin Camper a reconnu que « c'est entre les limites
» de 85 et de 100 degrés qu'une physionomie s'embellit,
» s'annoblit au point d'inspirer à sa vue un respect soudain,
» cette vénération religieuse dont Phidias ne put se défendre
» en regardant le marbre fait dieu par son ciseau. »

Le développement, les progrès de l'esprit humain, sont ordinairement en rapport avec ce degré évident de la beauté.
Nous ne voyons pas du moins, dit Cuvier, qu'aucun des peuples
à front déprimé et à mâchoire proéminente ait jamais fourni
des sujets égaux au général des européens, par les facultés
de l'âme, et nous sommes si bien accoutumés à cette liaison
entre les proportions de la tête et les qualités de l'esprit,
que les règles de la physionomie qui s'y rapportent sont devenues un sentiment vulgaire. (Voir les figures 5, 7, 8 et 9
de la planche 5, pour preuves démonstratives.)

De la Tête, de la Face et du Profil.

Une tête ni trop grande, ni trop petite, bien proportionnée avec le reste du corps, promet beaucoup plus d'esprit
qu'une tête disproportionnée ; trop volumineuse, elle annonce

de la stupidité, trop petite, de la faiblesse. Il ne suffit pas que la tête soit bien proportionnée au corps, il faut en outre qu'elle ne soit ni trop arrondie, ni trop allongée, et que sa hauteur perpendiculaire, prise depuis l'extrémité occipitale, soit de la même dimension et égale à sa largeur horizontale.

Le physionomiste doit, comme nous l'avons dit précédemment, diviser la face en quatre parties, savoir : du sommet de la tête à la racine des cheveux, qui bordent le haut du front ; du haut du front aux sourcils ; des sourcils au bas du nez ; du bas du nez à l'extrémité de l'os du menton.

Plus ces divisions sont symétriques, plus il y a de justesse de l'esprit et régularité du caractère. Ensuite il faut 1° comparer le visage avec les proportions du corps entier ; 2° voir s'il est ovale, rond, carré, ou de forme mixte : 3° l'examiner d'après les rapports de la perpendiculaire des quatre divisions énoncées ci-dessus ; 4° d'après l'expression et l'énergie des traits principaux ; 5° d'après l'harmonie générale qui en résulte ; 6° d'après les contours et la flexion plus ou moins visible au premier aspect ; 7° d'après les lignes qu'il présente extérieurement lorsqu'il est vu de trois quarts ; 8° d'après la courbure et surtout l'ensemble de ses parties prises sur le profil..... Enfin il ne faut pas oublier que le caractère se manifeste plus distinctement dans les parties osseuses, tandis que les dispositions habituelles acquises se remarquent plus communément dans les parties molles.

Si l'organisation du visage est très-forte ou très-délicate, le caractère est plus facilement apprécié par le profil que par la face, le profil offre des lignes prononcées, plus simples, plus pures et par conséquent plus aisées à saisir. La disproportion des parties du visage indique proportionnellement des imperfections morales et intellectuelles; les figures 9, 10 et 11 de la planche 2° offrent trois exemples de ces disproportions copiées dans l'anthropométrie d'Albert Durer... L'anti-physionomiste osera-t-il dire que ces physionomies sont belles, distinguées ou spirituelles? C'est impossible, elles s'écartent des proportions ordinaires, et un tel écart produit nécessairement des formes et des traits rebutans.

Du Front.

« La partie osseuse du front, sa forme, sa hauteur, sa
» voûte, sa proportion, sa régularité ou son irrégularité,
» marquent la disposition et la mesure de nos facultés, notre
» façon de penser et de sentir ; la peau du front, sa position,
» sa couleur, sa tension ou son relâchement, font connaître les
» passions de l'âme, l'état actuel de notre esprit ; ou, en
» d'autres termes, la partie solide du front indique la mesure
» interne de nos facultés, et la partie mobile l'usage que nous
« en faisons. »

Cette partie de la tête nommée parfois le miroir de l'âme,
la porte du cœur, le temple de la pudeur, le front doit fixer
particulièrement l'attention des physionomistes : vu de profil,
il est ou penché en arrière, ou perpendiculaire, ou proéminent ; on doit donc reconnaître trois classes différentes, mais
qui admettent de nombreuses subdivisions, savoir :

1° Les fronts en lignes droites ; 2° ceux dont les lignes
indécises se confondent entre elles ; 3° ceux dont les lignes
moitié courbes, moitié droites, se coupent ; 4° les fronts à lignes courbes simples ; 5° ceux à lignes courbes, doubles ou
triples.

Les différentes formes du front établissent des principes
physiognomoniques particuliers. Ainsi, plus le front est allongé, plus l'esprit manque d'énergie ; plus il est serré, court,
compacte, plus le caractère est concentré, ferme et solide. Les
contours arqués et sans angles annoncent la douceur et la
flexibilité du caractère ; il a au contraire de la fermeté
et de la raideur, à proportion que les contours du front
sont droits. Une perpendicularité complète, depuis les cheveux jusqu'aux sourcils, annonce que l'individu manque totalement d'esprit. Avec une forme perpendiculaire qui se voûte
insensiblement par le haut, c'est celui d'un penseur rassis et
profond. Les fronts proéminens appartiennent à des esprits
faibles et bornés.. Penchés en arrière, ils indiquent en général de l'imagination, de l'esprit et de la délicatesse... Les
fronts à lignes droites et qui sont placés obliquement, sont la
marque d'un caractère vif et bouillant. Lorsque l'os qui renferme l'œil est saillant, il y a une aptitude singulière aux

travaux de l'esprit, et une sagacité remarquable pour les grandes entreprises. Les perpendiculaires qui avancent, sont ou étroits et plissés, ou bien courts et unis, ils présagent infailliblement peu de capacité, peu d'esprit, peu d'imagination, peu de sensibilité.... Les caractères les plus judicieux sont annoncés par les fronts carrés, dont les marges latérales sont encore assez spacieuses, et dont l'os de l'œil est bien prononcé.

Pour être parfaitement beau et signaler à la fois la richesse du jugement ainsi que la noblesse du caractère, le front doit fournir le tiers de la face, c'est-à-dire égaler en longueur le nez, et que cette longueur soit aussi celle de la partie inférieure de la face;... dans sa largeur, il doit approcher vers le haut, ou de l'ovale ou du carré;.... il doit être exempt d'inégalités et de rides, et ne se plisser que dans les momens de méditation, dans ceux de la douleur, ou de l'indignation. Il doit reculer par le haut, et avancer du bas.... L'os de l'orbite doit être uni, presque horizontal, et décrire une courbe régulière; enfin la couleur de la peau doit être plus claire que celle des autres parties du visage.

« Quand le front est perpendiculaire, jamais le bas du vi-
» sage n'offre des parties fortement courbées en cercle, à
» moins que ce ne soit le dessous du menton. »

Un front ayant au milieu, ou plus bas, une cavité à peine *perceptible*, annonce de la faiblesse; mais tout est changé si cette cavité est plus marquée, elle annonce alors de l'énergie.

Le front allongé, recouvert d'une peau fortement tendue et très-unie, sur laquelle on n'aperçoit, même à l'occasion d'une joie peu commune, aucun pli, doucement animé, est toujours l'indice d'un caractère froid, acariâtre, soupçonneux, caustique, opiniâtre, fâcheux, rempli de prétentions, rampant et vindicatif.

Un front très en avant par le bas et dont le haut se replie fortement en arrière, avec un nez arqué et la partie inférieure du visage très-allongée, annonce une bien grande disposition à la folie.

Si le front d'un adulte penche du haut en avant, et s'enfonce vers l'œil, il y a imbécilité sans ressource.

Moins on aperçoit sur un front de sinuosités, de voûtes, d'enfoncemens, plus on y trouve de surfaces planes, ou de contours qui paraissent rectilignes, plus il est certain que c'est le front d'un homme ordinaire, d'un homme médiocre, pauvre d'idées, incapable d'invention.

Il y a des fronts bien voûtés, qui semblent annoncer du génie et qui pourtant appartiennent à des imbéciles. C'est au défaut, au désordre, à la confusion de leurs sourcils, qu'on distingue cette fausse apparence de sens ou d'esprit.

Des plis obliques au front, surtout s'ils sont parallèles, signalent un esprit faux et soupçonneux.

Au contraire, des plis parallèles, réguliers, pas trop profonds, ou de pareils plis coupés parallèlement, annoncent un homme judicieux, sage, probe, et d'un sens droit.

Le front dont la moitié supérieure est sillonnée de rides fort distinctes et surtout circulaires, tandis que l'autre moitié très-unie ne présente aucune ride, ce front est la marque infaillible d'un esprit stupide, à peu près incapable de toute espèce d'abstraction.

Lorsque, à la plus légère contraction de la peau, les plis du front s'abaissent fortement vers le milieu, on doit présumer un caractère faible. Si ces plis sont permanens, imprimés profondément et fortement inclinés, cette faiblesse de caractère est accompagnée d'un esprit de lésine et de minutie. Mais il ne faut pas oublier que les génies les plus féconds en talens ont ordinairement au front une ligne qui s'abaisse d'une manière sensible vers le milieu, sur trois lignes parallèles presque horizontales.

Des plis confus, très-marqués et qui semblent lutter les uns contre les autres, sont le signe d'un caractère sauvage, brouillon et difficile à manier.

Des Yeux.

C'est surtout dans les yeux, dit Buffon, que se peignent les images de nos secrètes agitations, et qu'on peut les reconnaître; l'œil appartient à l'âme plus qu'aucun autre organe; il semble y toucher et participer à tous ses mouvemens; il en exprime les passions les plus vives et les émotions les plus tumultueuses, comme les mouvemens les plus doux, et les sentimens les plus délicats; il les rend dans toute leur force, dans toute leur pureté, tels qu'ils viennent de naître; il les transmet par des traits rapides qui portent dans l'âme le feu, l'action, l'image de celle dont ils partent ; l'œil reçoit et réfléchit en même temps la lumière de la pensée et la chaleur du sentiment : c'est le sens de l'esprit et la langue de l'intelligence.

Les yeux bruns ou noirs annoncent un esprit mâle, vigoureux, profond ; tandis que les yeux bleus sont l'indice d'un caractère plus mou et plus efféminé ; cependant on peut encore rencontrer quelque énergie avec des yeux bleus.

Des yeux très-grands, d'un bleu clair, et qui semblent transparens, annoncent une conception facile, un caractère très-sensible, jaloux et susceptible de prévention.

Sous des sourcils noirs et touffus, de petits yeux noirs, étincelans, qui paraissent s'enfoncer lorqu'ils sourient malignement, indiquent de la ruse, des aperçus profonds, un esprit d'intrigue et de chicane.

Néanmoins si ces yeux ne sont point accompagnés d'une bouche moqueuse, ils désignent un esprit froid et pénétrant, beaucoup de goût, de l'élégance, de la précision, plus de penchant à l'avarice qu'à la générosité.

Les gens colères ont des yeux de diverses couleurs, rarement bleus, plus souvent bruns ou verdâtres.

Cette dernière couleur est souvent un signe de vivacité et de courage.

Des yeux dont les angles sont longs et aigus indiquent le génie et le tempérament sanguin.

Des yeux grands, ouverts, d'une clarté transparente et dont le feu brille, avec une mobilité rapide, dans des paupières parallèles, peu larges et fortement dessinées, dénotent une pénétration prompte, de l'élégance et du goût, un tempérament colérique, de l'orgueil et un penchant extrême pour les femmes.

Quand le bord de la paupière d'en haut décrit *un plein ceintre*, c'est l'indice d'un bon naturel et de beaucoup de délicatesse, quelquefois aussi d'un caractère timide, ou enfantin.

Des paupières fort reculées et fort échancrées sont ordinairement le signe d'une humeur colérique.

Des yeux qui, vus de profil, semblent presque de niveau avec le profil du nez, sans être pourtant à fleur de tête, indiquent constamment une organisation faible.

Un caractère plat, faible, pusillanime, ou totalement imbécile, se reconnaît à des yeux qui *ne jettent point de plis* du tout, ou qui jettent beaucoup de plis allongés, toutes les fois qu'ils veulent exprimer la joie ou la tendresse.

Avec des yeux aux sourcils faibles, minces, pour ainsi dire épilés, aux cils longs, arqués, on doit avoir un esprit mou, sombre et flegmatique.

De petits yeux bleus, sans éclat, fortement dessinés, enfoncés sous un front osseux, presque perpendiculaire, rentrant vers le bas, très-sensiblement arrondi vers le haut, appartiennent à des hommes pleins de prudence et de pénétration, mais aussi d'orgueil, de soupçon, d'un caractère dur et froid.

Plus la peau des paupières, au-dessus de la prunelle, fait de saillies et paraît comme coupée pour ombrager la prunelle, tandis qu'en haut elle se retire vers l'os de l'œil, plus il y a de finesse, de tact, de susceptibilité de sentimens, vraie, courageuse et constante.

Certains yeux très-ouverts, très-saillans, avec des physionomies fades, annoncent de l'entêtement sans fermeté, de la bêtise avec des prétentions à la sagesse, un caractère froid qui voudrait montrer de la chaleur, et n'est tout au plus susceptible que d'un feu momentané.

Souvent les hommes observateurs, surtout lorsqu'ils sont frappés par ce qu'ils entendent, ce qu'ils voient, éprouvent un petit mouvement subit à l'angle externe de l'œil, un resserrement des paupières, qui se prolonge plus ou moins long-temps. Ce tic est très-commun parmi les hauts fonctionnaires, les préfets, les juges, etc.

Des Sourcils.

Voyons d'abord ce que Buffon a dit des Sourcils.

« Après les yeux, les parties du visage qui contribuent le
» plus à marquer la physionomie, sont les sourcils; comme
» ils sont d'une nature différente des autres parties, ils sont
» plus apparens par ce contraste, et frappent plus qu'aucun autre trait; les sourcils sont une ombre dans le tableau, qui en relève les couleurs et les formes. Les cils
» des paupières font aussi leur effet; lorsqu'ils sont longs

» et garnis, les yeux en paraissent plus beaux, et le regard
» plus doux. Il n'y a que l'homme et le singe qui aient
» des cils aux deux paupières, les autres animaux n'en
» ont point à la paupière inférieure ; et dans l'homme
» même, il y en a beaucoup moins à la paupière inférieure
» qu'à la supérieure ; le poil des sourcils devient quelquefois
» si long dans la vieillesse, qu'on est obligé de le couper.
» Les sourcils n'ont que deux mouvemens qui dépendent
» des muscles du front, l'un par lequel on les élève, et l'au-
» tre par lequel on les fronce et on les abaisse en les ap-
» prochant l'un de l'autre. »

« Souvent les sourcils seuls, dit *Lavater*, deviennent
» l'expression du caractère de l'homme, témoins les portraits
» du Tasse, de Léon-Baptiste, d'Alberti, de Boileau, de
» Turenne, d'Apelius, de Lefèvre, d'Ochsenstirn, de
» Clarke, de Newton. »

Un sourcil net, épais, formant sur l'œil une espèce d'au-
vent, est toujours le signe d'un esprit mûr, sain et vigoureux.

Des sourcils doucement arqués s'accordent avec la modestie et la simplicité d'une jeune vierge.

Placés en ligne droite et horizontale, ils se rapportent à
un caractère mâle et vigoureux.

Lorsque leur forme est moitié horizontale et moitié
courbe, la force de l'esprit est jointe à une bonté ingénue.

Des sourcils rudes et en désordre sont toujours le signe
d'une vivacité intraitable ; mais cette même confusion annonce un feu modéré, si le poil est fin.

Jamais on ne verra des sourcils confus, hérissés, à des
hommes d'un caractère doux, attentif et souple.

Des sourcils minces sont une marque infaillible de flegme
et de faiblesse.

Lorsqu'ils sont épais et compacts, que les poils sont cou-
chés parallèlement, ils promettent décidément un jugement
mûr et solide, une profonde sagesse, un sens droit et rassis.

Anguleux et entrecoupés, ils dénotent l'activité d'un esprit
productif.

Des sourcils horizontaux, épais, distincts et bien fournis,
indiquent de l'intelligence, un cœur froid, et un esprit fé-
cond en projets.

Plus ils s'approchent des yeux, et plus le caractère est

sérieux, profond et solide. Celui-ci perd de sa force, de sa fermeté et de sa hardiesse, à mesure que les sourcils remontent.

Une grande distance de l'un à l'autre annonce une conception aisée, une âme calme et tranquille.

Avec un front osseux, des sourcils noirs, fort épais, inclinés vers la tempe, et qui semblent peser sur de grands yeux enfoncés qu'ils ombragent, sont ordinairement accompagnés d'un pli dans la joue, long et fortement marqué. Au plus léger mouvement, ce trait exprime le mépris, l'arrogance et le froid dédain.

Des sourcils courts, touffus, découpés, sans être ni longs ni larges, mais fort élevés au-dessus de l'œil, appartiennent ordinairement à des personnes rusées, souples, et douées d'une mémoire heureuse, avec du penchant pour la bigoterie.

Le mouvement des sourcils est d'une expression infinie : il sert principalement à marquer les passions ignobles, l'orgueil, la colère, le dédain.

En terminant cet article, nous rappelerons que, page 151, nous avons présenté en détail les réflexions du peintre Lebrun sur les sourcils et leurs divers mouvemens.

Du Nez.

« Un beau nez ne s'associe jamais avec un visage difforme. On peut être laid et avoir de beaux yeux; mais un nez régulier exige nécessairement une heureuse analogie des autres traits. Aussi voit-on mille beaux yeux contre un seul nez parfait en beauté; et là où il se trouve, il suppose toujours un caractère excellent, distingué. »

Un nez parfaitement beau, doit être d'une longueur égale à celle du front, ou un tiers de la longueur totale de la face.

Il doit avoir à sa racine une légère cavité, un petit enfoncement qui le sépare du front.

Vue par devant, l'épine du nez doit être large et presque parallèle des deux côtés, et il faut que cette largeur soit un peu plus sensible vers le milieu.

Le bout ou la pomme du nez ne doit être ni dur ni

charnu : le contour inférieur doit être dessiné avec précision et correction, ni trop pointu ni trop large.

De face, il faut que les ailes du nez se présentent distinctement, et que les narines se raccourcissent agréablement au-dessous.

Dans le profil, le bas du nez n'aura qu'un tiers de sa longueur.

Les narines doivent aller plus ou moins en pointe, et s'arrondir par derrière ; elles seront en général doucement ceintrées et partagées en deux parties égales par le profil de la lèvre supérieure.

Vers le haut il joindra de près l'arc de l'os de l'œil ; et sa largeur, du côté de l'œil, doit être au moins d'un demi-pouce.

Un nez qui réunit toutes ces perfections exprime tout ce qui peut s'exprimer. Cependant beaucoup de gens du plus grand mérite n'ont pas un semblable nez : Socrate, Boerhave et Lairesse avaient le nez fort laid, mais le fond de leur caractère était la douceur et la patience.

Un nez dont l'épine est large, n'importe qu'il soit droit ou courbé, annonce toujours des qualités supérieures.

Sans cette épine, et avec une racine fort étroite, le nez indique souvent une énergie extraordinaire, mais elle est momentanée, passagère et sans durée.

Lorsqu'il n'existe pas un léger enfoncement dans la jonction du nez au front, on ne doit espérer ni noblesse ni grandeur dans l'individu.

Le nez extrêmement penché vers la bouche annonce un caractère froid, insensible, un esprit malin, et de la mauvaise humeur.

La narine petite est le signe certain d'un esprit timide, incapable de hasarder la moindre entreprise.

Lorsque les ailes du nez sont bien dégagées, bien mobiles, elles dénotent une grande délicatesse de sentiment, qui peut dégénérer en sensualité et en volupté.

Le nez qui se courbe au haut de la racine est l'indice d'un caractère impérieux, ferme dans ses projets.

Sans inflexions douces, sans entailles légères, sans ondulations plus ou moins marquées, il n'est point de nez physiognomiquement bon, grand et spirituel.

L'homme dont le nez penche extrêmement vers la bouche n'est jamais ni vraiment bon, ni gai, ni grand, ni noble; il est froid, insensible, peu communicatif, de mauvaise humeur et d'un esprit malin.

Si le nez de ce genre est courbé du haut, il est encore l'indice d'un penchant extrême pour la volupté.

Des nez un peu retroussés, avec enfoncement marqué vers la racine, sous un front plus perpendiculaire que rentrant, décèlent une disposition naturelle à la volupté, à la mollesse, à la jalousie, à l'entêtement; mais une pareille disposition n'est point incompatible avec la finesse, la probité, la bonhomie.

Des nez marqués des deux côtés de plusieurs enfoncemens rendus sensibles au plus léger mouvement, et qui ne disparaissent pas même entièrement dans le repos absolu, annoncent un esprit lourd, incommode, souvent hypocondriaque, et quelquefois d'une malice opiniâtre.

Des nez retroussés, à des hommes grossiers et colères, sous des fronts hauts, intelligens, mais rentrant pourtant vers le bas, avec la lèvre inférieure fort avancée, indiquent presque toujours des caractères d'une dureté insupportable, d'un despotisme effrayant.

Les narines doivent aller plus ou moins en pointe et s'arrondir par-derrière.

De face, il faut que les ailes du nez se présentent distinctement, et que les narines se raccourcissent agréablement au-dessous.

Nous croyons devoir adjoindre aux idées de *Lavater* les réflexions suivantes qui nous ont été inspirées par un article sur le nez.

Indices physiognomoniques du Nez.

(Extrait d'une Notice publiée par M. Bourdon.)

Toutes les parties qui composent le visage de l'homme, savoir : le front, les sourcils, les yeux, les joues, la bouche, le menton et même les oreilles, ont une *motilité* particulière, qui les rend très-facilement impressionables par la pensée qui occupe la passion qu'on ressent, la sensation qu'on éprouve, et l'état secret de l'âme se peint ostensiblement sur toutes les parties du visage. Dans ce moment le nez ne reste point immobile, comme pourraient le croire quelques personnes, il s'allonge ou se raccourcit ; les narines s'ouvrent ou se ferment, se relèvent ou s'abaissent ; d'autres fois de légers plis obliques et parallèles se forment sur les faces latérales du nez ou à sa racine : enfin, dans certains cas, les oreilles rougissent ou pâlissent très-fortement, et c'est pour cette raison qu'on doit les adjoindre aux parties sur lesquelles se fait remarquer l'impression produite par l'état de l'âme.

De ce que nous disons, on aurait tort de conclure que toutes les autres parties du corps sont exemptes de cette impression ; il est facile de démontrer le contraire et de prouver que l'état moral a une influence très-marquée sur tout le physique. Par exemple, un homme éprouve un accès subit de colère ; cependant il le maîtrise et ne dit rien qui dénote la violence qu'il se fait à lui-même ; mais sa physionomie parle, elle peint toutes les nuances du sentiment qui l'agite ; son langage, où l'on remarque la contrainte, semble calme et modéré, et pourtant il n'est pas une seule partie de son corps qui ne soit en colère : sa poitrine se gonfle, sa respiration est courte, fréquente et oppressée ; sans y penser, il prend une pose particulière, ses bras se portent en avant comme pour repousser, ses mains s'ouvrent et se resserrent avec force, les muscles de ses jambes se contractent, et ses orteils s'agitent. Ces signes sont bien suffisans pour dénoter l'homme qui s'efforce de dissimuler la violente passion qu'il éprouve, et cependant nous n'avons point parlé de l'expression particulière du visage ; notre but était de faire sentir que toutes les autres parties du corps doivent aussi fixer l'attention du physionomiste ; car, on ne saurait trop le répéter, quel que soit le plus ou le moins de force du sentiment dont le visage reçoit une impression, il agit en même temps sur toute la personne, et il est à regretter que l'on n'ait pas étudié sur l'homme nu la physionomie particulière que chaque passion vertueuse ou vicieuse donne aux diverses parties du corps. Une suite d'observations de ce genre serait d'une bien grande utilité pour les physionomistes, les peintres, les sculpteurs, et même pour les médecins.

Mais revenons aux signes physionomiques que les nez présentent dans leurs formes ainsi que dans leurs dimensions.

« Le nez, dit M. Isidore Bourdon, indique beaucoup
» moins les émotions actuelles que la pente naturelle de
» l'esprit, que l'énergie de la structure et le genre de tem-
» pérament. C'est par lui qu'on découvre la faiblesse ou
» l'énergie, la noblesse ou l'abjection, une sensualité ex-
» cessive ou *l'assujettissement des passions à une volonté*
» *plus forte qu'elles.* Mais il divulgue encore mieux les
» penchans énergiques qui résultent de l'organisation pre-
» mière, que les goûts versatiles qui naissent, après coup,
» de l'éducation ou de l'exemple. Enfin il ne révèle pres-
» que aucune des faiblesses acquises ou des vertus de con-
» vention; mais il dénote, avec quelque certitude, quelle est
» l'essence même du caractère individuel. »

Nous partageons, en grande partie, l'opinion de Monsieur Bourdon, mais nous ne pensons pas que le nez puisse
être un *signe certain*, car on n'a jamais la certitude que le
nez d'un adulte a conservé sa forme normale, et notre devoir est de faire connaître aux physionomistes les circonstances qui peuvent altérer la forme du nez.

Dans l'enfance et l'adolescence, le nez n'a aucune forme
fixe, elle varie chaque jour; à l'époque de la puberté, il
éprouve un développement très-notable; mais il doit encore subir de nouveaux changemens, et ce n'est que de
vingt à vingt-cinq ans qu'il prend une forme *à-peu-près*
déterminée; nous disons à-peu-près, parce que l'accroissement du physique et du moral se prolonge jusqu'à l'âge de
quarante ans et demi, comme nous l'avons fait observer en
parlant des trois périodes de la vie de l'homme.

Pendant les vingt-cinq premières années de l'existence,
la nature est parfois contrariée dans sa marche, et la forme
du nez est exposée à des altérations plus ou moins fortes.

Une chute, un coup sur les os du nez qui se développent,
peut changer en nez très-aquilin un nez qui, sans cet accident, eût été perpendiculaire ou retroussé.

Le nez peut également être déformé par de fréquentes attaques de corysa, vulgairement appelé rhume de cerveau, quoique cette affection n'ait aucun rapport avec cet organe.

Ces prétendus rhumes occasionnent des gonflemens qui laissent des traces d'autant plus sensibles que souvent on enduit le nez, les narines surtout, avec de la pommade, du suif ou d'autres corps gras.

La forme, la dimension des narines peut aussi être altérée par l'usage immodéré des parfums qui déterminent un relâchement, ou par des lavages avec des liqueurs spiritueuses qui produisent un effet opposé;

Par l'usage plus ou moins habituel du tabac;

Par la mauvaise habitude de se moucher très-souvent avec force et pression du nez;

Par l'introduction des doigts dans les narines, pratique fort ordinaire aux enfans qui parfois la conservent pendant toute leur vie, lorsque dans leur jeunesse on a négligé de les en corriger.

La forme du nez peut éprouver de grands changemens par la seule pression des lunettes, des conserves.

Nous faisons usage de lunettes montées en écaille, d'une très-grande légèreté, et néanmoins une petite éminence indique l'endroit où elles posent sur le nez.

Combien de gens ont la sotte habitude de toucher leur nez à chaque instant, de le manier par distraction.

Combien d'autres, après s'être soigneusement mouchés, achèvent de nettoyer leurs narines avec le bout du doigt enveloppé dans le mouchoir.

Nous en avons dit assez pour démontrer que la forme normale du nez peut être facilement dénaturée, et qu'en conséquence on ne peut pas le considérer comme un signe toujours certain de tel ou tel caractère. M. Bourdon ne contestera point la validité des causes de déformation que nous alléguons; il sait bien quel est leur effet, puisqu'il dit que chez les Perses, grands amateurs des nez aquilins, « des » eunuques étaient spécialement chargés de *malaxer* le nez » des jeunes altesses persannes, afin de leur procurer » un nez digne de figurer sur le trône. »

En effet le *massage*, qui consiste à presser avec la main, à pétrir en quelque sorte les diverses parties du corps, est fort en usage chez les orientaux, au sortir du bain, comme moyen d'exciter la vitalité musculaire : par conséquent il est naturel, en *massant* fréquemment le nez, de déterminer son développement. *Ubi stimulus, ibi affluxus.*

Après avoir signalé les motifs qui, dans certains cas, nous font révoquer en doute l'infaillibilité prophétique du nez, nous allons faire connaître les indications qu'il semble fournir selon sa forme, sa grosseur, etc. Au surplus, nous dirons comme M. Bourdon, ce sont « des conjectures que chacun » pourra modifier à sa guise. »

Quoi qu'il en soit, les beaux et grands nez aquilins ou non, « formant le tiers de la face en hauteur et le quart de » la totalité de la tête, » indiquent les plus heureuses organisations; aussi les anciens prétendaient-ils que les grands nez étaient les seuls compatibles avec la majesté des dieux et des héros. (Dans le temps de la terreur, M. Friguet Montan, ingénieur des ponts-et-chaussées à Orléans, étant venu à Paris, faillit y être guillotiné pour avoir dit : *les grands nez sont des polissons.*) Heureusement il en fut quitte pour un séjour de deux mois à la conciergerie.

Néanmoins il est à remarquer qu'un grand nez surmonté d'un front large et proéminent, dont il est séparé par une légère dépression, est un signe assez ordinaire de fermeté, de constance, de persévérance, d'opiniâtreté portée jusqu'à l'entêtement, et en outre d'un ardent désir de la puissance. Tout ce que nous disons est confirmé par quinze ans d'expérience, et on le voit écrit sur le nez et le front de Napoléon.

Lorsque la dépression, l'échancrure qui doit séparer le nez du front n'existe pas, les indices sont bien différens; alors ils annoncent une excessive vanité, des caprices, une ambition mal dirigée, et la puissance remplacée par le penchant au despotisme, à la tyrannie. C'est précisément ce qu'indique le nez de Narcisse, continu avec le front sans enfoncement intermédiaire.

Quand par hasard le possesseur d'un nez et d'un front comme celui de Napoléon a les yeux presque de niveau avec le nez, les indices deviennent encore plus défavorables; il y a une sorte de stupidité, une excessive faiblesse d'esprit, une hésitation continuelle dans la volonté, et par conséquent incapacité de bien faire.

On peut donc, laissant à part les diverses nuances dont

nous venons de parler, établir pour principe général que le nez aquilin, légèrement enfoncé au-dessous du front, est l'indice de la hauteur et de l'ambition. C'est le nez des gens d'idiocrasie bilieuse.

Un nez médiocre et effilé annonce de l'imagination, de l'enthousiasme, une grande sensibilité, parfois de la finesse, de l'astuce, de la ruse, et de la disposition à abuser de ces trois dernières. Un tel nez appartient à l'idiocrasie nerveuse.

On reconnaît un individu privé d'énergie, de constance, et surtout de jugement, à son nez court, ramassé, épais vers ses ailes, et souvent accompagné de grosses lèvres. Le propriétaire d'un tel nez est en général d'une idiocrasie lymphatique.

Le nez dont la cloison mitoyenne dépasse les narines, descend vers la bouche, et se confond avec la lèvre supérieure, signale une personne égoïste, ou douée d'une excessive avidité.

Attendez-vous à trouver peu de sagacité, peu de grandeur d'âme, mais beaucoup d'opiniâtreté, et une grande propension à la jalousie, chez l'individu porteur d'un nez dont la racine est enfoncée, le bout gros et retroussé.

Si le bout du nez descend devant la lèvre supérieure et ombrage la bouche, M. de Châteaubriand y reconnaît le signe de la résignation; mais, selon M. Bourdon, ce nez annonce des pensées essentiellement terrestres.

L'homme hypocondre, opiniâtre, misanthrope, doué parfois d'un esprit malin et sardonique, a généralement des plis parallèles sur les faces latérales du nez.

Voyez-vous un nez court, subitement arrondi, ou un peu retroussé, avec des sourcils épais et en désordre, dites c'est un homme colère.

Socrate et Gall avaient un nez retroussé, signe presque toujours certain d'un caractère passionné. Les gens, dits à bonnes fortunes, ont en général un nez de cette espèce.

On rencontre souvent dans ce bas monde des personnages doués d'un caractère constamment hostile, processif et méchant pour le plaisir de l'être. Ces gens-là, toujours prêts à tout sacrifier au bonheur de débiter un mauvais bon mot, une épigramme, sont faciles à reconnaître; ils ont pour l'ordinaire un petit nez retroussé, de très-petits yeux, om-

bragés par des sourcils saillans, qui se rejoignent à la racine
du nez, lorsqu'ils ne sont pas épilés.

Quelquefois le nez est incliné à droite, mais cette inclinaison n'offre aucun indice particulier, et provient, selon
M. Bourdon, de l'habitude de se servir préférablement de
la main droite : « les gauchers, dit-il, ont le nez incliné à
» gauche. » La chose est très-possible, et si elle est confirmée par l'observation, l'inclinaison du nez devient un signe
physiognomonique, et fait connaître quelle est la main
dont se sert plus habituellement l'individu dont le nez est
incliné à droite ou à gauche.

Des Joues.

« Le chagrin creuse les joues ; la rudesse et la bêtise
» leur impriment des sillons grossiers; la sagesse, l'expé-
» rience et la finesse d'esprit les entrecoupent de traces lé-
» gères et doucement ondulées. »

Certains enfoncemens, plus ou moins triangulaires, qui se
remarquent quelquefois dans les joues, sont le signe infaillible de l'envie ou de la jalousie.

Une joue naturellement gracieuse, agitée par un doux
tressaillement qui la relève vers les yeux, est le garant d'un
cœur sensible, généreux, incapable de la moindre bassesse.

Il ne serait pas sage d'accorder trop de confiance à
l'homme qui ne sourit jamais agréablement.

La grâce du sourire peut servir de thermomètre pour la
bonté du cœur et la noblesse du caractère.

Sur la joue qui sourit, voit-on se former trois lignes parallèles et circulaires, on doit trouver un fond de folie dans
le caractère.

Du Menton.

« Une longue expérience a prouvé à *Lavater*, qu'un men-
» ton avancé annonce toujours quelque chose de positif; au
» lieu que la signification du menton reculé est toujours né-
» gative. Souvent le caractère de l'énergie ou de la faiblesse
» de l'individu se manifeste uniquement par le menton. »

Une forte incision au milieu du menton indique l'homme judicieux, rassis et résolu.

Un menton pointu passe ordinairement pour le signe de la ruse; cependant *Lavater* a trouvé cet indice chez les personnes les plus honnêtes, et chez elles *la ruse n'était qu'une bonté raffinée.*

Un menton mou, charnu et à double étage, est, la plupart du temps, la marque et l'effet de la sensualité.

Les mentons angulaires annoncent des gens sensés, fermes et bienveillans.

Les mentons plats supposent la froideur et la sécheresse du tempérament.

Les petits caractérisent la timidité.

Les ronds avec la fossette peuvent être regardés comme le gage de la bonté.

Un menton osseux, long, large, lourd, ne se voit ordinairement qu'à des gens grossiers, durs, orgueilleux et violens.

Lavater établit trois classes générales pour les différentes formes du menton.

1re. Le menton reculé, qui lui fait toujours soupçonner quelque côté faible, et qu'on pourrait nommer le menton féminin, parce qu'on le retrouve presque à toutes les femmes.

2me. Les mentons qui, vus de profil, sont en perpendicularité avec la lèvre inférieure. Ceux-ci lui inspirent beaucoup de confiance.

3me. Les mentons qui débordent la lèvre d'en bas, en d'autres termes les mentons pointus qui accréditent chez lui l'idée d'un esprit actif et délié, pourvu qu'ils ne fassent pas *l'anse,* car cette forme exagérée conduit ordinairement à la pusillanimité et à l'avarice.

De la Bouche et des Lèvres.

« La bouche est l'interprète et le représentant de l'es-
» prit et du cœur; elle rassemble, et dans son état de repos
» et dans la variété infinie de ses mouvemens, un monde de
» caractères : elle est éloquente jusque dans son silence. »

Aussi mérite-t-elle toute l'attention du physionomiste qui, dans chaque bouche, doit distinguer soigneusement :

1° Les deux lèvres, chacune séparément;

2° La ligne qui résulte de leur jonction, lorsqu'elles sont doucement fermées, et lorsqu'elles peuvent l'être sans effort;

3° Le centre de la lèvre de dessus et celui de la lèvre d'en bas ; et chacun de ces points en particulier;

4° La base de la ligne du milieu, c'est-à-dire un petit angle formé par la lèvre supérieure et dont l'ombre, sur celle inférieure, est très-sensible lorsque la lumière peu vive vient d'en haut;

5° Les coins qui terminent cette ligne et par lesquels elle se dégage de chaque côté.

Sans ces distinctions il est impossible de bien dessiner et de bien juger la bouche.

Il existe un rapport parfait entre le caractère et les lèvres; qu'elles soient fermes, qu'elles soient molles et mobiles, on voit que toujours le caractère est d'une trempe analogue.

Si les lèvres sont grosses, bien prononcées et bien proportionnées, si elles présentent des deux côtés la ligne du milieu également bien serpentée, ces lèvres sont incompatibles avec la bassesse, la fausseté et la méchanceté ; mais quelquefois elles annoncent un peu de penchant à la volupté.

La bouche resserrée, fendue en ligne droite et où le bord des lèvres ne paraît pas, est l'indice certain du sang-froid, d'un esprit appliqué, ami de l'ordre, de l'exactitude et de la propreté.

Si elle remonte en même temps aux deux extrémités, elle suppose un fond d'affectation, de prétention et de vanité; peut-être aussi un peu de malice.

Des lèvres charnues présagent la sensualité et la paresse. Rognées et fortement prononcées, elles inclinent à la timidité et à l'avarice.

Lorsqu'elles se ferment doucement et sans effort, elles indiquent un caractère réfléchi, ferme et judicieux.

Une lèvre supérieure qui déborde un peu est la marque distinctive de la bonté; la lèvre inférieure qui avance indique, au lieu d'une vive tendresse, une froide et sincère bonhomie.

La lèvre inférieure assez saillante pour dépasser sensiblement la lèvre supérieure, annonce du penchant à la volupté et aux plaisirs sensuels en général.

La lèvre inférieure qui se creuse au milieu, n'appartient qu'aux esprits enjoués.

Une bouche bien close, mais sans affectation, annonce le courage.

Une bouche béante est plaintive.

Une bouche fermée souffre avec patience.

La bouche, dont les lèvres sont également avancées, est celle de l'homme honnête et sincère.

Les extrémités de la bouche abaissées d'une manière marquée et oblique, sont l'expression du mépris, de l'insensibilité, surtout si la lèvre inférieure est plus grosse que la supérieure.

Si la lèvre inférieure dépasse horizontalement la moitié de la largeur de la bouche vue de profil, il est certain que, selon les autres indices physionomiques, il y aura isolément ou bêtise, ou rudesse, ou avarice, ou malignité, ou tous les quatre ensemble.

Les petites lèvres et la ligne centrale de la bouche fortement tracée et se retirant en haut sur les côtés d'une manière désagréable, annoncent la méchanceté, une froide insensibilité, un mépris des hommes, incompatibles avec des affections libérales.

Une bouche à lèvres très-étroites, se retirant en haut vers les deux extrémités, sous une lèvre supérieure qui, vue de profil, paraît arquée depuis le nez, cette bouche appartient à un avare, rusé, actif, industrieux, froid, dur et flatteur.

La lèvre inférieure, lorsqu'elle est très-protubérante, plus saillante que la supérieure et renversée en dehors, en un mot la lèvre semblable à celle que les peintres donnent aux satyres, dénote un individu très-lascif, un libertin dont les goûts sont dépravés.

La bouche, qui a deux fois la longueur de l'œil, d'un angle à l'autre, est la bouche d'un sot.

Toute disproportion entre la lèvre supérieure et la lèvre inférieure est un indice de méchanceté ou de folie.

Lorsqu'un homme d'esprit, ayant la bouche fermée, laisse habituellement entrevoir une dent, c'est un signe de sévérité, de froideur et de méchanceté.

Une petite bouche étroite, sous de petites narines et un front elliptique, est toujours peureuse, timide et d'une vanité puérile.

Le long intervalle placé entre la bouche et le nez est toujours le signe d'un défaut de prudence, par excès de franchise.

De trop grandes lèvres, quoique bien proportionnées, décèlent toujours un homme peu délicat, sordide ou sensuel, quelquefois même, un homme stupide ou méchant.

Des Dents.

« Rien de plus positif, de plus frappant, ni de mieux prouvé » que la signification caractéristique des dents, considérées » non-seulement suivant leurs formes, mais aussi par la ma- » nière dont elles se présentent. »

« Les dents petites et courtes, que les anciens physiono- » mistes regardaient comme le signe d'une constitution fai- » ble, sont, à mon avis, dans l'adulte, l'attribut d'une force » de corps extraordinaire. Je les ai retrouvées aussi à des gens » doués d'une grande pénétration; mais dans l'un et l'autre » cas elles n'étaient ni bien belles ni bien blanches. »

« De longues dents sont un indice certain de faiblesse et de » timidité. »

Les dents blanches, propres et bien arrangées, qui, à l'ouverture de la bouche, paraissent s'avancer sans déborder, annoncent, dans l'adulte, un esprit doux et poli, un cœur bon et honnête.

On peut bien avoir un caractère très-estimable avec des dents gâtées, noires, laides et inégales, mais ce dérangement physique provient le plus souvent de maladies.

Celui qui ne soigne pas ses dents, annonce, par cette seule négligence, *des sentimens ignobles.*

Lorsqu'à la première ouverture des lèvres, les gencives de la mâchoire supérieure paraissent totalement, on doit s'attendre à beaucoup de flegme et de froideur.

Les dents qui s'allongent en avant en formant de la bouche une espèce de museau, sont l'indice de la stupidité.

Les dents qui semblent déprimées et rentrent en dedans, annoncent l'hypocrisie et la ruse.

Le physionomiste doit s'attacher à diriger ses recherches sur les dents : qu'il examine, qu'il étudie, qu'il compare celles de l'homme d'esprit, de l'imbécile, de l'hypocrite, du scélérat, et il reconnaîtra combien elles sont expressives, soit par elles-mêmes, soit par leurs rapports avec les lèvres : on les regarde avec raison comme une des beautés corporelles de l'espèce humaine, puisque leur chute dépare non-seulement le plus beau visage, mais elle semble encore devenir l'indice d'un trouble organique et préluder à une vieillesse plus ou moins précoce.

Des Oreilles.

Lavater indique l'oreille comme devant être un objet d'étude pour le physionomiste, mais il ne fait connaître aucune de ses observations sur cette partie, il se borne à dire :

« Pour ce qui est de l'oreille, je conseillerai de faire attention,

« 1° A la totalité de sa forme et de sa grandeur ;

« 2° A ses contours intérieurs et extérieurs, à ses cavités » et à son enfoncement ;

« 3° A sa position ; il faut voir si elle colle contre la tête, » ou si elle en est détachée. Examinez cette partie chez un » homme courageux et chez un poltron, chez un philosophe » et chez un imbécile-né, et vous apercevrez bientôt des » différences distinctives qui se rapportent à chaque carac- » tère. »

Nous nous permettrons d'ajouter qu'il n'est pas douteux que l'observateur trouvera dans l'oreille quelques indices de certains sentimens, de certaines passions, car dans une foule de circonstances on voit le pavillon entier de l'oreille rougir ou pâlir d'une manière plus ou moins prompte, et devenir d'une couleur plus ou moins intense ; d'autres fois c'est le lobule seul qui rougit ou pâlit, ou bien encore, le pavillon et le lobule éprouvent dans le même instant des effets opposés, l'un rougit et l'autre pâlit. Nous n'avons point la prétention d'expliquer ces mouvemens divers, mais nous croyons devoir les soumettre aux recherches des physionomistes.

De la Nuque et du Cou.

Une observation sur la tournure du cou fut le premier germe de l'étude favorite de *Lavater;* c'est à dater de cette ob-

servation, faite en présence de Zimmermann, qu'il suivit avec
constance ses recherches physiognomoniques.

D'après cette circonstance, on doit s'étonner qu'il ait traité
la nuque et le cou comme les oreilles, sans observations, sans
préceptes. Ce laconisme est d'autant plus singulier que *Lavater* termine sa courte note par ces mots : « Si cette partie
» (le cou) m'avait paru moins frappante et moins significa-
» tive, il est très-probable que je n'eusse jamais écrit une
» seule ligne sur la science physiognomonique. »

Des Cheveux.

« **Les cheveux** offrent des indices multipliés du tempéra-
» ment de l'homme, de son énergie, de sa façon de sentir,
» et par conséquent aussi de ses facultés spirituelles : ils
» n'admettent pas la moindre dissimulation ; ils répondent à
» notre constitution physique comme les plantes et les fruits
» répondent au terroir qui les produit. Vous aurez soin de
» distinguer la longueur des cheveux, leur quantité et la
» manière dont ils sont plantés ; leur qualité, s'ils sont ronds,
» lisses ou frisés ; leur couleur. »

Les longs cheveux sont un indice de faiblesse de caractère.

La chevelure plate ne s'associe jamais à un esprit mâle.

Des cheveux noirs, plats, épais et gros, dénotent peu d'esprit, mais de l'assiduité et l'amour de l'ordre.

La couleur des cheveux offre les mêmes indications que la
couleur des yeux, et le physionomiste doit en tirer les mêmes
conséquences.

Des cheveux noirs et minces, placés sur une tête mi-chauve,
dénotent un jugement sain et net, mais qui exclut l'invention
et la saillie.

Les cheveux blonds annoncent généralement un tempérament délicat.

Les cheveux roux caractérisent, dit-on, un homme souverainement bon ou souverainement mauvais.

Un contraste frappant entre la couleur des cheveux et la
couleur des sourcils doit inspirer de la défiance.

Des Mains.

De même que toutes les autres parties du corps, les mains fournissent aussi des indices physiognomoniques, elles contribuent à faire connaître le caractère de l'individu; leurs mouvemens sont un langage aussi expressif que vrai, car la main ne peut pas dissimuler, le geste trahit la pensée.

Quoy, des mains? dit Montaigne, nous requerons, nous promettons, appellons, congédions, menaçons, prions, nions, refusons, interrogeons, admirons, nombrons, confessons, repentons, craignons, vergoignons, doutons, commandons, incitons, encourageons, jurons, témoignons, accusons, condamnons, absolvons, méprisons, deffions, despitons, flattons, applaudissons, bénissons, humilions, moquons, reconcilions, recommandons, exaltons, festoyons, resjouïssons, complaignons, attristons, desconfortons, désespérons, estonnons, escrions, taisons : et quoy non? d'une variation et multiplication à l'envy de la langue.

Montaigne a raison de dire à l'envy de la langue, l'italien pourrait s'en passer; très-souvent sa langue reste muette, ce sont ses mains qui parlent, et leur langage est aussi facile à comprendre qu'à parler. Maintes fois en parcourant les plaines de la Toscane ou les Apennins, nous avons employé cette langue mimique pour demander notre route ou d'autres renseignemens à un paysan fort éloigné de nous et dont nous avions appelé l'attention par un coup de sifflet.

« Il y a autant de diversité et de dissemblance entre les formes des mains, qu'il y en a entre les physionomies. »

« Deux visages parfaitement ressemblans n'existent nulle part, et de même, vous ne rencontrerez pas chez deux personnes différentes deux mains qui se ressemblent. Plus il y a de rapport entre les visages et plus il s'en trouve entre les mains. »

La forme de la main varie à l'infini : son volume, sa couleur, sa carnation, ses contours, sa longueur, sa largeur, sa rondeur, offrent des différences très-marquées, et le physionomiste doit les étudier avec soin.

De la Poitrine, du Ventre, des cuisses, des Jambes et des Pieds.

Des épaules larges, qui descendent insensiblement, sont un signe de force et de santé; au contraire, des épaules défectueuses et de travers indiquent une complexion délicate, mais il semble qu'elles favorisent la finesse, l'activité de l'esprit, l'amour de l'exactitude et de l'ordre.

Une poitrine large et carrée, ni trop convexe, ni trop concave, suppose des épaules bien constituées, et fournit les mêmes indices.

Une poitrine plate dénote la faiblesse du tempérament, et cette faiblesse est très-grande si la poitrine est déprimée et semble creuse.

L'homme dont la poitrine est excessivement velue, doit avoir du penchant à la volupté. Ce penchant est encore plus fort si les épaules, les bras et les cuisses sont également très-velues.

Un ventre gros et proéminent incline bien plus à la sensualité et à la paresse qu'un ventre plat et retréci.

Le Torse de Rome est le modèle parfait d'un dos et d'un ventre bien proportionnés.

Enfin les pieds, selon leur structure et leur forme, achèvent d'indiquer le degré de force et d'énergie de l'individu. Personne ne confondra le pied d'un Hercule avec celui d'un Ganimède.

De la Stature, des Proportions, de la Pose.

Albert Durer est celui qui a donné la meilleure théorie des proportions et qui les a le mieux observées dans ses dessins. Quant aux poses et aux attitudes, personne ne l'emporte sur Chodowiecki, tant pour la richesse de l'imagination que pour la vérité et la variété de l'expression. D'après les ouvrages de ces deux artistes et les études de Raphaël, on doit, selon *Lavater*, adopter comme autant d'axiomes les propositions suivantes :

1. — La proportion du corps et le rapport qui se trouve entre ses parties, déterminent le caractère moral et intellectuel de chaque individu.

2. — Il y a une harmonie complète entre la stature de l'homme et son caractère. Pour vous en convaincre, commencez par étudier les extrêmes, les géans et les nains, les corps trop charnus ou trop maigres.

3. — La même convenance subsiste entre la forme du visage et celle du corps; l'une et l'autre de ces formes est en accord avec les traits de la physionomie, et tous ces résultats dérivent d'une seule et même cause.

4. — Un corps orné de toutes les beautés de proportions possibles, serait un phénomène aussi extraordinaire qu'un homme souverainement sage ou souverainement vertueux.

5. — La vertu et la sagesse peuvent résider dans toutes les statures qui ne sortent point du cours ordinaire de la nature.

6. — Mais plus la stature et la forme seront parfaites, et plus la sagesse et la vertu y exerceront un empire supérieur, dominant et positif; au contraire, plus le corps s'éloigne de la perfection, et plus les facultés intellectuelles et morales y sont inférieures, subordonnées et négatives.

7. — Parmi les statures et les proportions, comme parmi les physionomies, les unes nous attirent universellement, et les autres nous repoussent ou du moins nous déplaisent.

Des Attitudes, de la Marche et du Geste.

« Je soutiens que la représentation fidèle d'une vingtaine
» de nos attitudes, choisies avec intelligence, et dans des
» momens où nous ne nous croyons observés par personne,
» pourrait nous conduire à la connaissance de nous-mêmes,
» et devenir une source d'observations utiles; peut-être n'en
» faudrait-il pas davantage pour donner une idée complète
» du caractère de chaque individu.

« En suivant mon principe, je l'applique encore au geste...
» Rien de plus significatif surtout que les gestes qui accom-
» pagnent l'attitude et la démarche. Naturel ou affecté, ra-
» pide ou lent, passionné ou froid, grave ou badin, noble

18

» ou bas, fier ou humble, hardi ou timide, gracieux, impo-
» sant, flatteur, menaçant, le geste est différencié de mille
» manières. Apprenez à démêler et à saisir toutes ses nuan-
» ces, et vous aurez fait un grand pas dans la carrière phy-
» siognomonique. L'harmonie étonnante qui existe entre la dé-
» marche, la voix et le geste, ne se dément jamais. »

Démosthènes qui a reproché à Nicobule d'avoir une marche précipitée, disait que, parler avec insolence et marcher
avec vitesse, sont la même chose. Par suite de cette opinion, le
mouvement mesuré et pas trop rapide du corps était regardé
par les anciens comme le signe caractéristique d'une âme sage
et généreuse.

Voyez cet homme qui relève fièrement la tête, porte son
corps en arrière, avance un de ses pieds, et le bras tendu,
semble, avec le doigt indicateur, marquer une certaine distance entre lui et l'individu auquel il parle. Tout annonce
en cet homme une prétention ridicule, par conséquent un
fond de sottise; nul doute que cet homme est vain, orgueilleux,
et d'un caractère impérieux.

Cet autre, assis sur le bord de sa chaise, les mains tour-
à-tour croisées devant lui ou étendues sur ses cuisses, il
semble fixer attentivement quelque objet, mais il ne voit
rien, c'est un imbécile qui n'entend pas même ce qu'on lui
dit, et il reste immobile sur son siége, parce qu'il est aussi
embarrassé de sa personne que de sa langue.

Celui-là qui marche avec une si grande rapidité, comme il
paraît affairé! Il est sans doute bien pressé d'arriver. Nullement; rien ne l'oblige à se hâter, et cette marche précipitée
trahit l'impatience de son caractère. On ne trouvera jamais
une humeur douce et tranquille dans l'homme qui s'agite sans
cesse avec violence.

Du Langage et de la Voix.

Dans ce tourbillon qui circule autour des grandes places, et
où tant de gens sollicitent de l'occupation, j'ai quelquefois
examiné, dit M. Necker, s'il était vrai qu'on pût, à des signes
rapides, se former une première idée des hommes. Je le
crois, *j'ai toujours considéré comme un préjugé favorable cette*
mesure, dans le discours, qui annonce l'habitude de la ré-

flexion et une certaine tempérance dans l'imagination : ce regard, plus intelligent que fin, et qui semble appartenir davantage à l'esprit qu'au caractère; cette circonspection naturelle dans le maintien, bien différente de cette gravité contrefaite, qui sert de masque à la médiocrité; cette conscience de soi-même, qui empêche de se développer avec précipitation et de profiter à la hâte d'une occasion de se montrer; enfin, tant d'autres caractères extérieurs encore, que j'ai vus rarement séparés d'un mérite réel.

Le son de la voix, son articulation, sa douceur et sa rudesse, sa faiblesse et son étendue; ses inflexions dans le haut et dans le bas, la volubilité et l'embarras dans la langue; tout cela est infiniment caractéristique. Il est presque impossible qu'un ton déguisé puisse échapper à une oreille délicate, et de toutes les dissimulations, celle du langage, quelque fine qu'elle soit, est la plus aisée à découvrir. Peut-on imiter le langage naïf de la douceur et de la bonté, le ton angélique de la candeur et de l'innocence, l'accent divin de la persuasion et de la bienveillance? Dans la bouche de la fausseté, ce langage si mélodieux devient une dissonnance qui blesse l'oreille de l'homme franc et sincère.

L'impatience, l'habitude de l'aigreur et de la contrariété, l'aridité du cœur ou de l'esprit, rendent la parole brève.

Des sons un peu durs et cassés, mais adoucis avec affectation dans toutes les finales, annoncent un caractère violent et hypocrite.

Dans la joie la voix est sonore et a beaucoup de volubilité.

Dans les sentimens pénibles, elle est gémissante, entrecoupée par des soupirs.

Dans la colère, elle est véhémente, tout en éclats.

Une hésitation dans le langage révèle les prétentions d'un esprit médiocre, ou provient de la timidité, ou bien est causée par une succession trop rapide dans les idées.

Il existe aussi des rapports entre le genre de la voix et les professions de perruquier, de geôlier, de marin, de prêtre, de militaire, de professeur, d'avocat, d'acteur, de danseur, de boucher, etc., etc.

« Je suis persuadé, dit *Lavater*, que si l'homme était borné » uniquement au sens de l'ouïe, ce sens tout seul lui suffi- » rait pour faire de grands progrès dans la connaissance de » ses semblables. »

Les diverses passions inspirent chacune un langage particulier, un choix d'expressions qui leur sont propres, et en
même temps elles donnent à la voix des intonnations différentes très-caractérisées. Nos grands acteurs ont bien démontré que, selon le sentiment qui agite l'âme, le timbre de la
voix suffit pour le faire connaître. Mais il ne faut pas croire
que ce timbre, ce son de la voix, ne puisse être l'indice que
des passions violentes et qui s'expriment avec plus ou moins
d'énergie; la voix de Mlle Mars n'a-t-elle pas fait jouir ses
nombreux auditeurs de toutes les nuances des sentimens les
plus tendres, les plus délicats, les plus doux?

Nous n'entreprendrons point de désigner le ton de voix
propre à telle passion, à tel sentiment; nous manquerions
d'expressions pour indiquer les nuances d'intonnations que
subissait la voix de Talma, dans la représentation de ses différens rôles. C'est au physionomiste à étudier les bons acteurs, puis les orateurs profanes et sacrés; surtout qu'il ne
néglige pas de visiter les temples des protestans, il y trouvera
plus de naturel, par conséquent plus de vérité dans la peinture des passions.

Du Style.

« Si jamais chose au monde peut servir à faire connaître
» l'homme, c'est son style. Tels nous sommes, et tels nous
» parlons et tels nous écrivons. Le physionomiste dira un
» jour, à la vue d'un orateur, d'un homme de lettres : c'est
» ainsi qu'il parle, c'est ainsi qu'il écrit. Il dira un jour, sur
» le son de voix d'un homme qu'il n'a pas vu, sur le style
» d'un ouvrage dont il ignore l'auteur : cet inconnu doit avoir
» tels et tels traits, une autre physionomie n'est pas faite
» pour lui. »

Nous ne pensons point, comme *Lavater*, que l'homme se
peint dans ses écrits; cette opinion peut bien être fondée dans
quelques circonstances, nous n'en doutons pas; mais il nous
semble qu'on ne doit point la généraliser, parce qu'on n'a
que de rares occasions de l'appliquer avec justesse et vérité;
or, il ne faut pas que les exceptions soient plus fréquentes que
l'emploi de la règle.

Le philosophe peut et doit même se peindre dans ses écrits,

c'est lui qui pense, parle et agit. Il serait au moins hasar-
deux d'en dire autant de l'historien, du romancier, du prédi-
cateur et même de l'orateur parlementaire; tous ces hommes
disent et écrivent, non ce qu'ils pensent, mais ce que la circonstance où ils se placent les force à dire et à écrire : il serait
donc irraisonnable de prétendre que *tels ils sont, tels ils
parlent et tels ils écrivent.*

Si le style n'est pas un indice toujours certain du caractère, il est néanmoins incontestable qu'il a des rapports très-
positifs avec le physique; ainsi l'homme dont le front est
allongé et presque perpendiculaire, a toujours le style sec
et dur.

Celui dont le front est spacieux, arrondi, sans nuances et
d'une construction délicate, écrit couramment et avec légèreté; mais il n'approfondit et ne sent rien.

Cet autre, dont les sinus frontaux sont fort saillans, a un
style coupé, sentencieux et original, mais on n'y trouve point
la liaison, la pureté et l'élégance qui distinguent les bons
écrivains.

On met dans ses écrits de la vivacité, de la précision, de
l'agrément et de la force, lorsqu'on possède un front médiocrement élevé, régulièrement voûté, qui recule fortement-
ment et dont les angles sont doucement marqués près de l'os
de l'œil.

De l'Écriture.

« Tous les mouvemens de notre corps reçoivent leurs mo-
» difications du tempérament et du caractère; le mouvement
» du sage n'est pas celui de l'idiot; le port et la marche dif-
» fèrent sensiblement du colérique au flegmatique, du san-
» guin au mélancolique. *Le sage prend son chapeau de l'en-
» droit où il l'a posé, tout autrement que le sot.* »

« De tous les mouvemens du corps, il n'en est point d'aussi
» variés que ceux de la main et des doigts. »

« Plus je compare les différentes écritures qui me passent
» sous les yeux et plus je suis confirmé dans l'idée qu'elles
» sont autant d'expressions, autant d'émanations du caractère
» de l'écrivain. Ce qui rend mon opinion encore plus vrai-

» semblable, c'est que chaque nation, chaque pays, chaque
» ville, a son écriture particulière, tout comme ils ont une
» physionomie et une forme qui leur sont propres. »

Enfin, dit *Lavater*, il est hors de doute, il est incontestable que l'écriture est le *critérion* (*criterium*, que l'on prononce *critériome*, la marque de la vérité) de la régularité, du goût et de la propreté; mais ce qui est plus problématique et ce qui ne m'en paraît pas moins vrai, c'est que jusqu'à un certain point elle est aussi l'indice du talent, des facultés intellectuelles et du caractère moral qui en est inséparable; c'est que très-souvent elle montre la disposition actuelle de l'écrivain.

Pour découvrir ces différens indices, *Lavater* distingue dans l'écriture la substance et le corps des lettres, leur forme et leur arrondissement, leur hauteur et leur longueur, leur position, leur liaison, l'intervalle qui les sépare, l'intervalle qui est entre les lignes, si elles sont droites ou de travers, la netteté de l'écriture, sa légèreté ou sa pesanteur; « *si tout* » *cela se trouve dans une parfaite harmonie*, il n'est nullement » difficile de découvrir quelque chose d'assez précis du carac- » tère fondamental de l'écrivain. »

Nous ne doutons pas que *Lavater* a trouvé dans l'écriture des indices physiognomoniques, mais il nous semble qu'ils doivent être aussi vagues, aussi incertains que ceux fournis par le style. L'écriture d'un individu change selon son âge, le genre de ses occupations et mille autres circonstances. Le savant, l'homme de lettres, ont rarement une belle écriture; néanmoins lorsqu'ils composent, si les idées se succèdent facilement, leur écriture est plus nette, plus correcte, mieux rangée que dans les momens où les pensées arrivent lentement et avec difficulté.

Ainsi, quand on veut apprécier la valeur des signes physiognomoniques, il faut savoir si elle a été tracée par la main d'un homme malade ou bien portant, de bonne humeur ou contrarié, tranquille ou agité, sortant de son lit ou fatigué par une longue course, etc., etc. Il y a encore mille autres circonstances qui peuvent occasionner de nombreuses variétés dans l'écriture du même individu.

De l'Habillement.

L'habillement peut fournir au physionomiste des renseignemens beaucoup plus précis que le style et l'écriture. Un
homme raisonnable s'habille autrement qu'un fat ; une dévote
autrement qu'une coquette ; une bonne mère de famille,
quoique très-jeune encore, n'a pas la toilette d'une demoiselle
du même âge ; le ministre des autels ne prend pas le costume
d'un saint-simonien. La propreté et la négligence, la simplicité et la magnificence, le bon et le mauvais goût, la pré-
somption et la décence, la modestie et la prétention, sont des
choses qu'on distingue à l'habillement seul.

La couleur, la coupe, la façon d'un habit plus ou moins
à la mode, tout cela est encore expressif. Le sage se fait
distinguer par la simplicité de ses vêtemens. Il est facile de
reconnaître l'homme qui s'est paré par désir de plaire, celui
qui ne cherche qu'à briller, et celui qui se néglige soit par
indolence, soit pour se singulariser. Enfin on ne peut pas
douter de la sottise de l'individu qui s'attache à suivre les modes les plus ridicules.

QUELQUES TRAITS CARACTÉRISTIQUES.

Rhazès disait qu'une tête bien conformée doit être d'un
volume modéré et d'une forme arrondie, s'élevant postérieurement et comprimée sur les côtés. Selon Albertus, une tête
oblongue en avant et en arrière annonce la prévision et la
circonspection ; la rotondité de la tête indique un individu qui
manque de mémoire et de sagesse : son peu de volume promet peu d'esprit ; si la partie antérieure est aplatie, il y a
peu de perception et d'imagination ; si cet aplatissement est
à la partie postérieure, la mémoire est faible, la personne a peu

d'énergie; si la partie moyenne est aplatie, la raison et la réflexion sont peu développées.

Si la partie inférieure de la face, à compter depuis le nez, se divise en deux parties égales par la ligne centrale de la bouche, l'individu est stupide.

Il y a également bêtise lorsque la partie solide inférieure de la face est sensiblement plus longue qu'une des deux parties supérieures.

Plus le profil de l'œil forme un angle obtus avec le profil de la bouche, plus il indique un homme faible et borné.... Si le front mesuré sur la surface avec *souplesse* (c.-à-d., selon Lavater, mesuré avec une règle assez souple pour s'adapter exactement sur tous les contours des parties), est plus court que le nez mesuré de la même manière depuis l'extrémité du front, il est l'indice de la bêtise, lors même que la mesure prise perpendiculairement se trouve égale... Le visage est stupide quand la distance de l'angle de l'œil jusqu'au milieu de l'aile du nez est plus courte que la distance de ce milieu de l'aile du nez, au coin de la bouche.... C'est encore un indice de stupidité, que des yeux distans l'un de l'autre de plus de la largeur d'un œil.

De petits yeux de couleur mate, mal dessinés, avec un regard toujours aux aguets, le teint plombé, des cheveux noirs, un nez retroussé, la lèvre inférieure fort relevée et très-saillante, sous un front spirituel et bien fait, forment une réunion de traits qu'on ne rencontre guère que chez un homme méchant, fourbe, aussi rusé que tracassier, intrigant, soupçonneux, sordidement intéressé, vil, et enfin chez un homme abominable.

Plus le front est relevé et inégal, plus l'œil est enfoncé; moins on aperçoit d'enfoncement entre le front et le nez, plus la bouche est fermée et le menton large; enfin plus le profil est perpendiculaire, plus l'homme est opiniâtre, plus son caractère a de raideur et de dureté.

» On n'oserait pas confier au papier (dit Lavater) la millième » partie des observations qu'on a faites sur les femmes.... » L'orgueil ou la vanité, voilà le caractère général de toutes » les femmes; il suffit de blesser une de ces deux passions » pour faire ressortir des traits qui nous laissent entrevoir » jusqu'au fond l'abîme de leur caractère. Ces traits caracté-» ristiques se rencontrent plus rarement souvent au front que

» dans les ailes du nez, dans le froncement des narines, dans
» les plis des joues et des lèvres, surtout dans le sourire.

Une femme d'un caractère dédaigneux, caustique, ne sera
jamais propre à l'amitié; qu'on parle devant elle d'une de ses
rivales ou de toute autre femme qui fait sensation, le mouvement des ailes du nez, de la lèvre supérieure vue de profil, indiquera ce qui se passe dans son âme.

Des femmes avec des verrues brunes, velues, avec des
poils au menton ou au cou, sont ordinairement bonnes mé-
nagères, vigilantes, actives, mais d'un tempérament sanguin,
amoureuses jusqu'à la folie et très-bavardes.

Les femmes aux yeux roulans, à la peau flexible, molle,
plissée, au nez arqué, aux joues colorées, à la bouche rarement tranquille, au menton inférieur très-marqué, au front
très-arrondi, d'une peau douce et légèrement plissée, ne
sont pas seulement éloquentes, mais d'une imagination vive
et féconde, remplies d'ambition, très-portées à la galanterie,
et malgré toute leur prudence elles s'oublient aisément.

Si vous rencontrez une femme avec la racine du nez très-
enfoncée, beaucoup de gorge et la dent angulaire (canine) un
peu saillante, fuyez et ne formez jamais avec elle aucune liaison. Les plus dangereuses prostituées que l'on voit figurer
dans les tribunaux se distinguent toutes à ce caractère.

Souvent des hommes d'une imbécilité décidée ont au
menton une large verrue brune. Si par hasard vous en aper-
cevez une semblable au menton d'un homme d'esprit, examinez bien et vous découvrirez que cet homme a parfois des
absences, des momens de stupidité, ou d'une faiblesse étonnante.

Nous pensons que cette observation de *Lavater* a besoin
d'être confirmée par l'expérience.

Des joues bouffies et fanées, une bouche grande et spon-
gieuse, des lentilles rousses au visage, des cheveux plats,
des plis confus entrecoupés au front, un crâne qui s'abaisse
rapidement vers le front, des yeux qui ne reposent jamais
naturellement sur un point, et qui, vers le bas, forment un
angle marquant, tous ces caractères réunis composent les
signes de la dépravation, ce qu'on appelle vulgairement le
Vaurien.

Un front court, un nez obtus, des lèvres fort petites, ou des
lèvres inférieures assez saillantes, de grands yeux qui n'osent

jamais vous fixer directement, et surtout des mâchoires larges et grossières, un menton relevé, gras et ferme en dessous : voilà le signalement de l'homme qui parle bas, mais dont le style est haut et tranchant, ou d'un homme qui parle peu, mais écrit beaucoup, ou enfin d'un homme qui ne rit guère, mais sourit souvent, et dont le sourire est presque toujours accompagné de mépris ou de dédain.

Il n'est point de véritable penseur qu'on ne reconnaisse à l'intervalle des sourcils, au passage du front au nez ; s'il manque là certaines sinuosités, certain enfoncement, un trait marqué de finesse et d'énergie, on chercherait en vain le caractère du penseur dans tout le reste du visage.

Un poil long, saillant en pointe d'aiguille, ou fortement crêpu, rude, sauvage, planté sur une tache brune, soit au cou, soit au menton, est l'indice le plus décisif d'un penchant extrême à la volupté.

Nous répétons que tout indice physiognomonique fourni par une tache, une verrue, a besoin d'être confirmé par de nouvelles observations.

Des fronts perpendiculaires fort inégaux, ou très-hauts, ou très-courts ; de petits nez pointus, ou grossièrement arrondis, avec de larges narines ; des traits de joue ou de nez fortement prononcés, aigus, longs et non interrompus ; des dents de la mâchoire inférieure s'avançant considérablement sur les dents de la mâchoire supérieure, soit que celles-ci soient fort longues, ou fort courtes ; tout cela signale les caractères les plus durs.

De grands yeux dans de petits visages, avec de petits nez et de petites tailles, n'appartiennent qu'à des hommes à fuir. A travers leur rire on aperçoit qu'ils ne sont ni gais, ni contens ; en vous protestant qu'ils sont heureux de vous voir, ils ne sauraient cacher la malignité de leur sourire.

Quiconque, sans loucher, sait voir des deux côtés et donner à ses petits yeux, vifs et étincelans, des directions opposées, est un homme à fuir, surtout s'il laisse voir des dents assez noires, se tient le dos voûté quelle que soit sa taille, et sourit volontiers ; cet homme est un fourbe impudent, rempli d'astuce et bassement intéressé.

Avez-vous un front osseux, long, élevé, ne vous liez jamais d'amitié avec une tête qui sera presqu'en forme de boule. Avez-vous une tête presqu'en forme de boule, ne vous liez

jamais avec un front osseux, long, élevé. De pareilles dis-
convenances de caractère sont funestes, surtout au bonheur
du mariage.

Des fronts presque sans rides, ni perpendiculaires, ni fort
rentrans, ni forts plats, ni absolument ronds, mais à peu
près sphériques; des sourcils épais, proprement dessinés,
bien fournis, et qui tracent la limite du front d'une manière
sensible et frappante; des yeux ouverts plus qu'à moitié, mais
non pas tout-à-fait; un enfoncement médiocre entre le front
et le nez, un nez presque aquilin, à large dos; des lèvres
bien proportionnées, bien développées, ni grandes ni petites,
ni ouvertes ni trop fermées; enfin un menton qui ne soit ni
trop avancé ni trop rentrant; l'ensemble de ces traits annonce un esprit mûr, un caractère mâle, une fermeté tout
à la fois active et prudente.

~~~~~~

INDICES

de Faiblesse d'Esprit, Folie.

Les fronts qui semblent presque perpendiculaires.
La longueur excessive du front.
Les fronts qui avancent plus ou moins par le haut; ceux
qui reculent brusquement du haut et qui saillissent ensuite
près des sourcils.
Les nez qui se courbent fortement au-dessous de la moitié
du profil.
Une distance choquante entre le nez et la bouche.
Les nez émoussés, dont les narines sont ou trop étroites
ou trop larges, et les nez trop longs, qui sont en disproportion avec le reste du visage, supposent d'ordinaire l'abattement de l'esprit.
Une lèvre inférieure lâche et pendante.
Le relachement et la plissure des chairs du menton et des
mâchoires.
De petits yeux dont on aperçoit à peine le blanc, surtout
quand ils sont accompagnés d'un grand nez, que tout le bas

du visage est massif, et que ces yeux sont entourés de petites rides profondément sillonnées.

Les têtes recourbées en arrière, et qui sont défigurées par un double goître, et particulièrement lorsque l'un se retire du côté de la joue.

Un sourire oblique et grimacé, qu'on n'est pas le maître de supprimer, et qui est dégénéré en habitude, peut être envisagé hardiment comme indice ou d'un esprit de travers, ou d'une folie décidée, ou tout au moins d'une sotte malignité.

Les formes trop arrondies et trop unies donnent au visage un air de bêtise; et dans ces sortes d'occasions, l'air annonce presque toujours la chose.

DE LA LIBERTÉ DE L'HOMME,

et de ses Limites.

« Chaque homme ne peut que ce dont il est capable, et
» ne peut être que ce qu'il est. Il peut s'élever jusqu'à un
» certain degré, mais il ne saurait le franchir, y allàt-il de la
» vie. Chaque homme doit être mesuré d'après ses propres
» forces. La question n'est pas de savoir ce que nous ferions
» à sa place, mais ce qu'il est capable de faire en vertu des
» facultés dont il est doué; ce qu'on peut attendre de lui dans
» les circonstances où il se trouve. »

Le corps humain a des contours qui le terminent, et hors desquels il ne peut s'étendre : de même chaque esprit à sa sphère dans laquelle il se meut, mais cette sphère est invariablement déterminée.

On ne peut nier qu'avec certaines têtes, certaines figures, on est naturellement capable d'éprouver tels sentimens, d'acquérir tels talens, tel genre d'activité, ou qu'on en est incapable, parce que la capacité est bornée à un point qui la rend nulle. Vouloir contraindre un homme à penser, à sentir comme nous, ce serait exiger que son front et son nez prissent la forme des nôtres.

Il y a des visages qui semblent n'annoncer qu'une seule

destination, qu'une seule faculté, qu'un certain genre d'activité; des visages qui caractérisent certaines espèces de sensation et qui paraissent dénués d'organes pour toutes les autres manières de sentir.

A l'appui de ce que nous disons, nous présentons, planche 2, figures 12, 13, 14 et 21, les profils de quatre personnes très-différentes les unes des autres par leurs caractères et leurs dispositions naturelles. Chacune, par sa forme et ses traits, est reléguée dans un cercle particulier, où elle peut exercer une mesure de liberté et de force, et hors duquel il lui est impossible d'exécuter rien d'important.

Nous allons indiquer ce que dans ces quatre profils Lavater reconnaît de bien déterminé.

N° 12. Son âme est plus grande et plus libre que celle de chacun des trois autres. C'est aussi celui qui a le plus de mémoire. Son œil est formé et dessiné de manière qu'il lui est plus facile qu'aux autres de saisir les objets et d'en conserver l'impression.

13. Il n'adopte pas aussi facilement une opinion que le 12, et ne s'y attache pas aussi opiniâtrément que le 14. Ce dernier est surtout remarquable par sa froideur. 13 n'est guère susceptible de tendresse que dans ses momens de dévotion; mais il est incapable de ce qu'on appelle proprement fausseté.

21. On ne fera point d'entreprise courageuse, ou hardie, avec un visage semblable à celui-ci; on aura des vertus domestiques, on s'acquittera fidèlement des devoirs de sa charge; mais on ne saurait avoir en partage ni la valeur du guerrier, ni les talens du poète.

Le front d'un idiot, né tel, diffère du front d'un homme de génie. Un front dont la ligne fondamentale est plus courte des deux tiers que sa hauteur, est décidément celui d'un idiot. Plus cette ligne est courte et disproportionnée à la hauteur perpendiculaire du front, plus elle marque de stupidité. Au contraire, plus la ligne horizontale est prolongée, plus le front qu'elle caractérise annonce d'esprit et de jugement.

Appliquez l'angle droit d'un quart de cercle sur l'angle droit du front, plus les rayons (ceux par exemple entre lesquels il y a une distance de dix degrés) se raccourcissent dans un rapport inégal, plus la personne sera stupide; et d'un autre côté, plus il y a de rapport entre ces rayons, plus ils indiquent de sagesse.

Voyez les figures 12, 13, 14, planche deuxième.

Un front qui aurait la forme du nº 14, annoncerait bien plus de sagesse que celui qui aurait les proportions du nº 13, et celui-ci serait fort supérieur au front qui se rapprocherait du nº 12, car, il faut être né imbécile pour avoir un front pareil.

DE L'HARMONIE

entre la Beauté physique et la Beauté morale.

« Découvre-t-on un rapport, une harmonie sensible, entre
» la beauté morale et la beauté physique? entre la dégra-
» dation morale et la difformité corporelle? ou bien, et en
» d'autres termes, la beauté morale et la difformité phy-
» sique peuvent-elles jamais s'associer? la dégradation mo-
» rale et la beauté corporelle ne sont-elles pas sans rapport,
» sans liaison? »

Nier les rapports de la beauté morale et de la beauté physique, ce serait nier la puissance de l'expression et le charme du visage, au moment où l'âme éprouve des sentimens généreux. Alors ce serait nier l'évidence.

Hors du théâtre, Le Kain n'avait rien de beau, rien de noble; mais en scène il devenait d'une grande beauté, lorsque l'expression changeant tous ses traits, n'y laissait plus voir que les mouvemens de l'âme et le caractère des passions.

Si Le Kain eût joué constamment et sans nulle interruption le rôle d'un homme doué d'un caractère noble, généreux et bienfaisant, il est certain que sa physionomie eût pris et conservé une expression permanente de bonté, de douceur est de bienveillance; il est donc évident qu'il existe un rapport, une harmonie incontestable, entre la beauté morale et la beauté physique, et que l'influence du moral détermine le développement du physique.

On a souvent dit: La vertu embellit, le vice enlaidit; et rien n'est plus vrai. Nous voyons une belle femme, et loin de nous charmer, elle nous déplaît; au contraire, un homme

fort laid nous inspire une prévention très-favorable, en
un mot il nous plaît. Ces deux impressions, qui semblent opposées aux effets que doivent naturellement produire la
beauté et la laideur, sont une preuve frappante de l'existence
et du pouvoir des signes physiognomoniques : la belle femme
déplaît, parce que la physionomie de tout son individu présente, malgré la beauté de son visage, des indices évidens
de la laideur de son âme, de la fausseté de son caractère;
tandis que des signes irrésistibles annoncent la bonté, la
beauté morale de cet homme qui nous plaît en dépit de sa
laideur. Ainsi, dans ces deux cas, nous résistons à l'influence
ordinaire de la beauté, à celle de là laideur, et nous ne sommes
sensibles qu'à l'impression des indices physiognomoniques,
tant il est vrai que les qualités morales ont des attraits pour
tous les individus, et que « chacun des mouvemens de l'âme
» se peint sur le visage en caractères clairs, évidens, aux-
» quels nous ne pouvons nous méprendre.

Interrogez-vous, dit le philosophe Diderot, à l'aspect d'un
homme et d'une femme, et vous reconnaîtrez que c'est toujours l'image d'une bonne qualité, ou l'empreinte plus ou
moins marquée d'une mauvaise, qui vous attire ou vous re-
pousse.

Quel que soit le caractère d'un homme, si sa physionomie
habituelle est conforme à l'idée que vous avez d'une vertu,
il vous attirera; si sa physionomie habituelle est conforme
à l'idée que vous avez conçue du vice, il vous repoussera.

Si l'âme d'un homme, ou la nature, a donné à son visage
l'expression de la bienveillance, de la justice ou de la liberté,
vous le sentirez, parce que vous portez en vous-même des
images de ces vertus, et vous accueillerez celui qui vous les
annonce. Ce visage est une lettre de recommandation, écrite
dans une langue commune à tous les hommes.

Il peut arriver cependant à des personnes douées des plus
heureuses qualités, d'inspirer d'abord un sentiment peu favorable; mais comme le remarque Bernardin de Saint-Pierre,
si quelquefois la vertu déplaît, c'est qu'elle se montre sous
l'apparence de la dureté, de l'humeur, de l'ennui, ou de quelque autre vice qui nous rebute, car la laideur naît du vice,
la beauté de la vertu, et souvent ses caractères s'impriment
dès la plus tendre enfance, par l'éducation.

On peut objecter qu'il y a des hommes beaux et vicieux,

d'autres laids et vertueux. En effet on a vu d'infâmes scélérats ayant une superbe figure, mais ces exceptions, d'ailleurs
fort rares, ne contredisent point l'harmonie de la beauté
morale et de la beauté physique, elles tiennent à des causes
particulières, dont l'antiquité nous offre l'exemple et l'explication dans Socrate et Alcibiade.

Né pauvre, Socrate fut malheureux et vicieux dans son enfance; lorsqu'il se corrigea, sa figure avait reçu l'empreinte
de ses travers, et l'âge adulte l'avait rendue ineffaçable. Quant
à l'heureux Alcibiade, né au sein de la fortune, les sages
leçons de Socrate développèrent en même temps la beauté de
son âme et celle de son corps, leur harmonie fut parfaite, et
le visage d'Alcibiade eut le temps d'en recevoir l'heureuse
empreinte; mais plus tard, de mauvaises sociétés pervertirent
son caractère, et il ne lui resta que la physionomie de la
vertu.

APERÇU
DE L'HISTOIRE DE L'HOMME.

« L'homme, a dit Helvetius, est un modèle exposé à la
» vue des différens artistes; chacun en considère quelques
» faces, aucun n'en fait le tour. »

« Le peintre et le musicien connaissent l'homme, mais re-
» lativement à l'effet des couleurs et des sons sur les yeux
» et sur les oreilles. »

« Corneille, Racine et Voltaire l'étudient, mais relative-
» ment aux impressions qu'excitent en lui les actions de gran-
» deur, de tendresse, de pitié, de fureur. »

C'est sous ce même aspect que les physionomistes doivent
considérer l'homme, puisque la connaissance de l'effet de
l'intérieur sur l'extérieur est le but de leurs études et de
leurs recherches.

En faisant ces recherches, il importe de ne pas oublier que
la figure de chaque peuple porte un caractère de nationalité,
qui la distingue et ne permet pas de la confondre avec celle
d'un autre peuple.

Le français, l'anglais, le hollandais, l'allemand, l'italien, l'espagnol, etc., se reconnaissent au premier aperçu, par la seule différence de leur figure, c'est-à-dire de tout leur individu. Il est donc essentiel que le physionomiste, en examinant un étranger, tienne compte de cette différence, qui est déterminée principalement par le plus ou le moins de développement des facultés intellectuelles, et qu'on aurait tort d'attribuer à l'influence du climat, comme nous le ferons remarquer ci-après.

Car chaque peuple a un caractère physique et moral qui lui est propre et qui se manifeste par sa physionomie, son tempérament physiologique, par ses habitudes, par ses dispositions artistiques et religieuses, et toujours aussi par ses tendances industrielles : les anglais et les allemands s'entendent admirablement aux arts minéralogiques; les allemands passent pour les premiers mineurs du monde, les anglais pour des fondeurs sans pareils, les anglo-américains excellent à travailler le bois sous forme de ponts gigantesques et de navires fins voiliers. Les uns et les autres réussissent dans ces professions diverses sans effort et par instinct. Mais pour les arts qui exigent un goût délicat et raffiné, les français sont les maîtres à tous. Ce n'est point, il s'en faut de beaucoup, à l'eau de la rivière de Bièvre qu'est due la beauté éclatante des inimitables tapisseries des Gobelins; ce n'est ni l'air ni l'eau de la vallée du Rhône, ce n'est pas même la qualité de nos soies, qui assurent à Lyon la prééminence sur toutes les fabriques connues; c'est qu'il y a dans les français un je ne sais quoi, vrai don du ciel qui donne à nos dessinateurs et au *canut* lyonnais, comme au tisseur des Gobelins, à côté de ses écheveaux et en face de son modèle, *une sorte de double vue*, dont ne jouissent ni l'artiste le plus exercé de Manchester, ni le plus intelligent *méchanic* de Sheffield.

On sent bien que nous ne pouvons pas entrer dans tous les détails qu'exigerait l'histoire des peuples, et que nous nous bornerons à indiquer les principaux traits qui les différencient d'une manière générale seulement.

Les naturalistes sont aujourd'hui presque d'accord pour rapporter à quatre races principales tous les humains disséminés sur la surface du globe. Ces quatre races sont :

1º *La race blanche*, dite *caucasienne* et *celtique*, ou *arale-européenne;*

2º *La race olivâtre* ou *mongole, kalmouck* et *chinoise;*
5º *La race malaie;*
4º *La race nègre.*

La configuration de la tête et la couleur de la peau sont
les principaux caractères distinctifs de ces diverses races; en
conséquence nous aurons soin d'indiquer l'angle facial de
chacune, et le lecteur, en se rappelant ce que nous avons dit
à ce sujet, pourra facilement apprécier le degré de développement de leurs facultés intellectuelles.

Dans la race *arabe-européenne,* ou *caucasienne,* la ligne
qui mesure la hauteur de la face est presque verticale.
Cette race se distingue par la couleur blanche de sa peau;
son visage est ovale, son front haut et développé; son nez
étroit et un peu convexe; les os des joues sont peu saillans;
la bouche petite et les lèvres légèrement tournées en dehors, les dents placées verticalement et sans aucune saillie
extérieure, le menton plein et arrondi.

C'est par cette race seule que les sciences, les arts, la
philosophie, ont atteint une élévation inconnue chez les nations provenues des autres races. Enfin c'est de cette race
caucasienne qu'on fait descendre, non-seulement les habitans de l'Europe, mais encore ceux de l'Egypte, de la Syrie,
de la Barbarie, de l'Ethique, etc., etc.

Les caractères de la race *mongole,* ou *kalmouck* et *chinoise,* présentent de grandes différences : sa peau est de couleur olivâtre; la ligne qui mesure la hauteur de la face, au
lieu d'être verticale, est oblique, ce qui dénote une dépression à la partie antérieure du cerveau. La face est large, carrée, aplatie; les os des joues sont saillans; le nez est plat,
gros, écrasé à sa racine et paraît enfoncé; les narines étant
très-ouvertes sur les côtés, les yeux sont comme bridés;
l'espace qui les sépare est plat et très-large; ils sont placés
obliquement; leur angle interne étant abaissé vers le nez,
la paupière supérieure décrit un cercle pour se réunir à la
paupière inférieure.

Cette race comprend les Chinois, les tartares Mantchoux,
les Kalmoucks, les Kirguises, les Kamchadales, les Tun-
guses, etc. D'après la dépression du front, on conçoit que
la race mongole est loin d'avoir les facultés intellectuelles
aussi développées que la race caucasienne.

La couleur de la race malaie est plus foncée que celle des mongols, et son front est encore plus déprimé; aussi la ligne qui mesure la hauteur de la face est très-oblique : le nez est plein, épais à son extrémité; la bouche est large et les pommettes médiocrement élevées. M. Virey regarde cette race seulement comme une variété, comme une lignée bâtarde de mulâtres indiens, propagée, multipliée par le temps, enfin perpétuée d'elle-même.

Cette race malaie, dont le cerveau est si fortement affaissé à sa partie antérieure, est, comme on le prévoit aisément, moins intelligente et moins civilisée que la race mongole.

L'angle facial de la race *nègre* n'est environ que de soixante-quinze degrés ; ainsi l'on conçoit que cette race offre les caractères les plus frappans de la dégradation physique et morale. Son front déprimé est arrondi, sa tête comprimée vers les tempes; ses cheveux sont laineux, ses lèvres grosses et renversées, les yeux ronds et à fleur de tête, un nez large et épaté, un menton reculé, des dents placées obliquement en saillie, et la face prolongée comme un museau. (Voyez pl. 3, fig. 6 et 7.)

Pendant long-temps on attribua ces dégradations de l'espèce humaine à l'influence du climat; mais, comme le disent MM. les docteurs Grimaud et Durocher, « si l'on veut que » ce soit un effet du climat, comment se fait-il que les Juifs, » qui ne se mêlent jamais avec les autres peuples, quoiqu'ils » soient dispersés par toute la terre, conservent leurs ca- » ractères nationaux? Comment se fait-il que les anglais, » établis depuis si long-temps dans les Indes, n'aient con- » tracté, dans leur organisation. aucun des caractères par- » ticuliers aux Indous? Comment se fait-il, enfin, que les » familles portugaises transplantées en Afrique depuis » plusieurs générations, ne se soient pas transformées en » véritables nègres? C'est que la nature a voulu que la » configuration d'un individu fût toujours analogue à celle » des êtres dont il provient par la génération. »

En Laponie et sur les côtes septentrionales de la Tartarie, on trouve des peuplades d'une figure bizarre. Tous les hommes de cette contrée ont le visage large et plat, le nez camus et écrasé; l'iris de l'œil jaune-brun et tirant sur le noir, les paupières retirées vers les tempes, les joues extrêmement élevées, la bouche très-grande, le bas du visage

étroit, les lèvres grosses et relevées ; la voix grêle, la tête
grosse, les cheveux noirs et lisses, la peau basanée : ils sont
très-petits, trapus, quoique maigres : la plupart n'ont que
quatre pieds de hauteur, les plus grands quatre et demi.

Les Borandiens sont encore plus petits que les Lapons ;
les Samoïèdes plus trapus. Ceux-ci ont la tête plus grosse,
le nez plus large et le teint plus obscur, les jambes plus
courtes, les genoux plus en dehors, les cheveux plus longs,
et moins de barbe.

Les Groënlandais ont encore la peau plus basanée qu'aucun des autres : elle est couleur d'olive foncée. Chez tous
ces peuples, les femmes sont aussi laides que les hommes.

Les peuples de la Tartarie ont le haut du visage fort large,
et ridé, même dans leur jeunesse ; le nez court et gros, les
yeux petits et enfoncés, les joues fort élevées, le bas du
visage étroit, le menton long et avancé, la mâchoire supérieure enfoncée ; les dents longues et séparées, les sourcils
gros qui leur couvrent les yeux, les paupières épaisses, la
face aplatie, le teint basané et olivâtre, les cheveux noirs :
ils sont de stature médiocre, mais très-forts et très-robustes ;
ils n'ont que peu de barbe, et elle est par petits épis comme
celle des Chinois : ils ont les cuisses grosses et les jambes
courtes.

Les Kalmoucks, qui habitent dans le voisinage de la mer
Caspienne, entre les Moscovites et les grands Tartares, sont,
dit Tavernier, des hommes robustes, mais les plus laids et
les plus difformes qui soient sous le ciel ; ils ont le visage si
plat et si large, que d'un œil à l'autre il y a l'espace de cinq
ou six doigts. Leurs yeux sont extraordinairement petits, et
le peu qu'ils ont de nez est si rapproché de la face, qu'on n'y
voit que deux trous au lieu de narines ; ils ont les genoux
tournés en dehors, et les pieds en dedans. Les Tartares du
Daghestan sont, après les Kalmoucks, les plus laids des
Tartares.

Les petits Tartares, ou Tartares Nogais, ont perdu
une partie de leur laideur, en se mêlant avec les Circassiens.

Les voyageurs hollandais s'accordent tous à dire que les
Chinois en général ont le visage large, les yeux petits, le
nez camus, et presque point de barbe.

Les Japonnais sont assez semblables aux Chinois.

Les habitans d'Yéço sont grossiers, brutaux, sans mœurs, sans arts : i's ont le corps court et gros, les cheveux longs et hérissés, les yeux noirs, le front plat, le teint jaune, mais un peu moins que celui des Japonnais; ils sont fort velus sur le corps, et même sur le visage.

Les habitans d'Aracan estiment un front large et plat; ils ont les narines larges et ouvertes, les yeux petits et vifs, et les oreilles si allongées, qu'elles leur pendent jusque sur les épaules.

Les habitans de la Nouvelle-Hollande, qui est à 16 degrés 15 minutes de latitude méridionale et au midi de Timor, sont des gens fort misérables et qui approchent beaucoup des brutes : ils sont grands, droits et menus; ils ont les membres longs et déliés, la tête grosse, le front rond, les sourcils épais; leurs paupières sont toujours à demi-fermées par habitude et par besoin de garantir leurs yeux des moucherons qui les incommodent beaucoup. Ils ont le nez gros, les lèvres et la bouche grande; il paraît qu'ils s'arrachent les deux dents de devant de la mâchoire supérieure, car elles manquent aux hommes, aux femmes, aux jeunes et aux vieux. Ils n'ont point de barbe; leur visage est long, d'un aspect très-désagréable, sans un seul trait qui puisse plaire; leurs cheveux ne sont pas longs et lissés comme ceux de presque tous les Indous, mais ils sont courts, noirs et crépus : leur peau est noire comme celle des Nègres de Guinée.

Les habitans des provinces septentrionales du Mogol et de la Perse, les Arméniens, les Turcs, les Georgiens, les Mingréliens, les Circassiens, les Grecs et tous les peuples de l'Europe, sont les hommes les plus beaux, les plus blancs et les mieux faits de toute la terre; et quoiqu'il y ait fort loin de Cachemire en Espagne, ou de la Circassie à la France, il ne laisse pas d'y avoir une singulière ressemblance entre ces peuples si éloignés les uns des autres, mais situés à peu près à une égale distance de l'équateur. Les Cachemiriens sont renommés pour leur beauté; ils n'ont point ce nez écaché et ces petits yeux de cochon qu'on trouve chez leurs voisins.

Le sang de Georgie est encore plus beau que celui de Cachemire; on ne trouve pas un laid visage dans ce pays, la nature a répandu sur la plupart des femmes des grâces qu'on ne voit pas ailleurs, et les hommes sont aussi fort beaux.

Les Espagnols sont maigres et assez petits; ils ont la taille fine, la tête belle, les traits réguliers, les yeux beaux, les dents aussi bien rangées, mais ils ont le teint jaune et basané. On a remarqué que dans quelques provinces d'Espagne, comme aux environs de la Bidassoa, les habitans ont les oreilles d'une grandeur démesurée.

Les hommes à cheveux noirs commencent à être rares en Angleterre, en Flandre, en Hollande, et dans les provinces septentrionales de l'Allemagne : on n'en trouve presque point en Danemarck, en Suède, en Pologne.

Les Goths sont de haute taille, ils ont les cheveux lisses, blond-argenté, et l'iris de l'œil bleuâtre.

Les Finnois ont le corps musculeux et charnu, les cheveux blond-jaune et longs, l'iris de l'œil jaune-foncé.

Les sauvages du Canada et des terres voisines sont tous assez grands, assez bien faits, robustes et forts; ils ont tous les cheveux et les yeux noirs, les dents très-blanches, le teint basané, peu de barbe et point ou presque point de poil en aucune partie du corps; ils sont durs et infatigables à la marche, très-légers à la course; ils sont hardis, courageux, fiers, graves et modérés. Enfin ils ressemblent si fort aux Tartares orientaux par la couleur de la peau, des cheveux et des yeux, par le peu de barbe et de poil, et aussi par le naturel et les mœurs, qu'on les croirait issus de cette nation, s'ils n'en étaient point séparés par une vaste mer; mais ils sont placés sous la même latitude.

Il y a autant de variété dans la race des noirs que dans celle des blancs. Les noirs ont comme les blancs leurs tartares et leurs circassiens : ceux de Guinée sont extrêmement laids, et ont une odeur insupportable; ceux de Sofala et de Mozambique sont beaux et n'ont aucune mauvaise odeur. Ces deux espèces d'hommes noirs se ressemblent plus par la couleur que par les traits du visage; leurs cheveux, leur peau, l'odeur de leurs corps, leurs mœurs et leur naturel, sont aussi très-différens.

Les nègres du Capverd n'ont pas une odeur si mauvaise que ceux d'Angola, et ils ont la peau plus belle et plus noire, le corps mieux fait, les traits du visage moins durs, le naturel plus doux et la taille plus avantageuse.

Les Sénégalois sont, de tous les nègres, les mieux faits et les plus aisés à discipliner. Les Nagos sont les plus humains, les Mondonges les plus cruels, les Mimes les plus résolus, les plus capricieux et les plus sujets à se désespérer.

Tous les Hottentots ont le nez fort plat et fort large, et l'on prétend que les mères se font un devoir d'aplatir le nez des enfans, peu de temps après leur naissance. Il est permis de douter que cette pratique détermine la forme du nez des Hottentots, il y a des têtes qui, par leurs formes, impliquent de toute nécessité l'aplatissement du nez. Il y en a d'autres dont le nez ne saurait être aplati que par l'effort le plus violent. Si l'aplatissement du nez était le résultat d'une pression mécanique, il présenterait de fréquentes irrégularités, tantôt la racine serait peu déprimée, tantôt une des ailes du nez serait très-enfoncée, tandis que l'autre s'élèverait en saillie. L'uniformité de l'aplatissement prouve qu'il dépend uniquement de la conformation de la tête, et que la nature seule l'aplatit et l'écrase.

Les Péruviens n'ont pas la taille fort élevée, mais quoique trapus ils sont assez bien faits : il y en a pourtant qui sont monstrueux à force d'être petits, d'autres qui sont sourds, imbéciles, aveugles, muets, et d'autres auxquels il manque quelques membres en naissant. Ce sont apparemment les travaux excessifs qui leur sont imposés par les espagnols, qui produisent tant d'hommes défectueux. La tyrannie, dit M. de P..., dans ses recherches philosophiques sur les américains, y a influé jusque sur le tempérament physique des esclaves : ils ont le nez aquilin, le front étroit, la tête bien fournie de cheveux noirs, rudes, lisses ; le teint roux-olivâtre, l'iris de l'œil noir, et le blanc un peu battu. Il ne leur croît jamais de barbe, car on ne peut donner ce nom à quelques poils courts et rares qui leur naissent par-ci par-là dans la vieillesse. Les hommes et les femmes n'ont pas ce poil follet qu'ils devraient avoir généralement après avoir atteint l'âge de puberté.

On n'a point découvert dans cette quatrième partie du monde une seule peuplade qui n'eût adopté la coutume de changer par artifice, ou la forme des lèvres, ou la conque de l'oreille, ou la séparation des narines, ou la forme de la tête.

On y a vu des sauvages à tête pyramidale ou conique, dont

le sommet se terminait en pointe ; d'autres à la tête aplatie, avec un front large, et le derrière écrasé : cette bizarrerie paraît avoir été très à la mode, au moins était-elle la plus commune. On a trouvé des Canadiens qui portaient la ête parfaitement sphérique. Et cette monstruosité les a fait surnommer *têtes de boule*.

Enfin on a vu, sur les bords du Maragnon, des Américains à tête cubique ou carrée, c'est-à-dire aplatie sur la face, sur le haut, sur l'occiput et les tempes, ce qui paraît être le *complément* de l'extravagance humaine.

Les Russes, les Polonais, les Allemands et les Hongrois ont l'air mâle, le nez plus camus et moins courbé que les Italiens. Parmi ceux-ci, les Vénitiens sont bien proportionnés et d'une figure agréable. Les Suisses (notamment les paysans Grisons, ceux du canton de Glaris et du Valais) et en général les habitans des Alpes, ont presque tous des goîtres, et très-souvent le visage de travers ; défauts qu'on attribue à l'eau de neige dont ils font leur boisson.

Les Gênois sont fameux par leurs têtes pointues et coniques. Les Espagnols et les Portugais conservent toujours un reste de la couleur et de la conformation du peuple qu'ils ont si inhumainement expulsé.

Les Perses et les Arméniens se distinguent par des traits gracieux et majestueux, et surtout par un beau nez aquilin, qui semble être particulier à leur nation, et qui nulle part ailleurs n'est aussi commun.

Autrefois le nez aquilin était un trait national des Romains, mais aujourd'hui il n'y ont pas plus de droit que les autres européens.

Les Indiens ont le front naturellement élevé et le nez camus : cette règle souffre cependant des exceptions pour ceux qui se sont mêlés au sang portugais, et pour ceux qui sont moins voisins des parties méridionales.

Il est singulier que dans les quatre parties du monde les Juifs conservent toujours les caractères distinctifs de l'orient, leur première patrie : les cheveux noirs, courts et frisés, et le teint hâlé. Leur langage rapide, l'air brusque et précipité qu'ils mettent en tout ce qu'ils font, semblent remonter à la même origine. Je crois aussi qu'en général les Juifs ont plus de fiel que nous.

Aux traits nationaux de la physionomie des Israélites on

loit ajouter, d'après Lavater, le menton pointu, les grosses
èvres, et la régularité de la ligne de la bouche.

» Je ne me suis pas arrêté seulement à observer les diffé-
'ences des physionomies nationales, mais j'ai eu occasion
le me convaincre, par des expériences sans nombre, que la
'orme principale de tout le corps, son attitude en général,
ın air de tête ou dégagé, ou embarrassé, une démarche ferme
ıu incertaine, rapide ou lente, offrent peut-être souvent des
.ignes bien plus infaillibles du caractère, que le visage con-
.idéré séparément. L'homme étudié depuis l'état du plus par-
'ait repos jusqu'au dernier degré de la colère, de la crainte
.t de la douleur, serait si facile à reconnaître, qu'on pourrait
listinguer le hongrois, l'esclavon, l'illyrien et le vallache,
ıniquement à l'attitude du corps, à l'air de tête et au geste.
Conséquemment les mêmes signes serviraient à fixer nos
ıdées sur le caractère positif de telle et telle nation.

Les Chinois, les habitans des Moluques et des autres îles
le l'Asie, dit le professeur Camper, paraissent se distinguer par des joues larges, et par une mâchoire plus ou moins
saillante; ils ont surtout celle d'en bas fort élevée, formant
presque un angle droit, qui chez nous est obtus, moins cependant que chez les nègres d'Afrique. En général, il est certain
que chez les Européens la largeur des deux mâchoires n'excède
jamais la largeur du crâne, tandis que chez les Asiatiques c'est
tout le contraire.

Extrait du manuscrit d'un homme de lettres.

Je n'examine que les Russes proprement dits, qui s'éten-
dent depuis les frontières de la Finlande, de l'Esthonie, et de
la Livonie, jusqu'aux confins de l'Asie. Ce qui frappe le plus
dans cette nation au premier abord, est sa force étonnante.
Elle s'annonce aussitôt par une large poitrine et par un cou
vraiment colossal, qui rappelle l'hercule de Farnèse, et que

20

vous retrouverez sans exception dans chaque individu de tout un équipage de matelots. Une chevelure et une barbe noire, épaisse et rude, des yeux enfoncés et noirs comme du jais, un front étroit qui se termine près du nez par une inflexion, sont encore autant de signes d'une constitution robuste. Quelquefois les hommes ont la bouche élégante, mais plus souvent elle est massive, largement fendue, et bordée de grosses lèvres. Chez les femmes l'élévation de l'os de la joue, les tempes rentrantes, et un nez camus qui va se joindre au front couché en arrière, n'offrent guère de traits qui répondent à l'idéal du beau. A un certain âge, les deux sexes prennent de l'embonpoint. Leur vertu prolifique passe toute croyance.

Au centre de l'empire est l'Ukraine, province dont on tire la plupart des régimens de cosaques. Ceux-ci diffèrent à peu près des autres russes, autant que les juifs des chrétiens. Ils ont ordinairement des nez aquilins, ils sont bien faits, sensuels, de bon accord et assez industrieux.

Il en est des turcs comme des russes ; c'est un mélange du plus beau sang de l'Asie mineure avec le rebut matériel et grossier de la race tartare. Né avec de l'esprit, le Natolien est taciturne. Son regard est exempt de passion, il a de la sagacité et même un degré de ruse qui pourtant ne fait pas tort à sa probité. Sa bouche annonce le don de la parole ; sa chevelure, sa barbe et son cou grêle, un homme souple. Chez le tartare nomade, les contours de la tête, des yeux et de l'os de la joue, désignent la force et la sensualité. La coupe de l'œil, des sourcils, du nez, de la bouche et de l'oreille, tout cela montre sa constitution robuste, mais en même temps un être qui borne toutes ses jouissances à l'instinct physique.

L'Anglais a la démarche droite, et quand il se tient debout il est d'une raideur immobile. Ce qui le distingue surtout des autres nations, c'est l'arrondissement et l'égalité des muscles de son visage. Dans le silence et dans l'inaction sa physionomie ne fait guère deviner les capacités qu'il possède. Son œil se tait et ne cherche point à plaire ; son caractère est uni comme son costume. Il est trop brave pour chercher querelle, mais une fois irrité il ne se possède plus. Jaloux de son existence personnelle, il se met peu en peine de l'opinion publique, quitte à passer pour singulier. Il n'est pas libertin par goût, mais il lui arrive quelquefois d'afficher la théorie du vice.

Parmi toutes les nations prises ensemble, le Français est le sanguin par excellence. Naturellement bon, léger, tour à tour avantageux et ingénu, il conserve une aimable gaîté jusque dans l'âge le plus avancé ; il est toujours prêt à saisir le plaisir, et toujours de la meilleure société possible. Il se permet bien des choses, mais il en permet tout autant aux autres, pourvu qu'ils se reconnaissent *étrangers*, et qu'ils lui laissent *l'honneur d'être français*. Son imagination suit les objets jusque dans leurs moindres rapports, avec la rapidité d'une pendule à secondes.

L'esprit est l'apanage du Français ; sa physionomie ouverte annonce, dès le premier abord, mille choses agréables et aimables. Quelque distinguée que soit sa figure, il est difficile de la décrire. Aucune nation n'a si peu de traits marqués et tant de mobilité. Le Français exprime tout ce qu'il veut par sa physionomie et par son geste ; aussi le démêle-t-on aisément, parce qu'il ne sait pas se déguiser.

La physionomie de l'Italien est tout âme. Son langage est une exclamation et une gesticulation continuelles. Rien de plus noble que sa forme ; son pays est le siége de la beauté. Un petit front, les os de la joue fortement prononcés, un nez énergique et une bouche élégante, attestent ses droits de parenté avec l'ancienne Grèce. Le feu de son regard prouve de rechef jusqu'à quel point le développement des facultés intellectuelles dépend des influences d'un heureux climat. Son imagination est toujours active, toujours en sympathie avec les objets qui l'environnent. Son esprit est un reflet de la création entière. Enfin, chez l'Italien tout est poésie, musique et chant, et le sublime de l'art lui appartient en propre.

Le Hollandais est d'un esprit paisible, apathique et borné ; il semble ne rien vouloir. Sa démarche et son regard n'expriment rien, et vous pouvez converser des heures entières avec lui sans qu'il lui arrive d'avancer une opinion. La possession et le repos sont ses idoles. Les arts par lesquels il peut se procurer les avantages de la vie sont les seuls qui l'occupent.

Un front élevé, les yeux à demi-fermés, un nez charnu, les joues affaissées, la bouche béante, les lèvres plates et un large menton ; tels sont les traits dont il faut composer la physionomie du Hollandais, c'est-à-dire de l'habitant des sept provinces-unies, qu'il ne faut pas confondre avec le Flamand, dont le caractère jovial tient le milieu entre l'italien et le français.

L'Allemand est honteux de ne pas tout savoir; l'idée d'être pris pour un ignorant l'effraie, et cependant sa retenue et son excès d'honnêteté lui donnent quelquefois l'air d'un homme borné. Il s'attache de préférence à la solidité du jugement et à la pureté des mœurs. Depuis les temps de Tacite, il s'est toujours plu à vivre dans la dépendance des grands et à rechercher leurs faveurs; il fait pour eux ce que d'autres nations font pour la liberté et pour la propriété. A une certaine distance, sa physionomie est plus expressive; elle ne fait pas effet comme une peinture à fresque, mais elle demande à être approfondie et étudiée de près. Son caractère de bonhomie et de bienveillance est souvent offusqué par un extérieur rembruni, et il faut beaucoup d'attention pour débrouiller ses traits à travers les rides qui les couvrent. L'Allemand est difficile à émouvoir, et il ne parle guère de soi que le verre à la main. Rarement il se doute de son mérite, et il est tout surpris quand vous lui en trouvez. La candeur, l'application et la discrétion sont ses trois colonnes d'appui. Le *bel esprit* n'est pas son affaire, mais il se nourrit d'autant plus du *sentiment*. Enfin l'Allemand est sobre dans la jouissance des biens de la vie; il a peu de penchant à la sensualité, et il évite les excès; mais d'un autre côté il est raide dans ses manières, et moins sociable que ses voisins.

L'air d'hypocondrie et d'abattement, la relaxation et l'affaissement des muscles chez tous les peuples du nord et du sud qui ont à lutter contre la faim, sont des preuves évidentes que le sort les a condamnés à occuper la dernière place sur l'échelle de l'espèce humaine, et que le *bonheur*, dans le sens que nous attachons à ce mot, ne sera jamais leur partage.

Laideur et Beauté.

Nous venons de présenter le tableau physiognomonique des divers habitans de la terre : parmi tant de figures si variées choisissons maintenant ce qu'on trouve de plus beau

et de plus laid, et rapprochons l'un de l'autre une Géorgienne et un Baskir. (Voyez pl. 2ᵐᵉ, les fig. 15 et 16.)

» L'énorme différence des deux têtes que nous allons examiner, dit Lavater, doit frapper tous les yeux. Le physionomiste peut observer cette différence sous plusieurs points
de vue, relativement à l'humanité en général, au caractère
national, à la beauté et à la laideur des formes. L'une et
l'autre tête appartiennent à l'espèce humaine, et quand
même je ne répondrais pas de l'exactitude scrupuleuse du
dessinateur, je garantirais pourtant la vérité des formes principales, et le degré de la différence. Un témoin oculaire, sur
lequel je peux compter, me proteste que la difformité du Baskir n'est point exagérée ; mais supposé qu'elle le fût, je ga-
gerais pourtant que la beauté de la Géorgienne n'a pas été
atteinte dans toute sa perfection. On ne risque rien de dire de
son portrait ce qu'on peut dire des portraits de la plupart
des personnages distingués : *Là où il y a tant, il doit y avoir
davantage.* »

C'est donc jusqu'à ce point que l'homme diffère de
l'homme, l'humanité de l'humanité ! Il est très-probable que
ce Baskir se trouve relégué sur le dernier échelon de notre
espèce, et par conséquent on pourrait abstraire de son crâne
et de sa physionomie, les contours, les lignes et les angles
de la forme humaine dans toute sa dégénération. Entrons
dans quelques détails.

Quels sont donc les traits qui dégradent si prodigieusement
ce visage et qui le rendent si hideux ?

C'est 1º ce front raboteux, incliné, ou plutôt affaissé en
avant ; ce front qui ne saurait se joindre à un autre front, et
qui, ne pouvant se lever au ciel, cesse d'en devenir le reflet,
et perd ainsi une des plus belles prérogatives de l'homme.

Os homini sublime dedit, cœlumque tueri jussit.

C'est 2º cet œil qui tient de la brute, tant par sa petitesse que parce qu'il est sans paupières ;

3º Ces grands sourcils hérissés ;

4º Ce petit nez épaté et sa racine enfoncée, qui forment
une disproportion si révoltante avec le front ;

5º L'extrême petitesse de la lèvre supérieure ;

6º Cette masse de chair rebondie, qui forme la lèvre
d'en bas ;

7º Enfin le petit menton.

Chacun de ces traits pris à part est déjà suffisant pour caractériser la bêtise, pour exclure toute espèce de culture. Un être tel que notre Baskir ne saurait être susceptible ni d'amour, ni de haine, parce que son esprit est fermé à toute idée abstraite. Il pourra se mettre en colère, mais il ne haïra pas ; la haine n'étant qu'une suite de notre manière d'envisager les imperfections de notre ennemi. L'amour dont cet homme-ci peut être capable, n'est apparemment que l'état où il n'a point d'emportemens.

Le profil de la Géorgienne met en évidence que les anciens artistes ont été plutôt imitateurs que modèles. L'ensemble de la forme est absolument l'idéal de l'antique ; même simplicité, même douceur dans les contours, même harmonie ; mais après ces éloges, tout est dit aussi, et l'on est obligé d'ajouter que ce visage est sans expression et sans amour. Peu m'importe que sa forme puisse admettre l'un et l'autre, il n'y paraît pas. Ainsi, cette belle figure n'est au fond qu'un vase inutile : avec un bel extérieur on peut aimer sans doute, mais il ne s'ensuit pas qu'on aimera. Or le vrai beau prend sa source dans le sentiment, et quelle que soit l'élégance du profil de la Géorgienne en comparaison de son pendant, et en comparaison de cent autres visages moins hideux que ce dernier, on pourrait certainement dessiner plus d'une tête qui l'emportât sur la Géorgienne, autant que celle-ci l'emporte sur le Baskir ; mais pour cet effet, il ne faudrait pas négliger l'expression du sentiment. On ne saurait le dire assez souvent ni avec assez d'énergie : *Chaque faculté morale active, chaque sentiment et chaque mouvement de bienveillance, produit ou favorise la beauté du physique ; fût-ce dans la forme la plus abjecte, pour peu qu'elle soit encore susceptible d'amour.* Tout ce qui aime peut aussi s'embellir. Rien ne saurait renverser cette vérité incontestable : *L'amour, l'amour seul embellit tout ce qui respire ; point de beauté sans amour.* Notre Géorgienne n'est que belle en apparence : elle ne l'est pas en effet, elle n'est guère plus qu'un beau masque. Isolez-la, mettez-la hors de relation avec des figures laides, et j'avoue que son genre de beauté me sera insupportable ; elle est froide comme la glace, insensible comme le marbre, et la seule expression avantageuse qu'on puisse lui accorder, c'est celle de la bonté. Si vous examinez les traits séparément, vous ne serez content ni du front ni de sa transition au nez. Quelque beau que soit le profil du nez, il cesse d'être naturel ; s'il est sans ondulation, car *la nature répugne aux lignes droites*. Tout le reste du contour, depuis la pointe du nez jusqu'au menton, est vague, et tout au plus l'ombre d'une belle forme ; je n'y vois rien de grand, rien d'attrayant, et la vivacité du regard n'est pas assez mitigée.

Quoi qu'il en soit, le connaisseur découvrira bientôt à travers ces défauts, que le peintre est resté au-dessous de l'original et qu'il a pour ainsi dire engourdi sa copie. Cette espèce d'engourdissement, je le retrouve même dans les plus beaux ouvrages de l'art antique, et, j'ose l'avouer, en dépit des éloges qu'on leur prodigue. Quand on suit assidûment la nature dans ses productions les plus ordinaires, le sentiment physiognomonique s'exerce et s'aiguise au point d'apercevoir les moindres imperfections des contours qui ont été dessinés d'après les plus beaux modèles ; on distingue la plus légère dégradation, la plus légère charge. J'attends encore l'artiste qui perfectionnera ce profil-ci, en y mettant plus d'accord, plus de vérité et de naturel. Si je puis m'exprimer ainsi, je trouve à la figure du Baskir de l'harmonie dans les dissonnances, et celle de la Géorgienne est dissonnante jusque dans son harmonie, ou, pour parler en termes plus clairs et plus simples, le visage de la femme est hétérogène dans sa beauté, et celui de l'homme est du moins homogène dans sa laideur.

DES CARACTÈRES DU GENRE HUMAIN

TIRÉS DE LA FORME DU VISAGE.

« En physiologie, les mots *face* et *visage* ne doivent pas être regardés comme synonymes. »

« La face est cette grande division de la tête placée audessous et en devant du crâne dans l'homme, et qu'occupent les sens de la vue, de l'ouïe, du goût et de l'odorat ; une partie des organes de la mastication, et ceux qui servent à l'expression de la physionomie. L'implantation

» des cheveux, le bord inférieur et l'angle de la mâchoire in-
» férieure, marquent les limites de la face, dont la figure se
» rapproche de la forme élégante d'un ovale insensiblement
» comprimé et rétréci à son extrémité inférieure. De quelque
» côté que l'on considère une tête humaine bien conformée,
» elle présente un ovale dont la pointe correspond toujours au
» menton. »

Le visage ne se dit que de la face considérée relativement à
l'exercice du sens de la vue, et au langage physiognomonique.

La partie de la face désignée particulièrement par le nom
de visage s'étend de la lèvre supérieure au sommet du front.

Semblable à la toile transparente à travers laquelle on voit
jouer les ombres chinoises, le visage laisse apercevoir les
mouvemens des passions : il est un des organes les plus élo-
quens et les plus actifs du langage du cœur et de l'esprit, une
des surfaces de l'organisation qui ont le plus de rapports avec
les affections de l'âme, et où les maladies, les vices et les
vertus opèrent des changemens plus remarquables.

D'après cette admirable faculté du visage, il est évident que
c'est principalement dans sa forme et dans celle de la tête
en général, qu'il faut chercher les caractères essentiels de
l'homme ; et la preuve la plus décisive, c'est que le genre
humain est un genre séparé de tous les genres d'animaux,
par un vaste intervalle, une famille isolée, et qui doit
avoir son histoire et son portrait à part dans le tableau de
la nature.

Des Proportions et des Principales Variétés du Visage.

Les visages offrent un grand nombre de variétés, de différences très-marquées : les unes sont individuelles et du
ressort de la physiognomonie ; les autres sont générales et dépendent de la constitution particulière de certaines races,
ainsi que de l'âge, du tempérament, etc.; genre de diversités dont s'occupent le naturaliste et le physiologiste.

Ces variétés se remarquent dans l'ensemble du visage ou
de quelques-unes de ses parties, et la forme ovoïde de la face

est plus ou moins altérée, selon qu'elle s'éloigne ou se rapproche des beaux modèles.

Suivant Camper, la face du lapon, du groënlandais, du tartare, paraît ronde ou carrée. Celle du kalmouck se rapproche moins de l'ovale que de la losange.

Les naturalistes et les artistes ont pris la longueur de la tête comme mesure et terme de proportion des autres parties du corps.

Ainsi le corps de l'homme adulte, bien conformé, doit avoir sept têtes et demie de longueur. Le lapon, le samoïède, sont loin de cette proportion ; pour l'ordinaire, leur stature totale n'a pas plus de cinq têtes, ce qui leur donne un air lourd et désagréable ; aussi n'ont-ils aucun rapport avec l'Apollon qui a sept têtes, trois parties et six minutes de hauteur, d'après les mesures prises par G. Audran, sur plusieurs statues antiques.

La plus grande largeur de la face est un peu au-dessus des yeux, au niveau de la ligne qui la partage en deux parties égales. Dans une tête bien conformée, cette largeur diminue insensiblement depuis les orbites jusqu'à la pointe du menton.

D'après M. Vincent, peintre distingué, la plus grande largeur de la tête de l'Apollon a deux parties et demie, ou cinq fois la longueur de l'œil.

La longueur du nez a été également prise par les artistes comme mesure des autres parties du corps : sa longueur dans l'Apollon est égale au quart de la longueur totale de la face, et sa largeur de sept minutes à l'ouverture des narines.

La bouche est à quatre minutes de la base du nez ; sa plus grande largeur est de neuf minutes.

L'épaisseur de chaque lèvre est de deux minutes au milieu de chacune d'elles.

L'oreille, vue dans la tête de profil, a douze minutes de longueur, six de largeur, et l'extrémité inférieure de son lobe est au niveau de l'aile du nez.

Enfin l'espace qui s'étend de la limite supérieure du front au point le plus élevé du crâne, a une partie ou un nez de longueur dans l'Apollon.

Telles sont les belles proportions qui font de cette statue antique un chef-d'œuvre de l'art ; malheureusement on ne les rencontre pas très-fréquemment chez les humains, mais nous

avons dû les indiquer aux physionomistes afin qu'instruits du
type du beau ils puissent, par la comparaison, apprécier le
degré d'éloignement ou de rapprochement des figures qu'ils
analysent.

Dans l'enfance, le nez est encore peu saillant, les mâchoires qui manquent de dents sont très-rapprochées, et par
suite de ce rapprochement les joues sont rebondies. D'ailleurs
dans la tête, comme dans la totalité du corps, les parties
moyennes et inférieures sont moins développées, et c'est en
procédant de haut en bas que la nature perfectionne et achève
le corps humain. Voyez l'Embryon, ses bras et ses jambes ne
sont qu'un filament, et proportionnellement sa tête est
énorme.

Chez les vieillards, le nez cessant d'être appuyé à sa base,
se voûte, s'allonge et paraît tomber sur la bouche, surtout
quand elle est dégarnie de dents.

La distance du menton au nez diminue alors d'une manière
très-marquée : en outre, dans les vieillards, la mâchoire inférieure tend à remonter, les angles de la bouche sont abaissés
et le cou est parsemé de rides.

En général, c'est principalement dans le quart inférieur de
la face que les altérations produites par la vieillesse sont
plus sensibles. (Voyez pl. 3, fig. 8 et 9.)

Enfin chez les enfans, la bouche qui n'a point encore assez
de capacité pour loger spacieusement la langue, est habituellement entr'ouverte ; et, lorsqu'elle est close, les visages en-
fantins paraissent moins agréables. Le bas du profil des enfans est en outre plus oblique, le double menton plus
marqué et le cou moins long.

Telles sont les différences de la face humaine considérée relativement à à la physiognomonie.

Appareil Musculaire du Visage.

Les muscles du visage, dit M. le docteur Moreau, en forment la partie essentiellement active et mobile. Ce sont les
principaux et presque les seuls organes de la physionomie en
mouvement. En jetant un simple coup-d'œil sur la planche 2e,
figure 17, et pl. 3, fig. 10, il est impossible de ne pas remarquer
combien est heureusement disposée la structure de cet appareil

musculaire de la face, que l'on voit se présenter sous la forme
de faisceaux élégans, délicats, et agissant sur des parties dont
le moindre mouvement, l'ondulation la plus légère, le frémissement presque insensible, révèlent nos sentimens et nos
pensées.

La figure 17e, planche 2e, représente une tète dont la dis-
section a enlevé la peau, le tissu cellulaire et les vaisseaux,
afin de faire voir les muscles qui recouvrent les os que nous
avons précédemment examinés, page 177.

Les indications exprimées dans les figures contiennent la
nomenclature des muscles de la face et de quelques autres
qui, sans en faire partie, contribuent néanmoins à l'expression de la physionomie.

Ces muscles doivent être divisés en deux classes :

1° Les muscles de la face, dont le principal usage est de
contribuer à la vie animale en opérant avec force l'élévation
de la mâchoire inférieure ;

2° Les muscles du visage, dont l'emploi principal est rela-
tif à la vie morale et intellectuelle.

Les muscles de la première classe sont au nombre de six,
savoir : les deux temporaux, les deux zigomato-maxillaires,
et les deux alvéololabials, dont on n'aperçoit qu'une petite
partie qui suffit pour faire connaître leur position et leur direction vers les angles des lèvres, auxquelles ils s'attachent,
et qu'ils tendent à retirer en arrière.

Ces muscles ne prennent que très-peu de part à l'expression de la face, mais ils contribuent à sa forme, surtout
chez les personnes qui mangent beaucoup ; ils agissent d'une
manière plus prononcée sur les joues des joueurs d'instrumens, qui sont obligés de retenir une grande quantité d'air
dans leur bouche, et sur celles des ouvriers *souffleurs* de verre.
Leurs joues continuellement dilatées se déforment, perdent
leur élasticité, sont molles et pendantes.

Au contraire, les musiciens qui jouent d'instrumens à an-
che, ne formant point de leur bouche un réservoir d'air,
ont les buccinateurs dans un état habituel de contraction, qui
rend leurs joues creuses et déprimées ; aussi le physionomiste
éclairé reconnaît-il, à la première vue, le musicien qui donne
du cor, ou joue du basson, et ne le confond point avec celui
qui joue de la flûte ou de la clarinette.

Dans la colère, la fureur et toutes les passions convulsives

et cruelles, ces mêmes muscles se contractent fortement, et
lorsque ces passions sont habituelles, elles forment sur la
face un trait isolé très-frappant, indice certain d'un caractère impitoyable, d'habitudes querelleuses, duellistes et de
dispositions au meurtre. C'est sans doute par une indication
de ce genre que *Lavater*, comme nous l'avons déjà dit, reconnut subitement pour un scélérat ce jeune abbé Frickt, dont
tout Zurich admirait la beauté et vantait les qualités estima-
bles, et qui, néanmoins, périt sur l'échafaud peu de temps
après le jugement porté à la première vue par le savant physionomiste.

La contrainte que l'on s'impose pour cacher habituellement des sentimens impérieux, des projets d'une haute
importance, les transports d'une âme agitée par des passions violentes, en un mot, la dissimulation constante, tient
les mâchoires dans un état continuel de resserrement, et la
contraction des muscles des lèvres donne à la bouche une
disposition particulière. Les lèvres sont ordinairement minces
et jamais entr'ouvertes, l'espace entre la bouche et les narines a peu d'étendue, enfin la lèvre supérieure est toujours
plus mince et moins avancée que la lèvre inférieure.

Au contraire, la bouche entr'ouverte comme chez les enfans, est l'indice d'innocence, candeur, sécurité et même d'une
franchise qui va jusqu'à la crédulité.

Il résulte de ces observations que c'est avec des organes
qui appartiennent plus particulièrement à la vie animale, que
la physionomie de l'homme exprime des penchans grossiers
et bas, des passions farouches, cruelles, contraintes, et qu'elle
signale un caractère brutal, violent et dissimulé.

L'organisation musculaire du visage constitue un appareil
propre à la vie de relation, au service spécial des sensations
et de la pensée; néanmoins, dans quelques circonstances plus
rares, il prend part à la vie nutritive et animale.

Cet appareil musculaire, en y comprenant l'appareil particulier des oreilles, se compose de quarante-sept muscles dont
le jeu, l'action et les mouvemens combinés, peuvent exprimer les divers états de la sensibilité humaine.

En général, les muscles du corps se meuvent et n'entraî-
nent point dans leurs mouvemens la peau sous laquelle ils
agissent sans y adhérer; on voit seulement leur volume aug-

menté par la contraction : les muscles de la face produisent à peu près le même effet, mais en outre ils manifestent leur action par les plis de la peau à laquelle ils adhèrent.

Si la face a peu d'embonpoint, si elle a été fréquemment et fortement animée par les passions, ces plis sont plus profonds, plus prononcés et toujours ils coupent à angle droit les fibres des muscles qui les occasionnent.

Qu'on jette un coup d'œil sur la figure 17, planche 2, on voit que les fibres des muscles frontal, sterno-mastoïdien, sterno-hyoïdien, sterno-thyroïdien, sont longitudinales, et on conçoit pourquoi au front et au cou les rides sont horizontales, en rayons divergens autour de la bouche et des yeux, attendu les fibres circulaires du labial et de l'orbiculaire ; enfin en examinant la direction du muscle carré et du masséter, on juge que les rides de la mâchoire inférieure doivent être parallèles à son contour.

Il y a encore un muscle nommé le thoraco-facial (ou peaussier) mais qui appartient plus au cou qu'à la face. Ce muscle très-mince et qui recouvre tous les autres muscles, sans les cacher, s'étend du sommet de l'épaule et de la partie supérieure de la poitrine au bord externe de la mâchoire inférieure et à l'angle des lèvres.

Les fibres du thoraco-facial (peaussier) étant longitudinales, lorsqu'il se contracte, il ride le cou transversalement. Quand il agit avec énergie chez les personnes maigres et faibles, ou âgées, il se dessine fortement sous la peau et forme sur les côtés du cou deux saillies très-dures et d'un aspect désagréable. Le thoraco-facial (le peaussier) abaisse la mâchoire inférieure, et écarte en dehors la lèvre inférieure, ainsi que l'angle de la bouche.

Les muscles de la face, en écartant, ou resserrant, ou élevant, ou abaissant les parties mobiles auxquelles ils se terminent, révèlent une pensée, une impression, un sentiment, car ils changent la forme, l'attitude, la direction de ces parties délicates, et surtout de la lèvre supérieure, dont les plus petites différences sont très-significatives pour l'observateur éclairé. Il est donc bien évident que la physiognomonie n'est point uniquement conjecturale, et que cette science est fondée sur l'anatomie, beaucoup mieux que la phrénologie.

Considérés en masse, les humains n'ont pas tous la même manière de sentir ; chacun a ses habitudes morales et intellectuelles, qui sont plus ou moins influencées par le genre des habitudes, des occupations, des travaux, par conséquent les muscles du visage ne sont pas également employés, et de cette inégalité proviennent les variétés de la physionomie.

Chez les enfans et chez les femmes, les pensées, les passions sont vives, mais si éphémères, qu'elles rident à peine la surface du visage. Chez les hommes c'est différent : les penchans se développent, ou se modifient par l'éducation, et l'existence morale se forme et s'étend ; alors il y a dans le visage des parties qui changent d'abord, qui présentent une autre expression et qui prennent ensuite un caractère déterminé. L'habitude de rire très-souvent, d'éprouver constamment les mêmes sentimens, de céder fréquemment à telle ou telle passion, suffit pour donner au visage un caractère permanent, une forme, une empreinte qui annonce l'affection dominante et habituelle. C'est à l'étude, à la connaissance approfondie de cette empreinte, chez chaque individu, que se livre le physionomiste : ainsi ses connaissances, nous le répétons, n'ont rien de conjectural; au contraire, elles sont positives et évidentes pour tout le monde.

» Il y a, dit M. le docteur Moreau (auquel nous avons emprunté ses savantes observations sur l'appareil musculaire de la face), « il y a des personnes qui sont douées d'une sa-
» gacité naturelle si grande, que, sans connaître même le
» nom de la physiognomonie et de l'anatomie, elle saisissent
» au premier coup-d'œil ces traits délicats, ces lignes, ces
» vestiges des affections caractéristiques de chaque individu;
» elles se décident dans les occasions les plus importantes
» de leur vie, d'après ces indications, ou se repentent pres-
» que toujours d'avoir résisté à de semblables détermina-
» tions. »

Le fait suivant prouve que le sentiment physiognomonique est plus commun que bien des gens ne le croient.

Après deux ans de mariage, un ouvrier ébéniste accoutumé à travailler dans sa chambre, étant devenu père, s'imagine qu'il lui sera plus avantageux de se placer ouvrier. Avec un joli petit meuble de sa façon il se présente chez un grand fabricant qui lui est inconnu; son ouvrage plaît, et lui de sa personne est agréé comme ouvrier à un prix qu'il n'avait point espéré; mais comme la figure de ce fabricant lui donne une très-mauvaise opinion de son caractère, il se montre trop exigeant pour être accepté, et va se placer à un prix très-inférieur chez un autre, qu'il juge plus favorablement.

Le premier fabricant est colère, emporté, difficultueux, tracassier, et assez rusé pour trouver fréquemment des prétextes à l'aide desquels il fait de temps en temps des retenues sur le prix convenu. Celui chez lequel l'ouvrier ébéniste travaille maintenant, est doux, bon, franc, fidèle à ses promesses, et lui a déjà donné des petites gratifications. Voilà donc un simple ouvrier sans instruction devenu par instinct naturel excellent physionomiste.

Les étroites limites de notre Manuel ne nous permettant point d'entrer dans tous les détails anatomiques relatifs à la face, nous invitons nos lecteurs à étudier soigneusement la figure de l'appareil musculaire, afin de bien connaître le nom, la position des différens muscles, la direction de leurs fibres, et juger de l'influence de chacun d'eux, ainsi que la part qu'ils prennent aux mouvemens caractéristiques de la face. Par ce moyen ils pourront, en faisant leurs observations physiognomoniques, noter d'une manière certaine l'indice particulier donné par tel ou tel muscle dans l'expression de telle passion, de tel sentiment.

~~~~~~

PHYSIOGNOMONIE CARACTÉRISTIQUE

DES PASSIONS.

Lorsque l'âme est tranquille, dit Buffon, toutes les parties du visage sont dans un état de repos, leur proportion, leur union, leur ensemble, marquent encore la douce harmonie des pensées et correspondent au calme de l'intérieur; mais lorsque l'âme est agitée, la face humaine devient le tableau vivant où les passions sont rendues avec autant de délicatesse que d'énergie, où chaque mouvement de l'âme est exprimé par un trait, chaque action par un caractère dont l'impression vive et prompte devance la volonté, et rend au dehors, par des signes pathétiques, les images de nos secrètes agitations.

Hyppocrate recommande de connaître avec soin les changemens extérieurs qui surviennent et qui dépendent de l'effet
des passions ou des impressions. Par exemple, les dents sont
agacées par le frottement de la meule d'un moulin, les jambes
tremblent à la vue d'un précipice près duquel on passe, la
vue soudaine et inattendue d'un serpent couvre le visage d'une
pâleur verdâtre; il faut savoir comment les terreurs, la pudeur, les chagrins, le plaisir, la colère et autres sentimens
agissent, car alors certains organes sont plus particulièrement
affectés, et on observe des sueurs, des palpitations, qui dépendent de ces causes morales.

« Les passions, dit l'éditeur de Lavater, considérées relati-
» vement à la physiognomonie et aux arts, doivent être re-
» gardées comme des phénomènes de l'économie vivante, qui
» commencent en dedans et s'achèvent en dehors, soit dans
» les traits de la physionomie, soit par l'ensemble du mou-
» vement de tout l'intérieur de l'organisation.

« Tous les mouvemens du visage et de l'extérieur du corps
» humain, dans les passions, ne peuvent avoir lieu que de trois
» manières, par *convulsion*, par *resserrement*, par *expan-*
» *sion*. »

Ainsi, selon leur expression, les passions peuvent être rap-
portées à trois classes, savoir :

1° Les passions.... *Convulsives;*
2° Les passions.... *Oppressives;*
3° Les passions.... *Expansives.*

« Les changemens organiques qui constituent les caractères
» des passions, sont de différente nature; les uns consistent
» dans des mouvemens réguliers des muscles du visage, sous
» l'empire de la volonté; les autres sont primitifs, involon-
» taires, compliqués, et se passent dans plusieurs organes
» différens que la passion a plus ou moins intéressés, suivant
» que dans son développement elle a été plus ou moins lente,
» ou plus ou moins prompte, plus ou moins profonde ou
» énergique, plus ou moins liée à l'intelligence et au senti-
» ment, ou à la vie animale et aux besoins physiques.

« Les signes simples, primitifs et involontaires, sont les dif-
» férentes contractions des muscles du visage, et les mouve-
» mens, les changemens de forme de diverses parties de la
» face par l'effet de ces différentes contractions.

« Les mouvemens calculés et volontaires des muscles des

« différentes parties du visage, de la tète, des bras, des
« jambes, de la totalité du corps, sont évidemment des phé-
» nomènes secondaires ajoutés à la passion. »

Dans chacun de ces signes, le mouvement qui s'opère ne
vient pas immédiatement des organes où la passion est plus
vivement éprouvée, mais du cerveau qui agit régulièrement
sur les muscles mis en mouvement et employés à l'expression.

Examinons maintenant les caractères particuliers qui distinguent les diverses espèces de passions.

Première classe... Les passions convulsives sont ainsi
nommées, parce que non-seulement elles déterminent des mouvemens dans les muscles, mais qu'en outre elles produisent
des altérations très-marquées dans la circulation et dans la
respiration. Ces altérations sont caractérisées par la rougeur
ou la pâleur du visage et des oreilles, par le rire convulsif,
l'oppression, les sanglots, le hoquet, l'étouffement, l'angoisse.
Nous avons connu un septuagénaire qui avait conservé toute
la vivacité de la jeunesse, et dont les mains ainsi que les ongles
pâlissaient subitement, lorsqu'il éprouvait un mouvement
de colère.

On doit ranger dans cette classe la colère, la fureur,
l'emportement, l'effroi, la douleur physique, le désespoir,
la fureur érotique, et toutes les autres passions dont l'expression est convulsive, involontaire, égarée, et parfois semblable à un accès de manie.

La figure 18, planche 2me, offre un exemple de passion convulsive ; elle représente le transport de rage d'un homme
grossier, souffrant et sans énergie.

» Les expressions convulsives sont toutes violentes, subites.

Les signes primitifs involontaires dominent dans ces expressions, composées en général de véritables attaques de nerfs,
d'accès de délire et de rage ; de regards égarés et enflammés,
de changement de couleur ; de décomposition des traits.

Les expressions convulsives ne sont pas exclusivement
propres aux passions violentes et à la douleur physique.
Elles appartiennent aussi à plusieurs sentimens agréables,
très-vifs ; et la joie, l'amour, ont leurs signes involontaires,
leurs spasmes, leurs transports, quelquefois aussi dangereux
que ceux de la fureur et du désespoir.

La colère est la plus violente des passions convulsives.
Dans le chapitre suivant on verra ce que Lebrun a dit de

cette passion; mais auparavant voici comment Cureau de la Chambre l'a décrite :

La colère entre avec impétuosité dans l'âme, ou plutôt elle n'y entre pas, elle y tombe comme la foudre qui frappe à l'*impourveu,* et qui ne met point de temps entre la chute et l'embrasement qu'elle cause. Ce qui reste de raison et d'esprit alors est employé pour saisir et rapprocher-tout ce qui peut exagérer l'offense et l'injure ; il y a des passages subits des vociférations et d'une volubilité insolente à un silence farouche : la tête est violemment et irrégulièrement agitée ; il y a des grincemens de dents, des serremens convulsifs des mâchoires, les yeux se meuvent avec rapidité, sont souvent tournés de travers; tantôt ils semblent tourner, tantôt ils semblent s'arrêter : on y voit une tristesse farouche, une sécheresse étincelante, une inquiétude fière et hagarde ; les lèvres sont quelquefois tuméfiées et renversées, couvertes de l'écume de la rage. La voix d'abord aiguë, devient sourde et affreuse; la parole est entrecoupée. Enfin, l'homme en colère a le visage enflammé et boursoufflé ; les veines du front, du col et des tempes, enflées et tendues ; le pouls lui bat avec promptitude et véhémence ; la poitrine s'élève par grandes secousses et fait une respiration violente et précipitée ; ensemble de signes et d'expressions, qui offre la réunion de ce qu'il y a de plus difforme dans les plus cruelles maladies, et de ce qu'il y a d'horrible dans les animaux les plus farouches.

2e *Classe.* Les passions oppressives naissent d'un sentiment profond, qui se concentre à la région du cœur et semble le comprimer. Cette classe comprend la tristesse qui est la douleur de l'âme, la timidité, la crainte, la jalousie, l'envie, la dissimulation, l'abattement, l'inquiétude.

La fig. 19, pl. 2e, est celle d'un homme en proie à la tristesse, mais qui supporte sa douleur avec résignation, espoir et confiance dans l'avenir.

» Dans un grand nombre d'expressions oppressives, les signes volontaires et les signes involontaires se trouvent réunis; et les signes involontaires ne dominent que dans le cas où l'expression est plus vive, plus forte, comme dans le pleurer, les sanglots, les transports de la haine et de jalousie, qui lient en quelque sorte les expressions oppressives aux expressions spasmodiques et violentes. »

» Les passions correspondantes aux expressions oppressives, sont en général tristes, chagrines, haineuses, timides et
sombres. »

Le soupir est le degré le plus faible de ces expressions
oppressives.

Lorsque l'on vient à penser tout-à-coup à quelque chose
que l'on regrette vivement, dit Buffon, on ressent un resserrement, un tressaillement intérieur. Ce mouvement du
diaphragme agit sur les poumons ; les élève, et occasionne
une inspiration vive et prompte qui forme le soupir ; et
lorsque l'âme a réfléchi sur la cause de son émotion, et qu'elle
ne voit aucun moyen de remplir son désir, ou de faire cesser
ses regrets, les soupirs se répètent, et la tristesse succède à ces
premiers mouvemens.

3e *Classe*. Les passions expansives procurent une douce
sensation, une sorte de dilatation agréable de l'organisation ;
elles ont un attrait particulier, un charme qui épanouit
l'âme et embellit l'existence. Telles sont l'amour, les affections
de famille, la piété, l'admiration, l'ambition généreuse, la dévotion, qui est une espèce de tendresse.

La figure 20, planche 2e, « représente une femme pieuse,
pleine d'attention, qui promet une grande droiture de sens
et une fidélité à toute épreuve. Elle écoute avec simplicité,
sans finesse et sans malice ; elle s'abandonne tranquillement
aux idées agréables qui l'occupent, et y réfléchit à son aise.
L'attitude aussi est celle de l'amour attentif, qui ne connaît
ni projet, ni intrigue, et que rien ne peut détourner de son
attachement. »

» Les deux caractères généraux que l'on retrouve dans
toutes les expressions de ce genre, sont l'afflux d'un sang ar-
tériel dans le réseau des vaisseaux capillaires du visage, et
l'épanouissement de la face par la contraction des muscles
qui agrandissent transversalement les traits. Les muscles
zygomatiques (grand et petit zigomato-labial) ont, dans l'expression de ces passions, un rôle non moins important que
celui des muscles sourciliers (naso-surcilier) dans les passions
oppressives ; et il est à remarquer que ces muscles ont dans
leurs fibres et leurs mouvemens une direction opposée. »

La *joie* et *l'amour* sont les deux passions expansives dont
les caractères peuvent le mieux servir de terme de comparaison pour toutes les autres.

» Si la joie s'empare de l'âme, on remarque alors très-peu d'altération dans le visage ; le front est serein, les sourcils sans mouvement et élevés par le milieu ; l'œil est médiocrement ouvert et riant ; la prunelle vive et brillante, les narines tant soit peu ouvertes, les coins de la bouche modérément élevés, le teint vif, les joues et les lèvres vermeilles ; les muscles zygomatiques et les releveurs de la lèvre supérieure, le moyen et le grand susmaxillo-labial, en se contractant avec beaucoup de douceur, embellissent l'expression de la joie, et produisent le sourire. »

» Dans l'amour, l'expression est souvent compliquée de celles de plusieurs émotions qui se rattachent à cette passion. »

Quand l'amour est seul, c'est-à-dire quand il n'est accompagné d'aucune forte joie, ni tristesse, ni désir, (circonstance très-rare), le battement du pouls est égal, et beaucoup plus fort et plus grand que de coutume : on sent une douce chaleur dans la poitrine.

Le désir, quoique en dise Lebrun, est inséparable de l'amour, il rend les sourcils pressés et avancés sur les yeux, qui sont plus ouverts que dans l'état habituel. Il nous semble que Lebrun donne aux sourcils un mouvement qui empêche les yeux de s'ouvrir plus que dans l'état habituel.

L'amour maternel a quelque chose de plus suave, de moins forcé dans l'expansion et la couleur, que l'amour et le désir ; c'est un mélange de tendresse et de sollicitude, d'amour et de ravissement.

Les caractères des passions qui se rapportent au mouvement musculaire, sont tous ceux qui consistent dans l'action des différentes parties du visage ; leurs changemens de forme et de rapports entre elles, la production instantanée d'une foule de traits divers, par les plis de la peau et la saillie des muscles qui se dessinent avec plus ou moins de force, suivant le degré de leur contraction.

Les mouvemens des muscles du visage sont très-difficiles à décrire, et si quelqu'un tente de le faire, il faut nécessairement, dit Bernardin de Saint-Pierre, qu'il les rapporte à des affections morales. Ceux de la joie sont horizontaux, comme si dans le bonheur l'âme voulait s'étendre ; ceux du chagrin sont perpendiculaires, comme si dans le malheur elle cherchait un refuge vers le ciel ou la terre.

Cette remarque n'est pas sans fondement. Les muscles zygomatiques (zygomato-labial grand et petit) contribuent particulièrement au sourire, et leur contraction est horizontale, tandis que l'action des triangulaires qui domine dans l'expression de la tristesse, allongent la face par un mouvement perpendiculaire.

PRINCIPES ÉLÉMENTAIRES

SUR L'EXPRESSION DES PASSIONS.

Dans le Chapitre qui précède, nous avons exposé tout ce qui a pu généralement nous paraître nécessaire pour diriger le physionomiste; mais cela ne serait pas suffisant pour diriger celui qui, voulant cultiver les beaux arts, chercherait à se rendre compte des moyens qu'il serait obligé d'employer pour les exprimer au besoin, afin de les faire sentir aux autres : tels sont les peintres, les sculpteurs et les graveurs.

Il est bon même de remarquer avant tout que le mot passion en peinture est bien éloigné de signifier seulement les agitations de l'âme; qu'il doit être plutôt employé pour désigner principalement dans cet art toutes les modifications de la sensibilité, qui ont entre elles une si grande différence; ainsi l'étonnement, la surprise, seraient considérés comme impression; l'admiration et l'amour comme des affections; la fureur, la colère et l'effroi comme des accès plus ou moins violens d'irritation passagère; la timidité et la cruauté comme résultats des habitudes, des goûts, du caprice, des appétits momentanés; enfin, elles seraient toutes sous les directions d'une volonté plus ou moins soutenue, puisqu'il n'existe qu'un seul instant à saisir pour les transmettre sur la toile.

Cependant M. Lebrun comprenait dans le mot passion tout ce qui était capable d'agiter l'âme, et toutes les modifications dans les affections dont elle pouvait se rendre compte à elle-même; dans le cas contraire, il la considérait comme l'apathie. Il regardait l'expression comme synonyme de sentiment, de sensation, et il disait que l'âme ne cesse d'être passionnée que lorsqu'elle ne sent plus; c'est pourquoi il considérait la tranquillité comme une passion, parce que l'âme, dans cet état, en avait la conviction intime.

En cherchant à démontrer par quel moyen on pouvait rendre, par des traits dessinés, le caractère des passions, ce grand peintre avait dû les faire connaître d'abord dans leur état le plus calme, ensuite dans leurs plus grands excès; mais ceux-ci ne devaient être que très-rarement l'objet des arts de l'imitation, et l'on ne devait en faire usage que tout au plus pour représenter des personnages de basse extraction, et qui se livraient sans aucune retenue à tout ce qu'il y a de plus ignoble dans les mouvemens de la nature la plus extérieurement dégradée.

Pour peu que l'on voulût pousser les recherches un peu plus loin, on trouverait que d'autres artistes l'avaient déjà, long-temps avant M. Lebrun, recommandé dans leurs ouvrages, et qu'ils ne s'en étaient jamais écarté d'aucune manière, car jamais ils n'avaient pu consentir à employer le degré extrême des passions dans les figures principales qu'ils avaient à rendre sur toile; ils les réservaient toujours pour tous les individus qu'ils désiraient livrer au mépris, et dans ce cas ils ne devaient même pas craindre d'altérer les belles formes de la nature, puisqu'ils ne cherchaient qu'à les avilir.

D'après Lebrun, tout ce qui est susceptible de causer à l'âme quelque passion, doit communiquer au visage (la face) une forme caractéristique, qui dépend toujours de l'impression faite, par le moyen des nerfs, sur l'ensemble des muscles situés sous la peau qui les recouvre, comme ils s'épanouissent pendant l'expansion de la face, et qu'ils se resserrent dans le moment où elle s'allonge; c'est d'après tous ces mouvemens irréguliers que les expressions sont extrêmement variables dans la haine, dans le mépris, la dérision, la fausseté.

Quoi qu'il en soit, M. Lebrun ne comptait le plus ordinairement que quatre passions principales : 1° celles qui sont tranquilles; 2° les passions agréables; 3° celles qui sont tristes ou douloureuse; 4° enfin celles qui sont violentes et terribles.

Dans les deux premières, toutes les parties du visage s'élèvent et doivent se porter vers le cerveau, siége de l'imagination qui en est affectée avec plaisir et délice; dans la tristesse, les muscles de la face sont très-agités, et leur alacrité s'affaiblit si la langueur survient : c'est même par le froncement des sourcils que l'on s'en aperçoit. Quant aux passions violentes et terribles, elles s'emparent tellement du corps et de l'esprit, qu'elles font pencher, selon lui, toutes les parties de la face du côté du cœur, qui se trouve alors navré par le déplaisir.

Ainsi, c'est dans les yeux et surtout dans les sourcils, et leurs mouvemens, que les passions, quelles qu'elles soient, se manifestent et sont le plus visiblement caractérisées ; en effet, toute espèce d'émotion qui soulève doucement les sourcils, exprime ordinairement une passion très-calme ; tout ce qui tend au contraire à les incliner d'une manière forcée, représente la plus énergique, la plus vive et la plus brutale. Mais lorsque les sourcils s'élèvent par leur milieu, ils dénotent un sentiment aussi gracieux qu'il est agréable ; s'ils remontent vers le milieu du front, c'est de la douleur et de la tristesse, alors ils s'abaissent de manière à couvrir une partie de l'œil dans son orbite ; c'est dans le calme ou les froncemens alternatifs des sourcils qu'on retrouve les marques du plaisir ou du chagrin ; il ne faut même pas oublier que la bouche éprouve presque toujours des mouvemens analogues à ceux des yeux dans l'expression des passions, quelles qu'elles soient.

Comme notre intention n'est pas de faire un traité sur l'art de dessiner les contours et les traits de toutes les parties de l'homme, encore moins de celles qui pourraient avoir quelques rapports plus ou moins directs avec l'expression dans ses formes, dans ses mouvemens et surtout dans la couleur qui la caractérise ; nous renvoyons à ce qui a été dit plus haut sur la physionomie, car il serait besoin, pour y parvenir, d'avoir recours à des dessins, ou plutôt à des études faites par des artistes très-habiles et assez instruits pour établir des observations d'autant plus précises qu'elles deviendraient la base d'une physiognomonie dont les jeunes artistes ne sauraient trop s'occuper au commencement de la carrière qu'ils se proposent de parcourir ; nous leur conseillons de les faire pour eux afin de s'instruire.

Tout ce que nous pourrions leur offrir ne vaudrait pas ce qu'ils seraient capables d'exécuter eux-mêmes par des copies, des croquis, ou des études bien faites et capables de leur donner une grande précision dans le coup-d'œil, qu'ils soutiendraient ensuite par des exercices à saisir et rendre avec la rapidité de la pensée toutes les expressions aussi fugitives qu'instantanées des différentes passions, lorsqu'elles viennent à se manifester par leurs signes extérieurs, et qu'ils sont plus ou moins fortement prononcés.

Alors le peintre qui désirerait connaître, d'après ses propres études, une des plus belles parties de son art, celle qui doit, sans aucun doute, le rapprocher le plus de la poésie, cherchera donc toutes les occasions de distinguer la véritable manière de dessiner parfaitement tous les traits, tous les contours d'une figure passionnée, afin d'arriver à tout ce qu'il est possible d'obtenir pour rendre l'expression. Cependant nous devons encore lui rappeler deux choses.... La première, c'est qu'en santé comme en maladie il existe un principe de vie, qui établit un mouvement général dans toutes les parties solides du corps et qui constitue son organisme ; qu'il est impossible de le voir exister sans participer aux diverses affections de l'âme, puisque la vie ne se manifeste jamais autrement que par cette influence réciproque des unes sur les autres, et que maigré qu'elle soit inconnue, ses effets n'en sont pas moins prouvés jusqu'à l'évidence.

La 2e, c'est qu'en peinture il n'y a qu'un seul instant à saisir pour rendre, représenter, ou rappeler à l'œil du spectateur, la perception des impressions sur le cerveau, et de là sur les sens dont les habitudes sont telles que les sensations s'exécutent toujours avec précision, promptitude et sans fatigue, comme sans douleur pour l'individu jouissant de toute la plénitude de ses facultés intellectuelles.

Ainsi, l'expression pour le peintre consiste donc à tracer de suite tous les signes extérieurs du visage par lesquels s'annonce un mouvement intérieur qui se manifeste au-dehors, non-seulement sur tous les traits de la figure, mais encore dans les gestes, les attitudes qui sont toutes également bonnes, commodes ou faciles, enfin celles que l'individu peut toujours varier à son gré dans toutes les situations où il se trouve, et qu'il conserve assez souvent, même après avoir cessé de vivre.

De là nous devons conclure qu'un artiste, en cherchant à rendre particulièrement tout ce qui est susceptible d'exciter dans le spectateur l'idée de ce qui n'existe pas réellement dans les objets qu'il veut peindre, en leur donnant la vie et le mouvement, doit se trouver assez heureux lorsqu'il parvient à son but; voilà pourquoi dans tous les temps, toutes fois que la peinture, en cherchant à rendre un effet aussi marqué qu'il est pour ainsi dire sublime, celui d'animer la toile, est enfin parvenue à son plus haut degré de splendeur et de perfection; alors si cet art a été surnommé divin, c'est donc avec juste raison.

Considérée comme telle, la peinture ne devait certainement pas dégénérer en suivant une autre route que la sculpture, elle a dû, par conséquent, toujours chercher l'expression dans les belles formes; en effet, si l'on voulait encore douter de la connaissance des anciens dans l'art de réunir la beauté des formes à l'expression, il suffirait de jeter un simple coup-d'œil sur toutes leurs statues qui sont arrivées jusqu'à nous, et entr'autres sur le Laocoon, pour se convaincre du contraire. C'est pourquoi nous ne craindrons pas de provoquer le zèle des artistes en leur traçant la marche à suivre pour obtenir des effets, sinon aussi grands, au moins tellement sûrs qu'ils ne puissent jamais essayer une expression sans être certains d'y réussir.

C'est par le moyen de l'anatomie que les sculpteurs et les peintres devront toujours s'assurer d'acquérir, 1° une connaissance exacte des os qui composent la forme essentielle de l'extrémité céphalique du tronc; 2° en cherchant à se bien rendre compte de l'action de tous les muscles qui les recouvrent....; 3° de la sensibilité que tous les nerfs y entretiennent en les traversant....; 4° en examinant bien les artères ainsi que les veines qui se distribuent dans tous les tissus pour arriver jusqu'à l'épiderme et le colorer....; 5° enfin en considérant, pour les détails, les yeux ainsi que leur entourage, le nez avec les formes qu'il peut avoir; les lèvres et leurs contours, enfin tout ce qui peut contribuer dans la face, et servir à lui donner une expression plus ou moins marquée dans les passions de tout genre, comme dans son état de tranquillité la plus complète.

Cependant toutes les parties de la face étant variables d'après l'âge et les sexes, dans la santé comme dans la maladie, par suite des impressions momentanées ou long-temps continuées, l'étude seule doit diriger le peintre dans ce qui lui servira à distinguer le calme avec l'agitation, la différence d'expression à donner aux passions douces ou violentes. Quant à la pose et aux attitudes qui en résultent, comme elles dépendent essentiellement de la perspective et des proportions, c'est à l'intelligence qu'il convient de s'en rapporter d'après ses règles invariables. Ici l'anatomie des localités et des formes a dû seule nous occuper.

Dans le caractère particulier à donner aux physionomies, le peintre ne peut guère s'occuper de la moralité ; cependant il doit savoir distinguer celles qui sont ignobles ou abjectes, spirituelles ou rusées, fières ou rampantes, stupides, indifférentes, affectueuses ou repoussantes. Mais la conformation du front, des yeux, du nez, de la bouche, l'ovale de la figure, l'implantation des cheveux lisses ou crépus, la calvitie, la couleur de la barbe, celle des moustaches, tout cela ne doit être regardé que pour des accessoires qui cependant exigent encore d'être fidèlement rendus.

Mais vouloir, par leur moyen, trouver des rapprochemens de la figure humaine avec celle des animaux, dire et affirmer qu'il y a ressemblance avec quelques-uns de ceux-ci pour en tirer des inductions sur le caractère particulier de l'individu, cela n'est plus admissible ; nous conseillons les artistes d'abandonner complètement des idées pareilles ; enfin ils ne doivent guère considérer dans les affections morales individuelles, l'action des muscles de la face, parce que leur tranquillité permanente imprime à la longue une sérénité presque ineffaçable, de même que la douleur continuée abaisse la paupière supérieure et ternit en même temps l'éclat brillant de l'œil dans toutes les circonstances.

C'est pourquoi un peintre, en étudiant, doit plutôt faire attention à tout ce qui appartient à la physionomie et sert à caractériser les passions, puisqu'il ne lui reste pas d'autre moyen de faire reconnaître son modèle ; le phrénologiste cherchera seulement à connaître la conformation des os de la tête, et le physionomiste toutes les parties molles qui les recouvrent.

Ainsi, naturellement, on peut donner à un homme que l'on voit une fois un air bon ou méchant, spirituel ou idiot, réglé ou désordonné dans sa manière de se conduire au milieu de la société ; mais ces jugemens intéressent très-peu les artistes. Cependant ils doivent être prévenus que sur la face d'un homme franc il peut se rencontrer que les yeux soient couverts, alors il doit se bien garder de s'en servir pour exprimer la franchise ; que si le prolongement de l'ovale dans la face est un signe de bêtise, un homme d'esprit peut certainement se trouver avec cette forme extérieure; à moins d'être rigoureusement forcé de rendre une ressemblance exacte, tout peintre, avec la moindre intelligence, aura le plus grand soin de tromper l'œil du spectateur sur les difformités de son modèle; aussi, donner une physionomie bonne à un méchant, la franchise à un fourbe, ce serait manquer de bon sens et de raison, il faut donc que l'artiste se borne dans son travail à exprimer l'amabilité dans celui qu'il veut faire chérir, la cruauté à celui qu'il doit rendre haïssable; qu'il exprime la servitude et la perfidie à celui qu'il cherche à rendre méprisable; enfin qu'il prenne pour modèle l'œuvre de Raphaël, car rien n'approche plus de la vérité que toutes les figures dont il a donné le caractère.

ÉTUDES

SUR LA MANIÈRE DE DESSINER LES PASSIONS.

L'homme, dans l'exercice de toutes ses facultés vitales, éprouvant sans cesse des besoins qu'il cherche continuellement à satisfaire, attribue à la sensibilité tous les mouvemens qu'il ressent en lui-même, toutes les émotions qui l'affectent : elles impriment à sa vie une activité, une énergie qui très-souvent lui est utile et même essentielle pour l'entretien de sa santé; mais portées à l'excès, elles ralentissent l'action des organes, la circulation est troublée, le sang est accumulé dans l'intérieur, l'individu devient d'une pâleur extrême : tel est le résultat d'un émotion vivement sentie, quand elle ne serait que passagère.

Mais si cette émotion devient plus fortement prononcée, avec la pâleur il survient anxiété, la respiration est gênée, tout agite plus ou moins fortement. Le trouble qui paraît au dehors change complètement la physionomie d'un homme passionné; en l'observant un peu, on verra son corps vivement affecté de mouvemens plus ou moins convulsifs; il n'y a plus que le retour à la tranquillité qui puisse le remettre dans son état ordinaire.

La joie comme la tristesse, et généralement toutes les affections agréables ou pénibles, impriment souvent aux organes essentiels à la vie une activité plus ou moins grande qui peut devenir dangereuse; les peines long-temps endurées, la douleur, l'anxiété, le chagrin profond, produisent une altération marquée sur toutes les figures; l'épanchement alors devient un adoucissement, les consolations les apaisent et les font oublier, lorsqu'il ne survient pas découragement, ou la mélancolie portée jusqu'au désespoir : l'ennui doit être considéré comme un vide dans les affections de l'âme, survenu par la préoccupation de l'objet éloigné. On ne peut donc pas le considérer comme passion en parlant des arts.

Comme nous avons parlé du caractère des passions, comme nous avons donné ensuite des principes élémentaires sur leurs expressions, nous ne devons pas craindre d'entrer dans quelques détails et d'indiquer aux artistes la manière de les dessiner eux-mêmes. Ainsi, d'après ce que nous venons d'exposer et en prenant le mot passion dans toute son acception, elle ne sera rien autre chose que le signe particulier à l'aide duquel tout ce qui peut affecter l'âme se manifeste à l'extérieur. Ainsi, dans la passion, toute impression qui peut contribuer aux modifications de la sensibilité, lorsqu'on en a la conscience intime, devra correspondre à l'extérieur par tous les changemens qui surviennent de suite à la physionomie : c'est ce qu'il nous reste à prouver par des exemples caractéristiques, pris dans les plus marquantes.

Nous aurions pu recueillir un assez grand nombre d'observations pour appuyer l'objet que nous nous sommes proposé de développer ici; mais d'après le docteur Moreau (de la Sarte), qui tout en appuyant par les caractères de Lebrun, dont nous avons parlé page 131 et suiv., les preuves de la physiognomonie de Lavater, les a jugés bons à être conservés pour l'étude des passions par le dessin linéaire, nous avons cru devoir suivre son exemple, mais sans nous y astreindre rigoureusement. Nous désirons seulement que les dessinateurs en tout genre puissent, à l'aide de nos conseils, rendre les passions par les traits qui servent à les caractériser, avec autant d'assurance que de facilité, puisque pour y parvenir il leur suffit seulement d'en bien connaître les effets sans avoir besoin de remonter à la cause qui a pu les déterminer. Telles sont les suivantes dont nous avons fait un choix particulier, comme plus faciles à rendre; dans plusieurs même nous nous sommes bornés à ne prendre que les masques.

(Voyez, planche 4, les nos 2, 3, 4, 7, 8, 10, 16, 20, 21 jusqu'à 25.)

L'Admiration.

Dans l'admiration exaltée par quelque chose de sublime, et qui développe sur-le-champ un mouvement aussi subit qu'il est incompréhensible, le corps et la tête se jettent un peu en arrière, l'œil est grandement ouvert, le regard élevé fixe l'objet, tous les traits du visage sont frappés par une sorte d'élévation majestueuse.

Dans l'admiration simple, il ne survient pas de changemens bien remarquables sur les traits du visage et dans tout le reste du corps, il suffit, pour rendre la figure en la dessinant, de lui élever les sourcils, d'ouvrir les yeux un peu plus grands que d'habitude, de placer leurs prunelles dans une ligne droite et parallèle à l'ouverture des deux paupières, en la fixant sur l'objet, la bouche demeure légèrement ouverte, et les joues dans l'immobilité complète.

(Voyez la pl. 4, fig. 2, et la page 132.)

L'Étonnement.

Dans l'admiration avec étonnement, les sourcils devront être plus élevés, les yeux plus ouverts, les prunelles plus exaucées et plus fixes, la bouche un peu plus béante que dans les autres cas, toute la face devient plus animée et d'une expression beaucoup plus vivement marquée; dans son attitude (car ici les gestes sont presque nuls), la figure doit être posée droite, la tête fixe, les deux bras étant rapprochés du corps, les pieds également placés l'un contre l'autre doivent tère sur une même ligne. (Voyez la pl. 4, fig. 3.)

Le Ravissement.

Dans l'admiration avec ravissement, la tête devra se trouver légèrement inclinée sur l'épaule gauche, ayant les yeux directement élevés vers le ciel, avec les côtés un peu relevés, la bouche restera entr'ouverte, enfin l'attitude et la pose du tronc seront à demi-fléchies sur les articulations des jambes : tout l'ensemble de la figure devra indiquer le recueillement intime des affections religieuses fortement prononcées.
(Voyez la pl. 4, fig. 5.)

La Tranquillité.

La tranquillité et la sécurité, le courage à supporter le mal ou les privations en tout genre, quoique placés dans le nombre des passions, doivent être plutôt considérés comme des caractères. Dans cet état, une figure dans laquelle on voit régner le calme accompagné d'une douce harmonie, annonce la tranquillité. Dans ce cas les yeux doivent être un peu ouverts, les pupilles sans mouvement et placées précisément dans le milieu de l'orbite. Il en sera de même dans la sécurité et le courage; mais toutes les fibres charnues des muscles éprouvent une espèce de contractilité qui fait paraître de la raideur dans toute la physionomie; alors elle paraît être aussi ferme qu'elle est rigide, fixe et immobile, avec les yeux bien ouverts, le regard annonce une assurance imperturbable, les lèvres sont rapprochées, les mâchoires serrees de manière à rendre les dents sur une seule ligne : pour avoir deux modèles de la sécurité et du courage, il ne s'agit que d'examiner avec attention le portrait du maître d'armes de Raphaël, et la tête d'Alexandre, dans les batailles de Lebrun. Cependant il est bien démontré encore que la tranquillité devient quelquefois aussi imposante qu'elle peut être majestueuse, on rencontre plusieurs preuves de cette vérité dans les tableaux des martyrs, dans les innocens conduits devant leurs juges, comme dans le tableau de saint Gervais et saint Protais par le Sueur. (Voyez la pl. 4, fig. 4.)

L'Attention.

L'attention doit être caractérisée par l'abaissement et le rapprochement des sourcils vers le nez, les yeux tournés du côté de l'objet qui occupe celui qui est attentif, la bouche restant un peu ouverte; l'élévation de la lèvre supérieure est très-apparente, l'homme occupé incline un peu la tête : soit en regardant, soit en écoutant, l'expression de la figure n'est pas tout-à-fait la même, elle diffère même assez, suivant l'un des motifs qui la détermine comme dans le doute, dans l'intérêt qu'on prend, la croyance-qui se manifeste, le désir qu'on ressent, la curiosité qui devient visible, l'amour qu'on éprouve, l'espérance qu'on a lieu de concevoir. En écoutant, la bouche demeure ouverte, tous les traits de la figure sont pour ainsi dire suspendus dans tous les individus qui écoutent quelque chose avec une attention soutenue; mais lorsqu'on est obligé d'observer attentivement et de regarder en même temps un objet fixe, l'œil est immobile, plus ou moins ouvert, et quelques rides superficielles ou profondes paraissent au milieu du front. (Voyez la pl. 4, fig. 6.)

L'Estime.

Tous les traits employés pour rendre et exprimer l'attention sur les parties différentes de la face, surtout si elle est soutenue, et dans quelque situation qu'on puisse en avoir besoin, deviennent, pour ainsi dire, le type caractéristique de l'estime, principalement dans le cas où il est nécessaire de rendre l'individu fortement attaché à l'objet qui a dû la lui causer. Les sourcils alors devront être dessinés un peu avancés sur les yeux et pressés contre le nez, l'autre partie assez élevée, l'œil étant largement ouvert, les veines qui serpentent sur les muscles frontaux sont gonflées, celles qui environnent les yeux, et les narines contractées par en bas, sont de même; les joues alors doivent paraître aplaties sur les mâchoires, la bouche demeure ouverte, ses angles inclinés en arrière et abaissés. Toute figure d'homme dessinée dans l'expression de l'estime, devra se trouver dans une pose à demi-fléchie, les épaules étant un peu élevées, les bras placés avec gêne, les mains un peu ouvertes et rapprochées l'une de l'autre, les genoux à demi-pliés dans leur articulation.

(Voyez la pl. 4, fig. 7, et page 132.)

La Vénération.

Mais si la vénération se manifeste dans un homme déjà pénétré d'estime pour quelque personnage rapproché de lui, il devra baisser les sourcils, avoir la figure calme, les prunelles plus élevées, la bouche contractée vers ses angles restera entr'ouverte; car c'est à ces traits que l'on reconnaît l'homme dont l'âme est pénétrée de respect, et entièrement soumise à tout ce qu'elle croit au-dessus de son intelligence; dans ses yeux l'élévation des prunelles doit indiquer la grandeur de l'objet qu'elle considère et qui lui inspire la vénération dont elle est pénétrée.

Lorsqu'après avoir été frappés d'inspiration, tous les traits du visage se trouvent complètement abaissés, si l'âme est beaucoup plus profondément émue que dans les premiers instans dont nous avons parlé, les yeux et la bouche demeureront fermés, car tous les traits caractéristiques doivent tendre à démontrer ici, et d'une manière indubitable, que tous les autres sens extérieurs n'y participent plus sous aucun rapport direct ou indirect. Alors, au moyen des bras et des mains rapprochées, ou presque jointes, les genoux et les membres inférieurs inclinés vers la terre serviraient à indiquer le plus profond respect; dans le cas d'une vénération simple, si elle doit indiquer la foi, le corps s'incline entièrement, les bras pliés sur eux-mêmes, avec les mains jointes, tout sert ici à indiquer une grande et profonde humiliation. Dans l'extase réunie à la vénération, tout le corps devra être renversé en arrière, avec les bras tendus, les mains ouvertes, levées au ciel, tous les mouvemens dans la pose serviront à indiquer ici les transports de la joie la plus sincère.

(Voyez pl. 4, fig. 8, et page 132.)

Le Mépris.

Dans quelques circonstances de la vie où un homme se trouve et qui sont contraires à la vénération, et encore beaucoup plus au ravissement, ainsi qu'à tous les mouvemens d'extase, lorsqu'il ne peut résulter autre chose que très-peu d'estime, qui se rapproche alors singulièrement du mépris, dans ce cas les mouvemens de la figure sont aussi vifs que parfaitement marqués ; alors ils se manifestent par un front sillonné par les rides et le froncement bien prononcé des sourcils, par l'inclinaison des côtés du nez à droite et à gauche, au milieu des yeux grandement ouverts se trouvent les prunelles, les narines contractées du côté des yeux, et la bouche complètement fermée en laissant dépasser la lèvre inférieure.

Alors dans l'instant du mépris, comme dans le moment d'une aversion prononcée, le corps se trouve un peu retiré en arrière, les bras et les mains légèrement étendus comme pour repousser l'objet qui inspire ces deux mouvemens de l'âme ; les jambes ainsi que les pieds devront y correspondre.

(Voyez pl. 4, fig. 9, et page 132.)

L'Horreur.

Mais si l'objet méprisé est tel, qu'il excite de l'horreur, les sourcils doivent se froncer davantage en s'abaissant, la prunelle se trouvera située au bas de l'œil, à moitié cachée par la paupière ; enfin comme la bouche est un peu plus contractée vers ses angles quoiqu'en restant un peu ouverte, alors les joues se plissent, l'individu se décolore en pâlissant, ses yeux et ses lèvres deviennent livides, tous ses muscles sont en contraction, les veines gonflées et très-apparentes ; l'ensemble général de la figure se rapproche beaucoup de celui qu'on observe dans la frayeur.

Ainsi dans l'horreur tous les mouvemens sont plus prononcés que dans le mépris ; ils devront par conséquent inspirer encore plus d'éloignement pour l'objet qui est devenu horrible à voir ; dans la pose les bras seront tendus et serrés contre le tronc, avec les mains bien ouvertes et les doigts écartés ;

quant aux jambes, on recommande de les dessiner dans le mouvement et l'action de fuir en courant.

(Voyez la pl. 4, fig. 10, et page 133.)

La Frayeur.

Si l'on veut examiner avec attention tous les mouvemens d'un homme effrayé, il sera facile de reconnaître que dans cet état il se rapproche beaucoup de celui qui éprouve de l'horreur : aussi tous les mouvemens de l'individu saisi par la frayeur, volontairement ou contre son gré, doivent être beaucoup plus marqués, plus prononcés et plus étendus que dans tout autre cas analogue ; les bras devront se raidir en avant, les jambes dessinées comme dans leur plus grande étendue pour courir en prenant la fuite ; dans tous les traits servant à l'expression de cette figure, on doit retrouver les traces du plus grand désordre.

Dans une altération physionomique pareille à celle dont nous parlons, les sourcils sont très-élevés, toutes les fibres musculaires deviennent raides, saillantes, gonflées de manière à comprimer la peau qui recouvre leur surface ; comme ils sont tous retirés les uns sur les autres, le nez et les narines les suivent dans le même mouvement, la paupière supérieure cachée sous le sourcil, le blanc de l'œil devenu rouge, la prunelle abaissée inférieurement dans l'œil, le dessous de la paupière se gonfle et devient jaune, les muscles du nez et des joues sont de la même couleur, en se terminant en pointe du côté des narines, la bouche très-grandement ouverte laisse paraître ses angles ; tout ce qui constitue le cou est tuméfié par les vaisseaux sanguins des muscles ; les cheveux se hérissent ; à l'extrémité du nez, des oreilles, au pourtour des yeux, la pâleur est aussi fortement prononcée qu'elle est livide. Tout annonce la suspension momentanée des battemens ordinaires du cœur, celle des gros vaisseaux qui en partent ; de là survient une gêne plus ou moins forte dans la circulation du sang, c'est pourquoi l'homme véritablement effrayé fait de temps en temps un grand effort pour essayer de respirer à l'aise ; sa bouche éprouve un mouvement presque convulsif lorsqu'il veut l'ouvrir, et quand l'air, pour parvenir aux poumons, traverse la cavité guttu-

rale, ou quand il la parcourt en sens contraire, si la voix se
fait entendre, ce n'est plus que par des sons fort mal arti-
culés. (Voyez la planche 4, fig. 11, et page 133.)

L'Amour.

Tous les mouvemens de l'amour simple (ou plutôt seul,
isolé, sans être en aucune manière accompagné d'une affection autre que celle qui le provoque), doivent être rendus
par des traits aussi doux qu'ils sont eux-mêmes peu marqués; malgré cela, très-souvent leur expression se trouve
compliquée, et doit encore se trouver réunie avec les autres
émotions qui lui servent de cortége; mais quand il est séparé
d'une joie plus ou moins démonstrative, quand celui qui
l'éprouve n'est point excité par le désir, lorsqu'il n'est point
abattu par la tristesse, son pouls est égal, mais plus développé que d'habitude, la chaleur augmente dans l'intérieur
de la poitrine, le front paraît serein, uni, les sourcils re-
haussés du côté des prunelles, la tête se porte en s'inclinant du côté de l'objet qui en est la cause, souvent même
les yeux ne sont ouverts qu'à moitié; mais le blanc qu'on y
voit devient brillant, si la prunelle demeure fixée sur quelque chose, elle devient étincelante; toute la figure se colore
vivement et paraît rosée, vermeille sur les lèvres et les
joues; on remarque à la bouche, légèrement entr'ouverte, ses
angles un peu élevés; il survient aux lèvres une humidité
involontaire. (Voyez la planche 4, figure 12, et page 133.)
Cependant nous ne devons pas oublier de dire que l'a-
mour maternel comporte avec lui une expression beaucoup
plus admirable encore, car la suavité qui en résulte dans
l'expansion de la figure et son coloris sont beaucoup moins
forts que dans l'amour habituellement érotique, ardent et
désireux d'obtenir ce qu'il désire; celui-ci est un mélange
aussi heureux que parfait, non-seulement de la plus tendre
sollicitude, mais encore celui d'un amour accompagné de ravissement, comme celui d'une amabilité aussi gràcieuse, qui
s'élève vers un objet digne de toutes les affections de l'àme;
c'est celle enfin dont on rencontre tant d'exemples frappans
sur toutes les figures de vierges dans les tableaux de Raphaël.

Le Désir.

Une figure dans laquelle on voudrait exprimer les effets d'un désir plus ou moins ardent, doit être dessinée avec les bras tendus vers un objet quelconque, du moment où elle paraît le convoiter avec plus ou moins d'ardeur; le corps en suivant le même mouvement sera incliné dans une semblable direction, et tout le reste dans les indices de l'inquiétude conçue par une âme incertaine.

Pour parvenir à caractériser le désir, les sourcils seront avancés et comprimés sur les yeux ouverts beaucoup plus grands que d'habitude, la prunelle placée dans le milieu de l'œil doit paraître enflammée, les narines élevées et serrées vers les yeux, dans la bouche très-peu ouverte, les lèvres sont animées par une couleur extrêmement vive et qui est de couleur rosée fortement prononcée.

Cependant il est bon d'observer encore ici que si toutes les passions déterminent le plus ordinairement sur la figure et dans tout le reste du corps, une manière d'être différente de celle qui existe dans l'état habituel de la vie, il y en a aussi quelques-unes, telles que l'amour seulement, la joie, l'espérance, dans lesquelles ce changement devient à peine sensible, et par conséquent très-difficile à exprimer, surtout lorsqu'on ne sait pas s'en rendre un compte exact. (Voyez planche 4, figure 13, et page 133.)

L'Espérance.

Dans l'espérance, tous les mouvemens qu'il pourraient servir à l'exprimer, existent plutôt à l'intérieur qu'ils ne sont visibles à l'extérieur, il y a suspension momentanée dans toutes les parties du corps, l'âme presque anéantie se balance pour ainsi dire entre la crainte qui la fait redouter, et la ferme assurance qui la fait espérer de réussir, de manière que, dans le visage, si l'un des côtés du sourcil indique la crainte, l'autre devra annoncer la sécurité, ainsi tous les traits devront servir à bien rendre tous les mouvemens d'une indécision d'autant

Celui dont l'âme est affectée par quelque chagrin secret et qui s'abandonne à la tristesse, a le sourcil plus élevé vers le milieu du front. Les prunelles sont troublées, le blanc de l'œil jaunâtre, les paupières abattues et un peu gonflées, le tour des yeux livide ; les narines tirées en bas, la bouche entr'ouverte et ses angles abaissés ; la couleur du visage est plombée, les lèvres pâles. La tête est nonchalamment penchée sur une épaule. Enfin le ton de la voix est peu élevé, languissant et doux.

Quiconque éprouve de vifs regrets, ou est tourmenté par des remords, présente tous les signes caractéristiques de la tristesse, mais en outre il lève fréquemment les yeux vers le ciel, et de temps en temps il lui échappe des soupirs étouffés. On le voit souvent méditatif, absorbé par ses pénibles réflexions, puis tout-à-coup il semble se réveiller et s'efforce de paraître au courant de la conversation qu'il n'a pas entendue : il porte fréquemment sa main sur son front ou sur son cœur, et sa tête est plus ordinairement penchée en avant que sur l'épaule.

Le front ridé, le sourcil abattu et froncé, le regard inquiet, les narines pâles, ouvertes, plus marquées que dans l'état habituel, et retirées en arrière, ce qui cause des plis aux joues ; la lèvre supérieure dépassant l'inférieure, les coins de la bouche retirés en arrière et fort abaissés, les muscles de la mâchoire qui semblent enfoncés : tels sont les signes qui annoncent un jaloux, ou un homme haineux, surtout s'il y a une légère obliquité ou une contraction presque imperceptible des lèvres. Néanmoins il est mielleux dans ses discours qui souvent présentent un double sens lorsqu'il parle des femmes.

M. le docteur Moreau a trop bien décrit l'ironie pour que nous nous permettions d'en retrancher un seul mot.

« L'expression ironique consiste dans un ton essentielle-
» ment faux et équivoque, d'où résulte nécessairement un
» défaut d'harmonie dans les traits du visage. Le carac-
» tère dominant consiste dans un écartement et une éléva-
» tion simultanés de la lèvre supérieure : les ailes du nez sont
» du reste presque toujours en action ; l'expression de l'en-
» semble du visage est variable, changeante à chaque in-
» stant, ne conservant aucun trait décidé ; quelquefois c'est
» un mélange d'assentiment, de bienveillance, de dédain et

» d'orgueil. On serait tenté, dans quelques instans, de croire
» aux signes d'approbation qui s'arrêtent tout-à-coup, qui
» sont aussitôt démentis par un mouvement d'élévation de
» la lèvre supérieure, ou par un regard de mépris. »

Amour. — Front uni, sourcils un peu élevés du côté où
se porte la prunelle; le blanc de l'œil vif, éclatant, la bouche
entr'ouverte, ses angles un peu élevés; les lèvres vermeilles
et humides.

Courage. — L'harmonie de tous les traits annonce le
calme; l'œil est très-ouvert, le regard assuré, les narines
écartées, les lèvres et les dents rapprochées, la tête dans une
attitude ferme.

Insolence. — Front bas, étroit et bombé; la lèvre inférieure avance beaucoup ainsi que le menton; les bras serrés contre le corps. C'est de côté et par-dessus l'épaule que l'insolent
regarde les gens en relevant la tête et ayant l'air de menacer
tout le monde.

Avarice. — Front perpendiculaire, bombé à sa partie
supérieure; sourcils petits, yeux enfoncés dans l'orbite;
la lèvre inférieure épaisse et saillante : les mains toujours
crochues.

La moquerie resserre les yeux, la peau voisine des yeux
se plisse comme on le voit chez la plupart des fous; les joues
sont enflées, ont une forme globuleuse, telle que dans le
portrait de *Lamettrie*. Enfin la moquerie donne à la bouche
une irrégularité vraiment extraordinaire.

Mémoire. — Front élevé et oblong, qui paraît carré sur
le devant. Une peau blanche, molle et charnue qui couvre ce
front spacieux.

Cependant lorsqu'un front large, élevé et spacieux, est recouvert d'une peau coriace, fortement tendue et brunâtre, la
mémoire manque, surtout quand la partie osseuse est recti-
ligne et oblique.

Esprit. — Un front qui recule par le haut, de petites rides
autour des yeux et de la bouche; des sinus frontaux proéminens, et la plupart du temps aussi le contour plus ou moins
arqué d'un nez rabattu, peuvent faire soupçonner au moins
des dispositions à l'esprit.

Génie. — C'est par l'œil, par le regard qu'il se manifeste,
et surtout par le contour de la paupière supérieure vue de
profil. On le reconnaît aussi à la racine du nez, lorsqu'elle

est large, plus ou moins arrondie, resserrée et proéminente au-dessus de sa voûte.

Le génie intensif, qui agit sur un seul point, se distingue par la force du système osseux, par des chairs fermes, par la pesanteur et la simplicité des mouvemens, par la solidité des nœuds frontaux, par un front qui approche de la perpendiculaire.

Au contraire, le génie extensif, qui embrasse une plus grande étendue, admet des formes plus douces et plus allongées, des chairs plus molles ; le front est plus penché, sans pourtant retomber nonchalamment en arrière.

Peinture. — Les grands maîtres de l'art ont l'œil bien fendu, brillant d'une douce lumière, et plus ou moins langoureux, et avec cela un contour fortement prononcé.

L'œil de l'artiste qui excelle dans les détails a presque toujours la paupière supérieure reculée. Avec une paupière languissante qui s'affaisse doucement sur la prunelle, il imprimera à tous ses ouvrages une teinte amoureuse et sentimentale.

De petites lèvres rognées caractérisent la précision et la netteté dans l'exécution ; de grosses lèvres échancrées, l'énergie de l'expression.

On ne risque rien d'assigner l'immortalité aux productions de l'artiste dont le dos du nez est large et parallèle, depuis la racine jusqu'à l'extrémité.

Poésie. — Front large, carré, doucement incliné en arrière par le haut, recouvert d'une peau blanche et moelleuse ; les sinus frontaux prononcés ; les sourcils arqués gracieusement et bien séparés l'un de l'autre. OEil brillant, entouré de petites rides ; regard vif et gai ; la paupière supérieure reculée et peu visible ; la racine du nez formant un enfoncement ; le nez voûté, son dos large et parallèle dans sa longueur ; les coins de la bouche légèrement relevés ; la lèvre supérieure saillante et pour ainsi dire suspendue au-dessus de l'inférieure, sans la toucher ; le menton arrondi et avancé en saillie.

DES PHYSIONOMIES

PIEUSES, DÉVOTES ET RELIGIEUSES.

« Que ne puis–je, dit *Lavater*, rapprocher dans un même
» groupe le philosophe honnête homme qui borne sa foi à la
» religion naturelle, l'israélite sans fraude qui adore le dieu
» de ses pères, et le chrétien apostolique, participant tous
» trois à une même action vertueuse! Qu'une telle comparai-
» son serait instructive! mais où trouver le peintre qui ren-
» drait toutes les nuances du tableau? où trouver les trois
» originaux qui, malgré leurs opinions religieuses, consen-
» tiraient à s'entendre sur un même but moral; ensuite
» quelle diversité n'y a–t–il pas entre les facultés reli-
» gieuses? »

Non–seulement les dispositions religieuses de chaque individu s'expriment dans l'air et dans les traits du visage,
dans la mobilité de la physionomie, dans le siége et dans les
plicatures qui résultent des mêmes mouvemens souvent ré-
pétés, mais le dessin et les contours de la forme solide don-
neront encore une plus juste idée de ce que l'homme est, de
ce qu'il peut être, et du genre de religion qu'il doit adopter,
ou que les circonstances l'auraient obligé de suivre.

Par exemple, on reconnaîtra aisément dans la mine du
piétiste sa gravité composée et inquiète; dans le herruhuthien,
son calme efféminé; dans le mennonite, sa simplicité cordiale;
dans le mystique, son amour spirituel; et tous ces caractères
religieux, on les saisira indépendamment de l'attitude, de la
démarche, du geste et de la voix; circonstances dont chacune
prise séparément ajoute encore tant à l'expression générale et
individuelle.

Tout homme religieux façonne, sans le savoir, sa divinité
sur son caractère. Le flegmatique adore un dieu calme et
doux; le colère redoute son pouvoir et sa vengeance. Voilà
pourquoi Saint-Pierre et Saint-Jean parlaient du même dieu,
l'un avec crainte, l'autre avec tendresse.

De toutes les physionomies religieuses il n'en est peut-être pas de plus faciles à reconnaître et de plus frappantes que celles des jésuites ; les yeux de jésuite ont passé en proverbe, et en effet, dit *Lavater*, je me ferais fort de les dessiner d'idée, et non-seulement leurs yeux, mais presque leurs formes de tête. Sous quelque costume qu'un jésuite paraisse, il porte toujours sur soi les marques indélébiles de son ordre; le physionomiste ordinaire les retrouvera dans le regard, le physionomiste exercé, dans le contour de la tête; ce contour est remarquable à l'égard du front, du nez et du menton. Le front sera presque toujours élevé en voûte et d'une grande capacité, sans être ni compact, ni très-fortement prononcé; la plupart du temps, le nez est grand, courbé et très-cartilagineux vers l'extrémité, le menton est large, pas trop gras, mais relevé en bosse, ajoutez à cela des yeux qui s'affaissent, et des lèvres bien marquées.

C'est une chose aussi singulière qu'elle peut être remarquable pour l'observateur, que parmi tant de savans distingués qu'a produit l'ordre des jésuites, il se trouve à peine une seule tête philosophique. Des mathématiciens, des physiciens, des politiques, des orateurs, des poètes, tant que vous voudrez, mais presque point de philosophes.

La raison en est simple : le caractère souple et insinuant, le langage étudié, la réserve et la dissimulation qui entraient et qui subsistent toujours dans le système de cet ordre, pouvaient-ils s'associer avec la franchise, la hardiesse, et l'exactitude scrupuleuse de la philosophie? Des principes aussi opposés n'étaient guère compatibles. Les jésuites ont été et sont encore réputés pour l'esprit d'intrigue, mais l'exécution des entreprises hardies n'a jamais été leur fait, car la finesse détruit ordinairement l'énergie, si même elle ne l'exclue pas tout-à-fait.

INFLUENCE

DES ARTS, DES MÉTIERS ET DES PROFESSIONS,

SUR LA PHYSIONOMIE.

« Tout métier, toute profession, dit Moreau (de la Sarthe),
» est une condition particulière de la vie, qui fait dominer,
» ou qui du moins rend permanentes, certaines habitudes
» physiques ou morales, certaines directions de l'esprit dont
» l'expression profonde et sans cesse renouvelée, donne à
» tous les hommes du même état un air de famille.

C'est par cette raison que l'on voit des physionomies mi-
nistérielles, diplomatiques, militaires, sacerdotales, monaca-
les, médicales, académiques, artistiques, etc. On a dû remarquer, dans l'article précédent, que ces derniers et surtout les
poètes, ainsi que tout ce qui tient au sacerdoce, ont un genre,
un caractère particulier de physionomie, qui est propre à
leur profession.

« Si la profession, le métier, sont excercés en commun, il
» se joint à leur effet la puissance incalculable de l'imitation,
» une sorte d'action sympathique de l'homme sur l'homme.
» (Voyez, page 76, tout ce que nous avons dit relativement
» à l'organe de l'imitation.)

En effet, les individus qui vivent, travaillent ensemble dans
un espace resserré, prennent une physionomie uniforme, un
caractère commun. Godwin, dans le roman de Flectvood, a
parfaitement décrit cette uniformité dépendante d'un métier
exercé par un grand nombre de personnes, dans une filature
de soie de Lyon : là, dit-il, toutes les physionomies des
hommes, des femmes et des enfans occupés à la filature,
avaient la même expression, c'est-à-dire l'air d'une attention
stupide, d'une contrainte douloureuse, d'un emploi machinal
et monotone de leurs forces, et d'une intelligence aussi bornée qu'elle n'a jamais été que très-peu développée : tels sont
tous les *canus*. L'influence d'un même travail par un grand
nombre d'hommes réunis est si puissante, qu'elle ne laisse

plus de physionomie naturelle, toutes sont plus ou moins altérées. Dans cette circonstance, le physionomiste ne doit pas oublier que le caractère particulier est en quelque sorte masqué par le caractère général de la profession, ou par suite de la position dans laquelle l'individu s'est trouvé : par exemple le séjour dans un bagne laisse un caractère indélébile, une démarche, une tournure, une physionomie très-remarquable, et nous pouvons citer un fait qui prouve cette indélibilité.

Pendant plusieurs années, nous avons constamment accompagné le professeur Chaussier dans ses visites, lorsqu'il était médecin des prisons à Dijon; il était spécialement chargé de vérifier si les prisonniers accusés de quelque crime avaient été marqués, soit en France, soit dans les pays étrangers : d'après cela, on conçoit que nous avons été à portée d'observer très-fréquemment la physionomie d'individus sortis des galères, et d'autres qui souvent y retournaient.

En 1829, nous trouvant avec M. Grandin, commissaire de police du quartier de l'arsenal à Paris, nous eûmes occasion de lui dire que plusieurs fois nous avions aperçu un forçat à la porte d'un cabaret que nous lui indiquâmes : peu de jours après, M. Grandin nous apprit que l'homme dont nous lui avions parlé était arrêté comme auteur de plusieurs vols récens. « Je suis surpris, ajouta-t-il, que vous ayez pu le » reconnaître pour un forçat, car il y a plus de dix ans qu'il » est sorti du bagne de Toulon. » Après trente et quarante ans nous l'eussions encore reconnu.... Le séjour au bagne imprime sur toute la physionomie de l'homme un cachet ineffaçable.

Chaque métier, chaque profession imprime, comme nous l'avons dit, une influence marquée, non-seulement sur la physionomie, mais encore sur la forme du corps et les mouvemens des différentes parties : ainsi les soldats peuvent avoir la poitrine saillante, le sternum sensiblement élevé, les muscles qui recouvrent le thorax beaucoup plus développés et plus saillans, les deux épaules plus volumineuses, un peu plus reculées, quoique rapprochées l'une de l'autre.

Ceux qui portent habituellement des fardeaux sont faciles à reconnaître, parce qu'ils ont le dos voûté; les épaules larges et portées en avant semblent rétrécir le thorax; enfin par le développement des muscles du dos et des reins.

Les vignerons, tous les cultivateurs des pays où l'on travaille à la houe, se courbent avant d'être parvenus à la vieillesse ; les coureurs, les danseurs, ont les muscles des cuisses très-développés ; chez les boulangers, ce sont ceux des bras ; les voltigeurs ou danseurs de corde, forcés de se maintenir en équilibre, se font reconnaître par leur corps porté en arrière, leurs pieds tournés en dehors, et par la force des muscles de la cuisse et de la jambe.

Les tailleurs ont un peu les pieds tournés comme ceux des danseurs, la poitrine étroite et enfoncée ; leurs attitudes et leurs mouvemens, surtout ceux des bras, les font aisément reconnaître, quoique la plus grande partie d'entr'eux cherchent à se cacher sous un costume quelquefois très-élégant : rien n'empêche de les distinguer partout où ils se rencontrent.

Les cordonniers ont la poitrine encore plus resserrée que les tailleurs ; tous leurs mouvemens sont anguleux, ils marchent les genoux un peu fléchis, comme les nègres du Sénégal ; s'ils se baissent, leur dos ne se courbe pas, ils se ploient aux lombes comme une charnière, et toutes les attitudes qu'ils prennent offrent toujours une raideur extrême, surtout lorsqu'ils sont parvenus à un âge un peu avancé.

Les marins, lors même qu'ils sont à terre, marchent les jambes écartées et les pieds tournés en dedans ; c'est une habitude qu'ils sont forcés de prendre en mer pour conserver leur équilibre au milieu du tangage et du roulis du navire.... Les cavaliers ont les cuisses arquées, le genou gros, un peu en dedans, et généralement les jambes grêles, comme on peut le remarquer en observant les courriers, les postillons et tous ceux qui ont monté à cheval dès le bas âge. Beaucoup de cavaliers, surtout ceux qui ont reçu des leçons des grands maîtres d'équitation, marchent très-ordinairement le pied droit, sans le tourner ni en dehors, ni en dedans.

L'habitude de fumer grossit la lèvre inférieure et la rend pendante, et par suite de la pression de la pipe les dents angulaires sont usées.... Les souffleurs, verriers, ceux qui donnent du cor, qui sonnent de la trompette, ont, ainsi que nous l'avons fait observer, les joues plus volumineuses et les lèvres plus arquées dans leur milieu ; au contraire, ceux qui jouent de la flûte, du haut-bois, ou de la clarinette, ont les joues serrées, un peu creuses, et les lèvres pincées.

Les horlogers, quelques graveurs, et tous ceux qui se servent habituellement d'une lentille ou d'une loupe en travaillant, les naturalistes, les botanistes et autres personnes qui font des observations microscopiques, ont le front inégalement ridé, et ces rides deviennent demi-circulaires ou rayonnantes, et beaucoup plus marquées à l'angle externe de l'œil gauche, qu'ils tiennent habituellement fermé.

Chez les forgerons, les serruriers, les verriers, les émailleurs, et tous les ouvriers qui sont constamment exposés à une lumière très-vive, trop long-temps continuée par une chaleur rayonnante, on aperçoit, d'une manière beaucoup plus sensiblement marquée que chez les autres hommes, des rides circulaires près des yeux, qui sont occasionnées par la contraction habituelle et soutenue du muscle orbiculaire des paupières.

Presque tous les chirurgiens français, aussi habiles que fermes dans leur résolution, principalement ceux qui font de très-fréquentes opérations plus ou moins importantes et douloureuses, conservent un mouvement habituel de la lèvre supérieure; mais lorsqu'ils opèrent et surtout lorsqu'ils y apportent toute leur attention, on les voit serrer les lèvres, fermer la bouche avec force, leurs joues dans un léger mouvement d'agitation et de frémissement par suite de la rigidité des muscles, occasionnée par la contraction des mâchoires. On doit bien certainement attribuer ces divers mouvemens à l'effort que fait l'opérateur, pénétré de ce qu'il exécute, afin de résister à l'impression que lui fait éprouver le pénible spectacle de douleur et de souffrance qu'il a sous les yeux pendant tout le temps qui lui est nécessaire pour opérer le malade.

PARALLÈLE

DE L'HOMME ET DE LA FEMME.

Qu'on ne s'attende point à un parallèle plein de cet aimable intérêt que le sujet comporte, et écrit avec cette sagacité qui distingue *Lavater*; il commence par avouer que ses observations seront très-circonscrites. « J'ai très-peu suivi les » femmes, dit-il, dans les occasions où elles peuvent être » étudiées et connues ; je ne les ai vues ni dans les grandes » sociétés, ni dans le cercle de l'intrigue, ni au théâtre, ni » au jeu, ni au bal, je les fuyais même dans ma première » jeunesse, et je n'ai jamais été amoureux...... J'ai frémi et » je frémis encore, en considérant jusqu'à quel point la » physiognomonie peut compromettre les femmes, à combien » d'inconvéniens cette science peut les exposer. »

D'après cette déclaration, il paraît que *Lavater* a conçu la même opinion que La Chambre a manifestée sur le sexe féminin. Il semble craindre de dire ce qu'il en pense ; cependant il ne le voit pas sous un aspect très-défavorable, puisqu'il ajoute :

« Mitiger la rudesse de nos mœurs, nous relever et nous » soutenir dans nos momens de faiblesse, calmer notre es- » prit dans les emportemens les plus violens, ranimer l'é- » nergie dans notre caractère, dissiper nos chagrins et notre » mauvaise humeur, charmer nos ennuis et égayer notre tris- » tesse, répandre des agrémens sur les chemins les plus épi- » neux de la vie ; voilà ce que peut une femme par les at- » traits de sa figure et par la noblesse de ses sentimens. Son » aspect, un doux serrement de sa main, une larme prête à » couler, en faut-il davantage pour attendrir l'homme le » plus endurci ? Rien n'opère sur nos cœurs avec plus d'ef- » ficacité et de douceur que le sentiment vif et pur de cette » éloquence physionomique des femmes ; et, je ne crains pas » de le dire, ce sentiment est un bienfait du créateur : il » ajoute un nouvel intérêt à tant de détails indifférens, fati- » gans et monotones, qui reviennent sans cesse ; il adoucit

» les amertumes dont la carrière la plus heureuse est toujours
» semée. »

Avec une telle manière de parler des femmes, Lavater
peut-il frémir en songeant à quel point la physiognomonie
peut les compromettre. On sait que la nature les a créées
plus délicates, plus sensibles, plus faciles à émouvoir; et
d'après leur organisation, il n'est pas surprenant « qu'elles
» soient, comme le dit *Lavater*, si dociles, et tout à la fois
» si faibles, si promptes à céder à un sexe plus entreprenant
» et plus fort. » D'ailleurs toutes ne cèdent pas, et ce n'est
point sur des exceptions qu'on peut juger et condamner tout
le sexe féminin : en outre, si l'on peut faire parfois quelques
reproches aux femmes, les hommes en sont-ils donc exempts?
Ne sont-ils pas le plus souvent la cause des torts des
femmes? Alors c'est le coupable qui accuse sa victime.

Les femmes ont un goût naturel pour tout ce qui tient à
la propreté, à la beauté, à la symétrie; il est seulement dommage qu'elles s'attachent presque toujours trop à l'extérieur, et qu'elles ne sachent pas apprécier le mérite intrin-
sèque.

L'homme pense et la femme sent. La force de l'un consiste dans la réflexion, la force de l'autre dans le sentiment.

L'empire des femmes est souvent plus solide, plus absolu
que celui des hommes : elles l'exercent par un regard, une
larme, un soupir.

Parmi les vertus de leur sexe, on doit compter la sensibilité, une tendresse de cœur inépuisable, une ferveur d'attachement qui va quelquefois jusqu'à l'héroïsme.

La physionomie de la femme porte l'empreinte d'une sain-
teté inviolable, que l'homme d'honneur se fait un devoir de
respecter.

Irritables par constitution, peu accoutumées à penser, à
raisonner et à discerner, entraînées par le sentiment, elles
deviennent aisément fanatiques, et rien ne peut les ramener.

Chez elles l'amour le plus ardent n'est pas à l'abri de l'inconstance; leur haine, au contraire, est implacable. Une
adroite flatterie peut seule les apaiser.

L'esprit de l'homme embrasse l'ensemble; la femme s'attache aux détails.

L'homme admire le spectacle d'un ciel chargé d'orage; la
femme tremble à l'approche du tonnerre.

Dans les mêmes circonstances, la femme pleure, et l'homme est tout au plus sérieux.

Tout ce qui est nerf et extraordinaire les saisit rapidement et les égare.

Livrées au sentiment seul, elles s'oublient en présence de l'objet aimé.

Le sentiment de l'homme prend sa source dans l'imagination; celui de la femme part du cœur.

Leur franchise est plus ouverte que la nôtre; réservées, elles sont impénétrables.

A tout prendre, elles sont plus patientes, plus indulgentes, plus bienfaisantes, plus confiantes et plus modestes que nous.

Rapprochons les rapports physionomiques des deux sexes.

La constitution de l'homme est plus solide; celle de la femme plus molle.

La forme de l'homme est plus droite; celle de la femme plus souple.

L'homme marche d'un pas ferme; la femme pose ses pieds avec défiance.

L'homme contemple et observe; la femme regarde et sent.

L'homme est grave; la femme légère.

Le corps de l'homme est plus grand et plus large; le corps de la femme plus petit et plus effilé.

La chair de l'homme est dure et fade; celle de la femme, douce et molle au toucher.

Le teint de l'homme est brun; celui de la femme est blanc.

La peau de l'homme est ridée; celle de la femme plus unie.

La chevelure de l'homme est plus courte et plus forte; celle de la femme plus longue et plus fine.

Les sourcils de l'homme sont serrés; ceux de la femme plus clairs.

Les lignes physionomiques de l'homme sont proéminentes; celles de la femme rentrent davantage; elles sont droites chez l'homme, arquées chez la femme.

Les profils des hommes sont moins souvent perpendiculaires que les profils des femmes.

Les traits de l'homme sont plus angulaires; ceux de la femme plus arrondis.

Telles sont les observations de Lavater relativement aux

plus palpable, qu'elle sera plus fortement prononcée dans l'espoir de réussir. (Voyez planche 4, figure 14.)

La Crainte.

Après le désir et la crainte, si l'objet convoité échappe et ne peut pas être obtenu, la crainte survient d'abord, accompagnée et suivie quelquefois du désespoir : lorsqu'elle existe seule, ses mouvemens caractérisques ont une grande analogie avec tous ceux qui résultent de la frayeur ; enfin si l'on appréhende le mal, si l'on redoute une perte plus ou moins considérable, l'homme qui craint doit avoir les bras posés contre le corps, les mains dans la même position, tout le restant du corps se trouve concentré sur lui-même comme s'il était obligé de se soumettre au tremblement, avec des horripilations suivies d'inquiétudes plus ou moins prononcées.

Dans l'expression à donner à la crainte pour la rendre visible, les sourcils doivent être très-peu élevés du côté du nez; la prunelle vivement animée et brillante, annoncera l'inquiétude, et sera placée dans le milieu des yeux; la bouche un peu plus ouverte sur ses côtés que dans son milieu, devra être resserrée en arrière, avec la lèvre inférieure plus contractée que l'autre; la couleur du visage, plus foncée que dans le désir et l'amour, presque toujours avec une teinte jaunâtre et livide jusque sur les lèvres; et si l'amour vient à changer par la crainte, ou à déterminer la jalousie, alors celles-ci deviennent non-seulement de plus en plus livides, mais encore complètement desséchées. (Voyez planche 4, figure 15, et page 133.)

La Jalousie.

Si l'on vient à rapprocher l'ensemble des traits linéaires que nous avons désignés pour peindre d'une manière caractéristique le mépris, l'aversion, l'horreur et la colère concentrée, il sera démontré qu'ils pourraient aussi se trouver réunis pour exprimer la jalousie et même la haine.

Dans la première comme dans la seconde de ces circonstances, le front est plissé par des rides plus ou moins superficielles ou profondes, l'œil devient brillant, sa prunelle,
tournée vers l'objet qui lui inspire de la jalousie, regarde
du côté opposé où la face se trouve placée ; la prunelle, l'œil
et ses paupières agitées d'un mouvement continuel, doivent
non-seulement annoncer la plus grande agitation, mais encore devenir extrêmement brillans.

Les narines sont pâles et livides, ouvertes et saillantes près
des joues ; plissées par ce mouvement de contraction, il survient abaissement et forte rétraction en arrière dans la lèvre
de dessous ; les angles de la mâchoire qui pourraient aussi
demeurer fermés, ne servent qu'à démontrer que les dents
sont très-serrées les unes contre les autres ; tous les muscles
des mâchoires sont peu saillans, une partie du visage doit
se colorer d'une pâleur jaunâtre, tandis que le reste sera
rouge foncé ; dans les lèvres cela différera encore, puisqu'elles
restent presque continuellement aussi pâles qu'elles sont livides. (Voyez planche 4, figure 16, et page 133.)

La Haine.

Tout visage d'homme affecté d'un sentiment de haine
fortement prononcé, porte avec lui tous les traits extérieurs
avec lesquels on pourrait dessiner et rendre celui d'un jaloux ;
comme il devient inutile de répéter ce qui vient d'être dit,
on pourra donc, avec toute assurance de réussite, avoir recours aux moyens employés pour la première, afin de bien
exprimer la seconde. (Voyez pl. 4, fig. 17.)

La Tristesse.

Dans la tristesse, quel que soit le motif qui ait pu la déterminer forte, continuelle, ou passagère, la figure et tous les
mouvemens corporels doivent se rapporter à un abattement
complet, car elle provient presque toujours des affections
morales qui agissent spécialement sur le cœur et sur tout ce
qui peut y avoir quelque rapport plus ou moins direct :
comme la tristesse est le résultat d'une langueur monotone

plus ou moins désagréable; comme dans ce cas toutes les facultés sensoriales ne reçoivent que des impressions aussi incommodes qu'elles sont profondes et réelles, on parviendra à la caractériser par tous les traits qui servent à rendre l'inquiétude et l'abattement, avec les sourcils élevés vers le milieu du front plutôt que du côté des joues, les prunelles seront agitées, les paupières abattues, légèrement gonflées, le pourtour des yeux sera d'une couleur livide, les narines abaissées de même que les angles de la bouche entr'ouverts, la tête plus ou moins penchée sur une des épaules, la couleur générale de la figure serait aussi terne que plombée, et les lèvres complètement décolorées; c'est par l'ensemble et et la réunion de tous ces traits qu'on reconnaîtra la tristesse. (Voyez pl. 4, fig. 18.)

Nota. Si les mouvemens du corps indiqués dans le mépris avec aversion, dans l'horreur, et ceux de la colère, peuvent correspondre à la jalousie et à la haine, comme dans la tristesse on ne retrouve qu'un abattement dans la région précordiale, on devra donc le remarquer non-seulement dans toute la face, mais encore dans toutes les autres parties du corps.

La Douleur.

Nous devons ici distinguer la douleur par trois manières différentes employées pour l'exprimer : la première sera la douleur simple, celle qui résulte des affections de l'âme ; la seconde, désignée sous le nom de douleur corporelle, devra encore être plus ou moins aiguë ; la troisième sera appelée douleur extrême, répandue dans le corps tout entier, ou seulement dans quelques-unes de ses parties.

La première affection douloureuse, presque toujours compagne de la tristesse, s'annonce par les mêmes signes, mais beaucoup moins aigus et moins prononcés. Les sourcils sont très-peu rapprochés et légèrement élevés, la prunelle doit paraître fixée sur un seul objet; les narines un peu contractées en se rehaussant rendent les plis des joues moins apparens; dans la bouche à demi-ouverte, les lèvres sont relevées vers leur milieu.

Dans la seconde, connue sous le nom de douleur corpo-

relle aiguë, les sourcils se rapprochent davantage l'un de
l'autre en s'élevant un peu dans leur milieu; la prunelle est
cachée sous les sourcils, les narines relevées marquent un pli
sur la joue, la bouche retirée sur elle-même reste ouverte,
l'agitation de la figure doit toujours être proportionnée à la
force plus ou moins grande des accès douloureux.

Dans le troisième degré, la douleur corporelle portée à
l'extrême, lorsqu'elle est parvenue à ce point, tous les traits
du visage doivent en exprimer la violence; les sourcils dans
leur plus grande élévation sont très-rapprochés, la prunelle
enfoncée dans l'orbite, ainsi que les narines relevées, rendent sensible la plicature des joues; la bouche contractée en
arrière est grandement ouverte; ses angles sont presque
effacés; toutes les parties de la face doivent suivre pour l'expression la force et la violence des douleurs. (Voyez planche
4, fig. 19.)

C'est par l'augmentation inévitable dans les contractions
pour l'enfantement qu'il est bien facile de remarquer la gradation et les mouvemens d'une belle douleur, toujours d'autant
mieux marquée qu'elle approche davantage vers la fin, et que
si elle est non-seulement plus près du terme de toute espèce
de souffrance, elle est encore suivie de toutes les douceurs
indicibles de l'amour maternel.

La Joie.

Dans un homme qui éprouve de la joie, tous les sens
extérieurs, lorsqu'ils y participent, changent très-peu les traits
de sa figure; il peut même pendant très long-temps en sa-
vourer les douceurs sans qu'il paraisse rien au-dehors qui
puisse déterminer une altération assez marquée pour être
rendue par des lignes dessinées; cependant la sérénité de son
front, l'élévation des sourcils dans leur milieu sans aucun
mouvement sensible, l'œil riant quoiqu'il soit presque fermé,
les narines légèrement ouvertes, la bouche un peu élevée, le
teint vif et animé par des lèvres de couleur rosée, sont des
signes assez habituellement susceptibles de guider un artiste
qui désirerait caractériser un homme joyeux. (Voyez pl.
4, fig. 20.)

Le Rire.

Il est bien rare qu'un mouvement de joie mêlée de surprise ne donne pas lieu sur-le-champ à celui de rire ; c'est par les sourcils élevés dans leur milieu et abaissés près des côtés du nez, par des yeux mouillés de quelques larmes, qui ne changent même pas la moindre chose à la figure, par la bouche entr'ouverte de manière à laisser paraître les dents, par ses extrémités du côté des joues qui se gonflent parce que les narines sont ouvertes, enfin les couleurs sont animées ; c'est par ces moyens qu'on peut essayer de rendre le rire non forcé, mais qui accompagne toujours la joie et la gaîté. (Voyez pl. 4, fig. 21.)

Le Pleurer.

Dans le cas dont il s'agit c'est bien différent, le contraste devient frappant, tous les changemens éprouvés en répandant des larmes, sont aussi visibles à l'œil du dessinateur, d'autant plus même qu'ils sont indiqués sur la face par des sourcils froncés sur le milieu du front ; les yeux continuellement mouillés s'abaissent du côté des joues, les narines gonflées, les veines très-apparentes, la bouche close, font naître des plicatures aux joues ; la lèvre inférieure renversée sur le devant comprime la supérieure, tout le visage est sillonné par des plis, le rouge survient à l'entour des sourcils, dans le pourtour des yeux, aux lobes du nez et dans le milieu des joues. (Voyez pl. 4, fig. 22.)

La Colère.

A l'instant même où l'homme irascible est pris d'un accès de colère plus ou moins violent et qu'il s'y abandonne entièrement, il éprouve dans tout le corps une secousse qui l'agite et lui fait exécuter des mouvemens proportionnés à la violence de l'accès qu'il éprouve ; tous ses membres sont en convulsion, ses muscles contractés deviennent plus apparens que de coutume ; les vaisseaux sanguins qui les parcourent se dessinent dans leur trajet par suite de l'impression exercée sur les nerfs, qui augmente la sensibilité générale ; ses yeux deviennent rouges, la prunelle extrêmement mobile paraît égarée, elle devient brillante ; les sourcils s'abaissent par intervalle, d'autres ils s'élèvent ; il survient des plicatures sur le front jusqu'à l'espace qui se trouve entre les yeux ; les narines largement ouvertes contrastent avec les lèvres comprimées l'une sur l'autre ; l'inférieure, plus avancée, laisse entrevoir une légère ouverture vers les angles, ce qui donne à la figure une façon de rire quelquefois dédaigneuse, et le plus souvent cruelle ou farouche. (Voyez pl. 4, fig. 23.)

Le Désespoir.

Tout homme poussé par le malheur aux actes du désespoir le plus violent, lorsqu'il est parvenu à la dernière extrémité, se trouve dans un état d'exaltation d'autant plus marqué et d'autant plus visible qu'il se manifeste toujours par des actions désordonnées ; souvent sa fureur l'excite à s'arracher les cheveux, à se mordre, à se déchirer, à marcher, courir avec précipitation en s'arrêtant subitement pour recommencer l'instant d'après ; tous ses mouvemens sont irréguliers, sans aucune suite, tellement changeans qu'il est très-difficile de les saisir à propos, et de les dessiner afin de les rendre par des traits.

Cependant comme ils sont extérieurs et outrés, il faut prendre garde de ne rien exprimer qui ne soit dans le même sens, le front devra être rempli de plicatures et ridé du haut en bas, les sourcils fortement inclinés sur le nez, l'œil ardent, presque toujours rougi par les vaisseaux sanguins, la prunelle cachée, égarée sous le sourcil, quoique cela continuellement brillante et ne s'arrêtant pas sous les paupières entièrement décolorées et qui sont d'une pâleur presque livide ; les narines tuméfiées se relèvent et présentent leur plus grande ouverture ; l'extrémité du nez s'abaisse, tous les muscles de la face sont en contraction, ses veines gorgées de sang, les joues grossies dans leur partie supérieure en serrant l'angle des mâchoires, la bouche en contraction, un peu plus ouverte dans les côtés que vers son milieu, la lèvre inférieure devenue

plus grosse se renverse, le plus souvent il survient des grincemens de dents involontaires, épanchement abondant d'une
salive écumeuse, avec acharnement et la propension à se mordre
ou se déchirer avec les ongles ; il survient une agitation tellement violente et excessive, que toute la figure devient
d'une pâleur jaunâtre et livide, presque horrible à voir, les
cheveux hérissés se redressent en affectant un désordre aussi
difficile à rendre qu'à bien exprimer. (Voyez la pl. 4, fig. 24.)

La Compassion.

L'homme qui apporte la plus grande attention à tous les
maux qui peuvent survenir aux autres, comme celui qui com-
pâtit aux différentes peines qui affligent ceux qui l'environnent, tous ceux enfin qui ressentent de la pitié et de la commisération pour l'humanité souffrante, en général éprouvent
à l'intérieur de la compassion, situation particulière de
l'âme dans laquelle tous les traits restent constamment dans
une apparence de douceur et de modération telle que la figure
change à peine. Cependant les sourcils s'abaissent légèrement
vers le milieu du front, la prunelle dans les yeux reste cons—
tamment fixée sur l'objet qui l'inspire ; les narines un peu
relevées du côté du nez forcent les joues à conserver quelques plicatures légères, la bouche demeure un peu ouverte
avec la lèvre supérieure avancée sur l'autre, tous les muscles
restent dans une situation fixe sur la face, la tête doit toujours s'incliner vers l'infortuné auquel se rapporte la compassion, soit qu'on partage ses malheurs, ses peines ou ses
chagrins, soit qu'on ne lui en manifeste qu'une simple pitié
accompagnée d'une légère commisération. (Voyez la planche
4, fig. 25.)

DES PHYSIONOMIES MORALES.

» Il n'est point de formes de visage qui ne soient suscep-
» tibles d'un certain fond de probité, mais elles ne l'admet-
» tent pas indistinctement. Les physionomies les plus laides
» et les plus disgraciées, sont quelquefois les plus honnêtes,
» tandis que souvent les plus belles et les mieux proportion-
» nées sont trompeuses. Cependant, à tout prendre, je me
» fierai plutôt à un visage régulier qu'à des traits grima-
» cés. Lorsque les sourcils, les yeux, le nez et les lèvres vont
» en parallèle, l'expression de la probité n'en acquiert que
» plus de certitude. »

» On ne risque rien d'appeler honnête un visage qui
réunit dans le même degré l'énergie et la bonté. L'énergie
seule est dureté, une trop grande bonté dégénère en simplicité ; c'est dans leur juste milieu qu'on trouve la force active, l'équité, la probité.

Au nombre des signes généraux de la probité, on doit
admettre tout ce qui est naturel : une force active, qui n'est
ni farouche, ni indolente; de plus, un son de voix qui a de
la douceur, sans être traînant; qui, rapide et ferme jusqu'à
un certain point, se plie sans effort au sujet du discours;
une démarche ni gênée, ni négligée, la même précision et la
même facilité dans l'écriture, dans les mouvemens, dans
toutes les actions; dans le ton de l'amour, de l'amitié, de la
prévenance et de la politesse.

On reconnaît surtout le véritable honnête homme, ainsi
que le sage, à la manière dont il sait écouter.

Il faut mettre encore au rang des traits physionomiques
de la probité, une certaine clarté dans les yeux, un regard
lumineux, qui semble réunir le calme à la mobilité, et qui
tient le milieu entre le brillant et le terne; une bouche sans
grimace et sans contorsion ; de l'harmonie entre le mouvement des yeux et celui des lèvres, un teint qui n'est ni trop
plombé, ni trop sanguin, ni trop fade.

On ne peut pas révoquer en doute l'homme qui en riant de bon cœur ne laisse échapper aucune marque d'ironie, et surtout lorsqu'après le premier épanchement de gaîté il continue à sourire agréablement, et dont le visage prend ensuite un air de satisfaction et de sérénité.

En général, les différentes expressions du rire et du sourire peuvent être envisagées comme autant de distinctions caractéristiques de l'honnêteté ou de la fourberie.

Les traits physionomiques du courage marchent toujours de pair avec ceux de la probité. Toute fraude est lâcheté.

Les visages qui réunissent des contours fortement arqués, de faibles sourcils éloignés des yeux, un petit nez flasque, une bouche molle et un petit menton, ont ordinairement à combattre l'inconstance et la perfidie qu'entraîne la faiblesse.

Des sourcils placés horizontalement, des yeux creux et fortement dessinés, et une tension marquée dans la ligne que décrit la bouche quand elle est fermée, sont l'indice certain d'un caractère judicieux et discret.

» Un homme qui ne se tient pas ferme sur ses pieds, et » qui n'est pas capable de tourner lentement ses regards » d'un objet à l'autre, ne brillera ni par la hardiesse des en- » treprises, ni par la vigueur de l'exécution. Un langage, ou » précipité, ou traînant, est de mauvaise augure pour l'éner- » gie de l'esprit. »

Celui qui sait écouter sait aussi se taire, et la discrétion influe essentiellement sur toutes ses actions.

Le sens droit se manifeste par un regard direct sur l'objet qui est devant lui, et par une belle proportion dans la forme du visage.

Au contraire, le faux esprit se trahit par quelque dérangement des traits de la physionomie, et surtout de la lèvre.

L'homme modeste qui sait se tenir à sa place, qui se donne le temps d'attendre, et qui craint de se mettre en avant, ne s'annonce guère par de grands yeux perçans, il ne sourit pas habituellement, et jamais aux dépens d'autrui. C'est la vanité qui aime à sourire ; sa compagne favorite est l'affectation qu'on démêle dans les traits voisins de la bouche.

» L'humilité baisse les yeux et se plaît à rester en arrière, » elle voudrait occuper le plus petit espace possible dans la

» création; elle est embarrassée s'il lui arrive d'intercepter,
» sans le vouloir, la lumière qu'un autre est jaloux d'attirer
» sur lui. »

L'orgueil se dresse et s'élève, il se rengorge, il veut toujours occuper un plus grand espace, déplacer et éclipser les autres. Le mouvement des sourcils, la manière dont ils s'élèvent et se contractent, trahit cette passion. On la reconnaît aisément au langage, à l'accent, aux gestes, à la démarche. L'orgueilleux s'annonce surtout décisivement dans le moment où il vous approche et dans celui où il vous quitte. Pour l'ordinaire il a un profil avancé et fortement arqué, un nez aquilin et des yeux étincelans.

La bonhomie se peint dans tous les traits du visage. Elle est caractérisée par une bouche mobile sans agitation, un front bien voûté, un son de voix uniforme et doux, une nonchalance qui fuit toute espèce d'assujettissement. Son contraste est la malice, qui n'est jamais contente, quoi que l'on fasse, qui réserve une réponse contradictoire à chaque proposition.

Elle a pour caractère physionomique un système osseux, très-massif, des traits marqués, une joue qui approche de la forme triangulaire, une mâchoire large et grossière, une lèvre d'en bas qui déborde, de petits yeux, et un front droit sillonné de lignes tranversales. Le trait qui s'étend depuis le nez jusqu'à la lèvre supérieure est fort rapide et presque sans échancrure.

La chasteté se caractérise moins par les formes que par les attitudes : son regard baissé et sa contenance modeste l'indiquent assez.

A l'opposite est la volupté, qui se manifeste, ou par un regard langoureux et à demi-fermé, ou par des yeux à fleur de tête, fixés avidement sur l'objet qui les attire, et enfin par un nez courbé ou fort concave. Le voluptueux amoureux voile ses regards; celui qui est purement sensuel regarde avec effronterie l'objet qu'il convoite.

La modération dans les désirs est accompagnée d'une physionomie reposée et sereine, dont les traits sont plus ou moins prononcés.

Un extrême relâchement dans le bas du visage, et particulièrement un menton fort charnu, sont la marque, au moins, d'un penchant vers l'intempérance.

Un nez, ou trop plombé ou trop coloré, l'œil hagard, et

des lèvres mal closes, sont la suite ordinaire de l'ivrognerie.

Des contours hardiment prononcés, mais sans dureté, de petites lèvres bien fermées, des yeux perçans et des paupières supérieures qui se replient, dénotent un homme appliqué.

L'indolence n'a pas besoin d'être caractérisée, toute l'habitude du corps l'annonce, surtout le bas charnu et spongieux du visage, la bouche ouverte, l'abattement des yeux, les bras pendans.

La douceur a tous les debors de la tranquillité et du calme. Les yeux n'ont ni courbures, ni angles marqués; le nez, irrégulièrement dessiné, n'avance presque jamais par le haut : il y a plutôt une petite cavité vers la racine; les lèvres bien ondées ne s'affaissent pas dans les coins; le front est couvert d'une peau douce et fine.

Les signes de l'emportement sont un front, ou proéminent et fort osseux, ou perpendiculaire et mal arrondi par le haut, des sourcils épais, le plus souvent de grands yeux, et quelquefois aussi de petits yeux bruns, un grand nez et une grande bouche, un menton large et saillant, avec de profondes incisions, une espèce de tremblement dans la lèvre inférieure, une voix sonore, une démarche rapide et inquiète, un pas lourd.

La noblesse du caractère paraît principalement dans le passage du front au nez. Elle ne souffre ni entaille, ni inégalité, ni disproportion dans cette partie du visage. On la reconnaît d'ailleurs à la sérénité du regard, à des yeux bien fendus, mais qui ne sortent jamais à fleur de tête; au dessin gracieux de cette partie musculeuse qui s'étend depuis l'aile du nez jusqu'à la bouche, enfin à l'arrangement, à la forme et à la propreté des dents.

La bassesse ne saurait se déguiser : tantôt elle baisse le front comme si elle méditait; tantôt elle se ravise subitement, et s'efforce de redresser la tête, sans qu'elle parvienne à la tenir long-temps levée, et moins encore à la fixer dans l'équilibre du repos. Son regard est profond, toujours aux aguets, jamais serein, jamais content: Sa bouche oblique est défigurée par de longues dents mal rangées.

La libéralité et l'avarice, mises en comparaison, se distinguent aisément, car l'une est occupée à donner, l'autre à prendre pour entasser. L'air de satisfaction et l'insouciance de l'une, l'inquiétude et la circonspection de l'autre, forment un contraste qui n'échappe à personne. Observez seulement la démarche de l'avare quand il vous quitte après un refus, sa prudence sera en défaut et vous le démasquerez, sa lèvre est toujours marquée d'un *noli me sollicitare*.

L'homme grave et décent vous découvre un front carré et sillonné de rides égales ; de petites plissures presque perpendiculaires et faiblement prononcées entre les sourcils ; des lèvres qui ne sont ni pendantes, ni jointes avec effort : il se fait connaître par son maintien et ses mouvemens, par l'air dont il vous aborde et vous congédie, par l'attention modeste avec laquelle il vous écoute ; enfin par les réponses sages, pertinentes, et qui vont toujours droit au but.

L'étourdi et le moqueur remuent sans cesse les lèvres, ils ne se donnent pas le temps de vous entendre, et leurs réponses ne sont jamais satisfaisantes. Ils ont toujours la bouche de travers, plus ouverte d'un côté que de l'autre.

La force de la volonté est accompagnée du calme et de la concentration.

Une transition bien marquée du front au nez, un nez large, plus ou moins courbé vers le haut, et un front ouvert qui se rétrécit doucement par le bas, sont les signes d'un courage entreprenant, qui est sûr de son énergie et de la réussite de ses plans.

Nous rapporterons ici quelques signes physiognomoniques présentés par *Lavater* dans une autre partie de ses fragmens.

L'homme qui s'abandonne à de fréquens accès de colère finit par avoir habituellement la prunelle égarée, le regard agité ; ses sourcils s'abaissent et se relèvent souvent ; le front est ridé, des plis se forment entre les yeux ; les narines sont ouvertes, élargies, les lèvres serrées l'une contre l'autre, l'inférieure surmonte celle de dessus, laisse les coins de la bouche un peu entr'ouverts, ce qui produit un rire sardonique, dédaigneux et cruel. Enfin son langage est brusque, malgré ses efforts pour l'adoucir.

L'individu naturellement gai porte habituellement sur sa figure l'expression d'un doux sourire, son regard est serein, ses sourcils sont élevés vers le milieu de l'œil et abaissés du côté du nez. La bouche entr'ouverte laisse apercevoir les dents. Les extrémités de la bouche, retirées en arrière, font un pli aux joues qui paraissent gonflées. Il s'exprime avec vivacité et passe rapidement d'un objet à un autre.

femmes ; il paraît tenir à ne pas s'expliquer davantage........
Cependant il est époux d'une « femme dont il a suffisamment
» éprouvé le courage et la fermeté, d'une femme modeste
» et pure, *d'une femme chérie*, qui sait lire sur le visage
» de son mari, d'une femme toujours prête à alléger ses
» peines, et qui, dans ces instants, s'embellit à ses yeux comme
» un ange.... Il ajoute même, y a-t-il quelque chose au-des-
» sus de la vertu et du mérite d'une femme sage, bonne et
» ferme, humble et pieuse, active et patiente, qui sait écouter
» et obéir, et repousser la séduction. »

Eh ! bien, malgré la félicité de posséder une semblable
femme, l'heureux époux n'oublie point la faiblesse d'Eve ;
« ce n'est pas l'homme, dit-il, qui fut séduit le premier,
» mais c'est la femme, et l'homme a été séduit à son tour par
» la femme. » Il paraît que la conduite d'Eve est aux yeux
de Lavater un motif d'accusation contre toutes les femmes,
et cependant sans elles que serait devenu le genre humain !

Quoi qu'il en soit, la femme douée d'une constitution faible, délicate, d'une grande sensibilité, n'est point organisée
pour supporter, ainsi que l'homme, de fortes impressions ; et
ses pensées, ses sentimens, ses passions, ne laissent point sur
son visage des traces aussi visibles que sur celui de l'homme ;
en outre, ces traces sont continuellement contrariées, dé-
rangées, affaiblies et même effacées par les révolutions qui se
succèdent chez les femmes, le début et le retour périodique
de la menstruation, ses crises dans la puberté comme leurs
suites et leur longue influence, la copulation fécondante dans
le mariage, la grossesse, l'accouchement, la lactation, le se-
vrage, l'époque trop souvent prolongée de l'âge critique :
ces nombreuses et fréquentes indispositions auxquelles toutes
les femmes sont le plus souvent exposées, ne permettent pas
que leur figure et toute l'habitude de leur corps présentent à
l'inspection première des signes physiognomoniques bien certains, à moins d'être très-exercé et qu'on n'en ait fait à
plusieurs reprises une étude particulière. Tous les traits obli-
térés ou irrégulièrement conformés, qui défigurent souvent la
physionomie dans la première jeunesse, peuvent se redresser
et se rétablir avec le temps et surtout en prenant la précaution de ne pas exiger de ce jeune individu des choses au-
dessus de sa portée, ou des connaissances à acquérir pour un
âge plus mûr.

Les formes les plus heureuses et les physionomies les plus régulières se gâtent ou se détériorent à l'approche de la virilité ; mais ces difformités ne sont le plus souvent que passagères, et après un temps plus ou moins long elles disparaissent, si les mœurs du jeune homme n'ont pas été entièrement corrompues.

On voit aussi un assez grand nombre de physionomies qui, dans la plus tendre enfance, et même jusque vers le terme de l'adolescence, deviennent non-seulement désagréables, mais encore assez repoussantes pour choquer au premier aspect. Cependant on les voit aussi changer avec le temps à leur plus grand avantage, car lorsque les traits se sont arrangés avec ordre, lorsque toutes les parties se trouvent affermies et consolidées dans de justes proportions, lorsque tout ce qui sert à caractériser particulièrement l'individu a pris assez de consistance pour anéantir toutes les impressions étrangères, lorsque, par les exercices du corps, on a fortifié la première constitution, enfin si le corps et l'esprit se sont formés dans le commerce des gens de bien, il arrive très-souvent que dans l'âge adulte un homme ne ressemble plus à rien de ce qu'il pouvait être autrefois.

FIN.

TABLE DES MATIÈRES.

FIN DE LA TABLE.

BAR-S.-SEINE. — Imp. de SAILLARD.

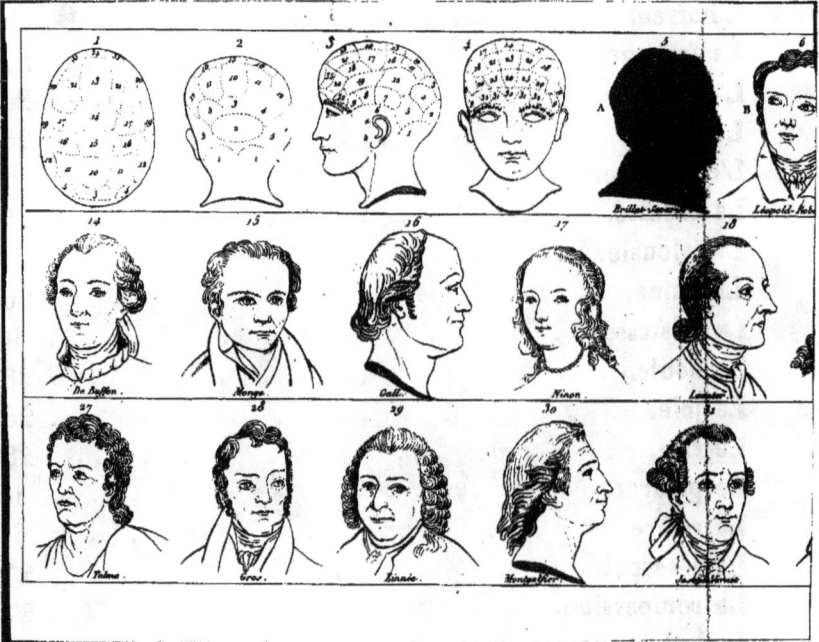

6 Léopold-Robert. 7 Alexandre 12. 8 Casimir-Perier. 9 Walter-Scott. 10 Charlotte-Corday.

18 19 Delavallière. 20 St Vincent de Paul. 21 Catherine II. 22 Carnot. 23 Melancton.

32 Lacépède. 33 Delaplace. 34 G. Cuvier. 35 Andrieux. 36 Vauquelin.

9

Walter Scott.

10

Charlotte Corday.

11

Napoléon.

12

Marie Stuart.

13

De Talleyrand.

22

Carnot.

23

Melancton.

24

Hoffmann.

25

Pigault-Lebrun.

26

Voltaire.

35

Andrieux.

36

Vauquelin.

37

Gretry.

38

Mirabeau.

39

Franklin.

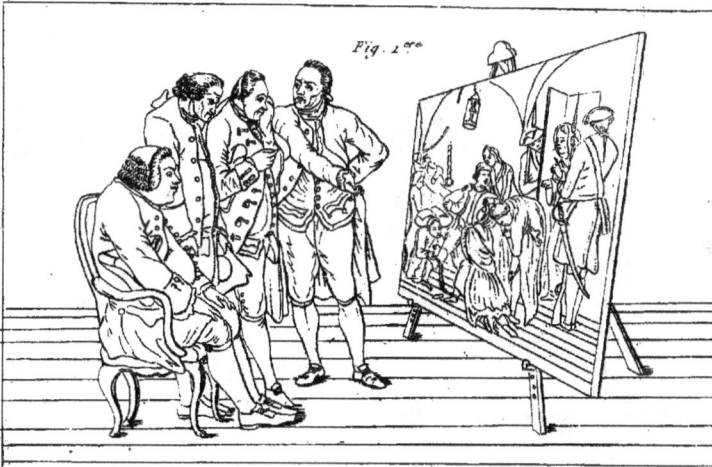

Fig. 1ere

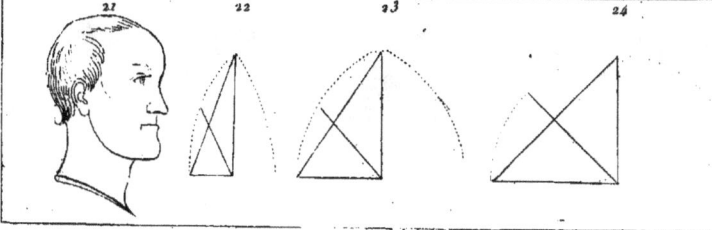

21 22 23 24

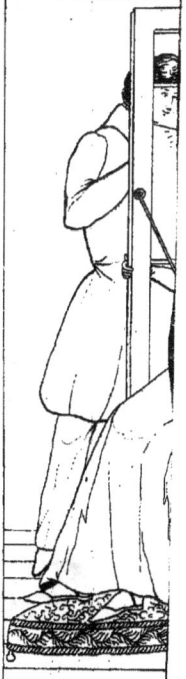

Fig. 2.

Georgienne.   Baskir.

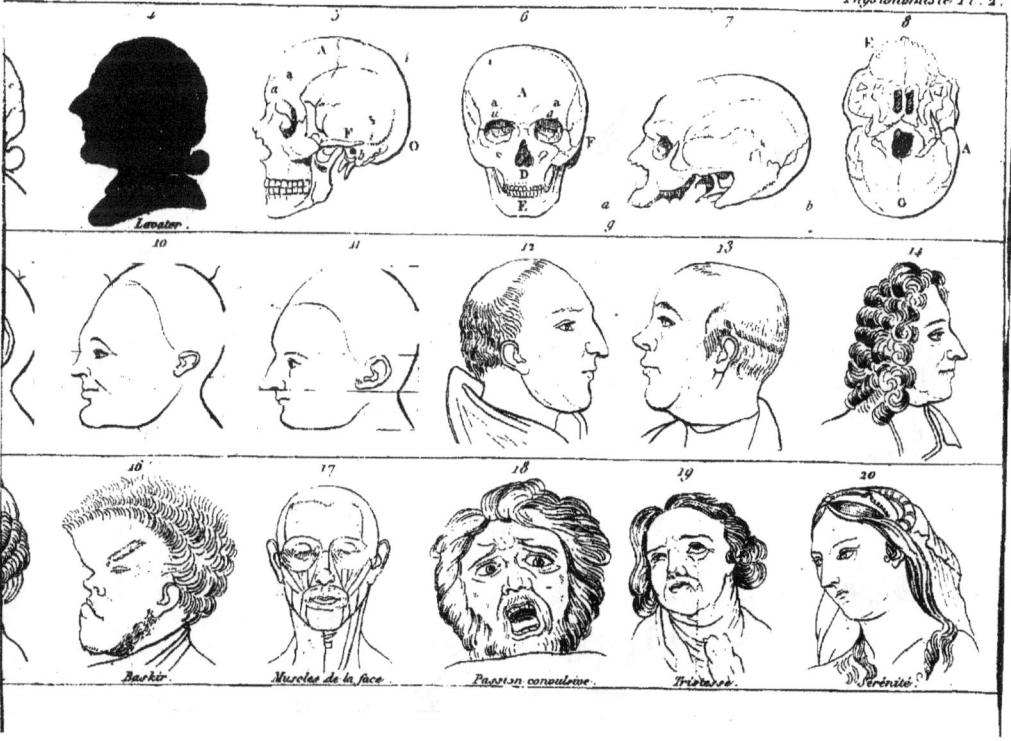

Lavater.

Baskir.   Muscles de la face.   Passion convulsive.   Tristesse.   Sérénité.

Fig. 1ère

Johanna Uxor Phil. I.

Mehr als die Lippe zeigt die zu männliche Nase was Großes.

Traduc.en La lèvre, et plus encore le nez trop masculin, indiquent quelque chose de grand.

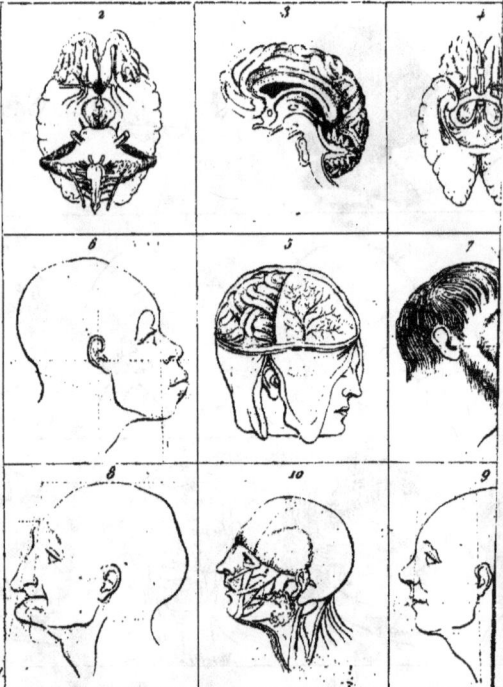

Johanna Uxor Phil. I.

e zeigt die
was Grofses.

in, indiquent quelque chose de grand

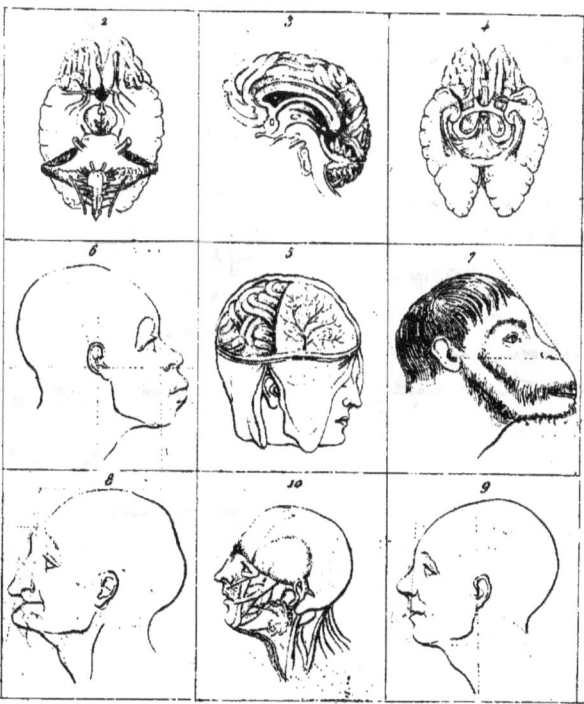

Traduction du Billet Autographe

1849

Fig. 11.

Traduction du Billet Autographe de Lavater par M. Aimé Martin.

Fig. 12.

Billet de Lavater.

Fig. 12.

Billet de Lavater.

L

24. 1. 1791

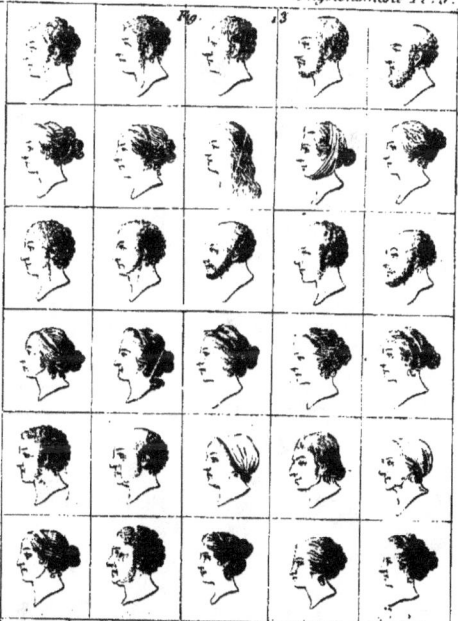

unter allen dreissig kein böser ärger Charakter aber auch kein grosser. die Mien ist gemeinlich mallen 1791

Trad.ᵗᵉ *Parmi ces trente il n'y a pas un seul caractère mauvais ou malin, mais il n'y en a pas non plus de grands, tous ces traits sont un peu vulgaires.*

Fig. 1ʳᵉ   les Signes

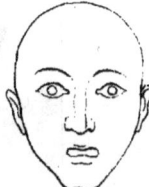

Admiration.

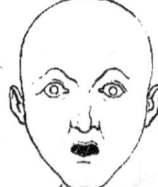

Étonnement.

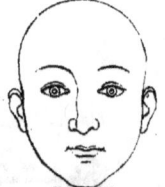

Tranquilité.

Désir.

Espérance.

Crainte.

Désespoir.

Compassion.

Dubois.

Chaptal.

Ricard.

4	5	6	7	8	9
...ruilité	*Ravissement*	*Attention*	*Estime*	*Vénération*	*Mépris*

15	16	17	18	19	20
...rainte	*Jalousie*	*Haine*	*Tristesse*	*Douleur*	*Joie*

28	29	30	31	32	33
Sicard	*Chaussier*	*Choron*	*Girodet*	*Haüy*	*Bréguet*

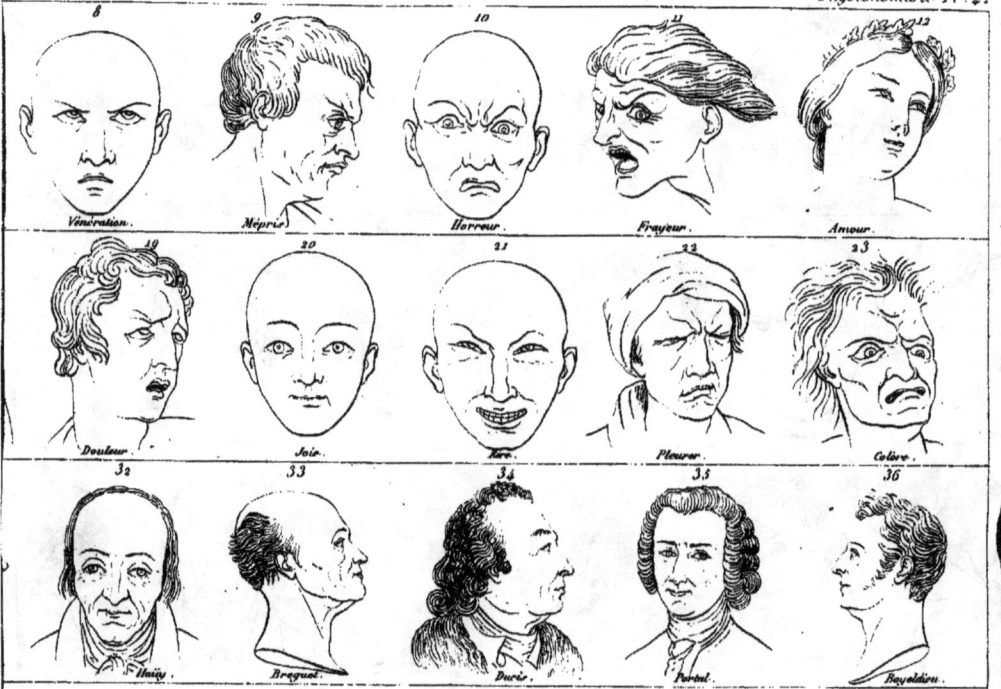

Physionomiste Pl. 4.

8   9   10   11   12

Vénération.   Mépris.   Horreur.   Frayeur.   Amour.

19   20   21   22   23

Douleur.   Joie.   Rire.   Pleurer.   Colère.

32   33   34   35   36

Haüy.   Bréguet.   Duris.   Portal.   Boyeldieu.

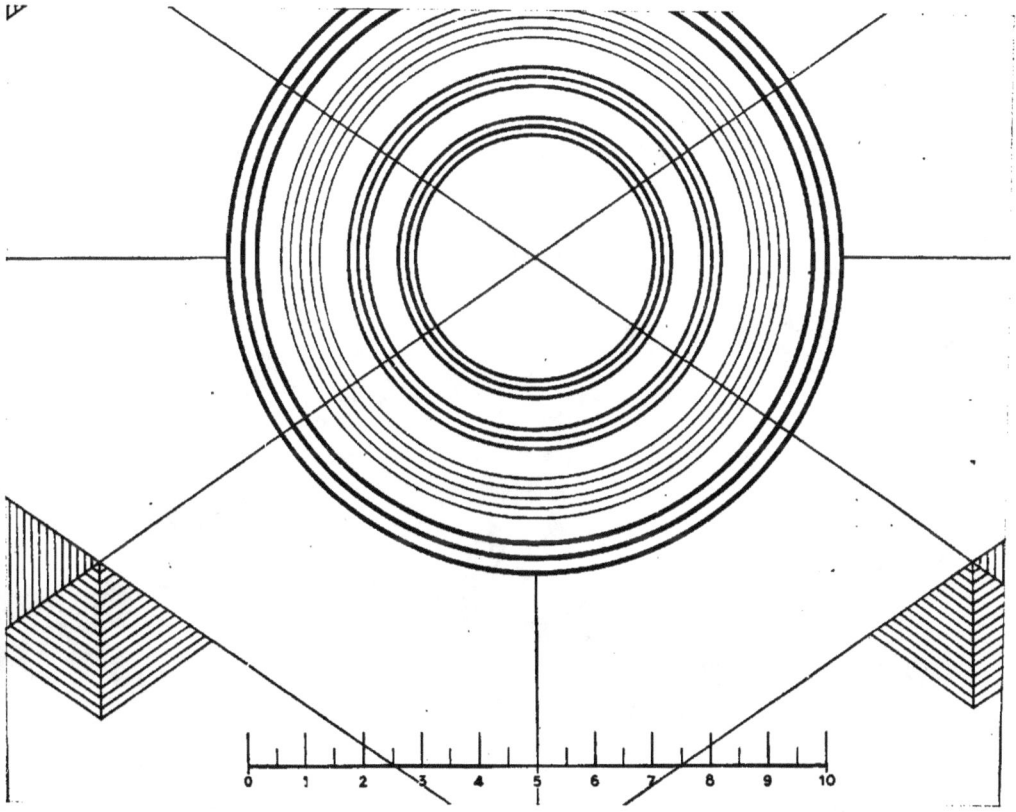